Gerd Josef Weisensee

# Das Kleid vom Himmel

## Eine Einführung in die Wissenschaft des Skapuliertragens

*Unter besonderer Berücksichtigung des fünffachen Skapuliers und der dazugehörenden Skapulierbruderschaften*

*«Dann hatte ich ein anderes Bild:*
*Ich sah einen Mönch in seiner Zelle auf den Knien liegen, als ihm die Muttergottes mit dem Jesuskind auf dem Arm ... erschien. (...)*
*Ich sah, daß sie ihm ein Kleidungsstück reichte, wie wenn man durch ein Handtuch in der Mitte ein viereckiges Loch schneidet und den Kopf durchsteckt. Es ging vorn bis über den Magen, es leuchtete, und war von rot und weiß durcheinander schillernder Farbe, wie das Hohepriesterkleid, das Zacharias dem Joseph zeigte. Die Bänder über die Schultern waren mit Buchstaben versehen. Sie sprach lange zu ihm. Als sie verschwand und er zu sich kam, und das Skapulier auf sich trug, war er sehr bewegt.»*

Die Skapuliervision der Mystikerin
Anna Katharina Emmerich

*Stich aus einem Karmelitermissale aus dem Jahre 1665: Die Szene zeigt die Übergabe des «himmlischen» Tuches; der heilige Simon Stock erhält das kostbare Erbe aus den Händen der Muttergottes.*

Gerd Josef Weisensee

# DAS KLEID VOM HIMMEL

## Eine Einführung in die Wissenschaft des Skapuliertragens

*Unter besonderer Berücksichtigung des fünffachen Skapuliers und der dazugehörenden Skapulierbruderschaften*

Theresia-Verlag

Umschlaggraphik: Atelier Don Francesco, CH-6424 Lauerz.
Titelbild: Fünffache Skapuliere, wie sie von der Skapuliermanufaktur angeliefert werden. Die Kirche hat in etlichen Verlautbarungen genau umschrieben, wie das Skapulier (und damit auch das fünffache Skapulier) beschaffen sein muß. Im fünffachen Skapulier ist auch das Berg-Karmel-Skapulier enthalten.

ERKLÄRUNG
Gehorsam den Dekreten Urban VIII. erkläre ich, daß den hier angeführten Wundern, Offenbarungen, Gnadenerweisungen, Erscheinungen u.s.w. sowie auch den noch nicht kanonisierten Dienern Gottes beigelegten Benennungen von «heilig» und «selig» nur eine menschliche Autorität zuerkannt werden möge. Eine Ausnahme hiervon bildet dasjenige, was die heilige römisch-katholische Kirche oder der heilige Apostolische Stuhl bestätigt hat. Ich bin und verbleibe ein gehorsamer Sohn des heiligen Apostolischen Stuhles und unterwerfe seinem Urteil meine Person und alles, was in diesem Buche enthalten ist. *Der Herausgeber*


1. Auflage 2000: 1. Tsd.
2. Auflage 2003: 2.–4. Tsd.

Satz: Atelier Don Francesco, CH-6424 Lauerz
Bildbearbeitung/Scans: Die Werbewerkstatt, Walter Furrer, CH-8910 Affoltern a.A.; Atelier Don Francesco, CH-6424 Lauerz
Druck: Freiburger Graphische Betriebe, D-79108 Freiburg i. Br.
Bindung: Freiburger Graphische Betriebe, D-79108 Freiburg i. Br.
PRINTED IN GERMANY

BIBLIOGRAPHISCHE INFORMATION DER DEUTSCHEN BIBLIOTHEK
Die Deutsche Bibliothek verzeichnet diese Publikation in der Deutschen Nationalbibliografie; detaillierte bibliografische Daten sind im Internet über http://dnb.ddb.de abrufbar.

ISBN 3-908542-96-0

Theresia-Verlag
CH-6424 Lauerz

# Zum Inhalt

Vorwort zur ersten Auflage ... 9
Geleitwort zur zweiten Auflage ... 10

## I Das Kleid vom Himmel

Das Hauptanliegen der Skapulierandacht ... 11
Die Vision vom 15. Juli 1820 ... 12
Ein Gnadenmittel für die heutige Zeit: Das fünffache Skapulier ... 14

## II Das fünffache Skapulier

### DAS WEISSE SKAPULIER

1. Das weiße Skapulier des Trinitarierordens ... 15
Aus der Geschichte des Trinitarierordens ... 15
Der Gründer des Trinitarierordens ... 17
Weitere Tätigkeit der Gründerheiligen ... 19
Ausbreitung des Ordens ... 22
Ein Blick in die üblichen Vorschriften ... 23
Theresia von Avila schaut den neuen Reformator ... 24
Am Ziel angelangt: Rom 1599 ... 26
Valdepeñas und die Reform ... 26
Der heilige Johannes a Conceptione ... 29
Zu den Bettelmönchen gezählt ... 30
Der weibliche Zweig ... 31
Trinitarierterziaren ... 31
Ausblick ... 31
FARBBEILAGE: DER ORDEN DER TRINITARIER
Der Dreifaltigkeits-Rosenkranz ... 33
Heilige und Selige des Trinitarierordens ... 35
Ablässe nach der alten Ablaßordnung ... 38

### DAS ROTE SKAPULIER

2. Das rote Skapulier der Passionisten (Leidensskapulier) ... 39
Aus der Geschichte des roten Skapuliers ... 39
Praktische Hinweise ... 40
Ein Wort zum Gründer der Barmherzigen Schwestern ... 41
Heilige und Selige der Lazaristen ... 44
Ablässe nach der alten Ablaßordnung ... 46

## DAS BLAUE SKAPULIER


3. Das blaue Skapulier der Unbefleckten Empfängnis .......... 47
Wie das blaue Skapulier bekannt wurde .......... 47
Ursula Benincasa (1547–1618) .......... 49
Die Verkündigung des Dogmas von der Unbefleckten Empfängnis .... 50
Pater Paul von Moll als Förderer des blauen Skapuliers .......... 51
Heilige und Selige des Theatinerordens .......... 52
Ablässe nach der alten Ablaßordnung .......... 54


## DAS SCHWARZE SKAPULIER


4. Das schwarze Skapulier der Serviten (Diener Mariens) .......... 57
Aus der Geschichte des Servitenordens .......... 57
Heilige und Selige des Servitenordens .......... 63
Ablässe nach der alten Ablaßordnung .......... 71


## DAS BRAUNE SKAPULIER


5. Das braune Skapulier der Karmeliter .......... 73
Elias als das große Vorbild der Karmeliter .......... 73
Der Beginn in Europa .......... 75
Die Reform im 16. Jahrhundert .......... 77
Das Skapulier .......... 86
Ein Zankapfel: Das Sabbatinische Privileg .......... 89
Viele Päpste ehrten das Skapulier und dessen Privilegien .......... 89
Papst Paul V. .......... 90
Andere Zeugnisse .......... 91
Das Zeugnis des Arsenius .......... 91
Die Karmeliter zogen im 17. Jahrhundert wieder auf den Karmel .......... 93
69 Lebensregeln für die Mitglieder der Karmel-Bruderschaft .......... 101
Heilige und Selige des Karmeliterordens .......... 106
Ablässe nach der alten Ablaßordnung .......... 121
Karmelskapulier Segnung/Auflegung (lateinisch/deutsch) .......... 122
Literatur .......... 123
Karmelskapulier – Drei Auflegungszeremonien im Vergleich .......... 124
FARBBEILAGE:
DIE SELIGSTE JUNGFRAU MARIA VOM BERGE KARMEL


# III Gebete und Novene


Ablaßgebete .......... 129
Gebet zur Karmelkönigin .......... 129
Gebet zur Jungfrau vom Berge Karmel .......... 130
Anrufung der Karmelkönigin (kürzestes Gebet zur Karmelkönigin) .......... 130
Novene zur seligsten Jungfrau Maria vom Berge Karmel .......... 131

## IV Skapulier-Katechismus


1. Was ist das Skapulier? ... 149
2. Wie müssen die Skapuliere beschaffen sein? ... 149
3. Müssen Skapuliere gewebt und aus echter Wolle sein? ... 150
4. Dürfen Bilder auf dem Skapulier angebracht werden? ... 150
5. Dürfen Medaillen an die Skapuliere gehängt werden? ... 151
6. Dürfen die Schnüre von beliebigem Stoff sein? ... 152
7. Wie kann ich die Ablässe und Privilegien des Skapuliers gewinnen? ... 152
8. Muß man sich bei der Skapulierauflegung einschreiben lassen? ... 153
9. Kann jeder Priester, der das Skapulier auflegt, auch solche weihen? .. 154
10. Ist die Skapulierauflegung zur Gewinnung der Ablässe wichtig? ... 154
11. Legt der Priester bei der Auflegung das Skapulier um den Hals? ... 154
12. Muß die Person gegenwärtig sein, die das Skapulier empfängt? ... 155
13. Darf der Priester nur Erwachsenen das Skapulier auflegen? ... 155
14. Darf der Priester sich selbst das Skapulier auflegen? ... 156
15. Darf der Priester dasselbe Skapulier mehreren Personen auflegen? ... 156
16. Kann man die Weihe und die Auflegung des Skapuliers trennen? ... 157
17. Darf der Priester einem Kranken im Bett das Skapulier auflegen? ... 157
18. Welche Weiheformel für die Auflegung muß der Priester wählen? ... 157
19. Muß der Priester auch im Notfall die offizielle Formel benützen? ... 158
20. Welche Weiheformel(n) gibt es für das Karmelskapulier? ... 159
21. Genügt es, das Skapulier bei sich in der Tasche zu tragen? ... 160
22. Gewährt das fünffache Skapulier auch die Karmelgnaden? ... 160
23. Ist es gleich, welches Skapulier man trägt? ... 160
24. Können Mitglieder anderer kirchlicher Vereine und Terziaren auch in die Skapulierbruderschaft aufgenommen werden? ... 160
25. Muß man sich von neuem aufnehmen lassen, wenn man das Skapulier längere Zeit nicht mehr getragen hat? ... 160
26. Kann man am Skapulier abgenützte Bänder durch andere ersetzen? .. 161
27. Welche Gebete hat der Priester den Einzelnen aufzuerlegen? ... 161


## V Denkwürdige Zeugnisse


1. Das Skapulier in der Todesnacht! ... 163
2. Dem Tode entronnen! ... 163
3. Heilige und das Skapulier ... 164
4. Das Skapulier auf dem Sterbebett ... 167
5. Der abtrünnige Bischof Talleyrand stirbt als reumütiger Sünder ... 168
6. Das Skapulier war seine Rettung ... 168
7. Das Skapulier vertreibt einen Bösewicht ... 169
8. Maria hilft einem Träger des Skapuliers zu einem seligen Tod ... 170
9. Eine wunderbare Bekehrung ... 171
10. Zum Tode verurteilt ... 173
11. Die Musketenkugel in die Brust ... 174

12. Vor dem Tanzen bewahrt ... 174
13. Dann geh! ... 174
14. Mit dem Skapulier reumütig gestorben ... 176
15. Ein bereits Ermordeter beichtet ... 178
16. Ein weiteres Zeugnis von besonderer Gnade ... 178
17. Verschiedene wunderbare Errettungen ... 179
18. Wunderbare Bekehrung nach Selbstmordversuch ... 179
19. Ein Hausvater springt aus dem Fenster ... 180
20. Skapulier und Wasserflugzeug ... 180
21. Lebensrettung durch das Bild der Mutter ... 182
22. Gerettet ... 183
23. Das Skapulier rettet zwei Soldaten vor dem Tod ... 183
24. Bekehrt ... 185

## VI **Gütergemeinschaft**

Gnaden über Gnaden ... 187

## VII **Die verblümte Wahrheit**

Eine Skapulierpredigt von Abraham a Sancta Clara ... 191

## VIII **Das fünffache Skapulier: Weiheformel**

Weiheformel für die Auflegung des fünffachen Skapuliers ... 202

Index ... 205

*Wem schlägt nicht das Herz höher, wenn er diese wunderbare Szene sieht? Die Muttergottes als Karmelkönigin (von Bourguillon bei Fribourg, Schweiz) wacht über die Kranken in der Kirche St. Niklaus in Fribourg, während der Priester mit dem Allerheiligsten den feierlichen Krankensegen allen anwesenden Kranken erteilt.*

# Vorwort zur ersten Auflage

Während zahlreiche Schriften über das Karmelskapulier erschienen sind, führten die übrigen Skapuliere bis anhin eher ein Schattendasein. Eigentlich ganz zu unrecht! Das Karmelskapulier gilt zwar vom Versprechen her, wonach die Träger desselben das Feuer der Hölle nicht schauen werden, als das bedeutendste und beliebteste Skapulier. Durch die himmlische Vision vom 16. Juli 1251 kommt dem Karmelskapulier eine herausragende Stellung zu: Es ist das Kleid vom Himmel (vom Himmel gegeben), wie es die Mystikerin Anna Katharina Emmerich in ihrer Skapuliervision beschrieben hat.

Würde das Karmelskapulier sämtlichen Aspekten des Gnadenlebens genügen, hätte es bestimmt nicht auf Geheiß des Himmels die übrigen Skapuliere gegeben. Ja, die Muttergottes selbst steht am Beginn der Geschichte von vielen anderen Skapulieren. Man denke etwa an den Servitenorden, dessen Spiritualität ganz von der marianischen Ausrichtung geprägt ist. Die Muttergottes selbst hat sich in diesem Fall für die Schaffung eines neuen Ordens, eines neuen Skapulieres eingesetzt.

In dieser Schrift wird das sogenannte «fünffache» Skapulier besprochen. Fünf Skapuliere sind in einem vereint! Fünf Gnadenflüsse sind dem Gläubigen zugänglich, wenn er das fünffache Skapulier vom Priester aufgelegt bekommen hat und es immer gemäß Vorschrift auf sich trägt!

Es ist eine große Bereicherung für unser geistliches Leben, wenn wir nebst einem geschichtlichen Hintergrund in die Bedeutung der Spiritualität der einzelnen Orden eingeführt werden, die den fünf Skapulieren entsprechen.

Ein Gedanke des vielgepriesenen Kanzelredners Abraham a Sancta Clara begleite uns: Das Stoffskapulier verglich er mit dem Stoff der Segel eines Segelschiffes auf dem weiten Meer. Genauso wie der Stoff der Segel das Schiff in Bewegung bringt, so soll auch der Stoff des Skapuliers, den wir auf unserer Brust tragen, unser Schiff in den Hafen der ewigen Gestade hinführen. Ein tröstlicher Gedanke, wenn wir dieser Überlegung einen Lieblingsgedanken der heiligen Theresia von Lisieux beifügen: «La terre et ton navire et non pas ta demeure» [=Die Erde ist dein Schiff, deine Heimat ist sie nicht].

Auf diesem Schiff ... brauchen wir das Skapulier als windstarke Segel, die uns in voller Fahrt zum himmlischen Hafen geleiten.

Bern, am Skapulierfest 1999

*Dr. Gerd Josef Weisensee*

# Geleitwort zur zweiten Auflage

Seit der ersten Auflage «Das Kleid vom Himmel» sind nun bereits einige Jahre verflossen. In diesen Jahren durften wir in unserem Verlag Zehntausende von Skapulieren in alle Welt verschicken. Angesichts der trostvollen Verheißung der Skapulierkönigin gewinnt das kleine Stoffstücklein an einer nie versiegenden Aktualität, denn das Sterben für uns ist gewiß. Die Stunde allerdings ist ungewiß. Mit dem Skapulier haben wir aber ein mächtiges Mittel in der Hand, unser Leben mit Sicherheit in den richtigen Hafen zu steuern.

Es soll an dieser Stelle nicht unerwähnt bleiben, daß sich die gegenwärtige Meinung vom Skapulier dem modernen Denken angepaßt hat: Man spricht von einem Zeichen, das für uns trostvoll ist, vergißt aber die Bindung zu erwähnen, die wir mit der Auflegung des Skapuliers mit der Muttergottes eingegangen sind. Darum will man auch die Wirksamkeit des Skapuliers herabsetzen und die Große Verheißung desselben lediglich denjenigen zukommen lassen, die fromm ihr Leben fristen. Für diese hätte die Muttergottes die außergewöhnliche Gnade nicht gewähren müssen! Außerordentliche Vorkommnisse beweisen gerade das Gegenteil: Man lese das Beispiel des kroatischen Soldaten und Räubers, den der berühmte Kanzelredner Abraham a Sancta Clara erwähnt. Ein kroatischer Soldat und Räuber wird mehrfach angeschossen, ja sein ganzer Leib ist durchlöchert ... und trotzdem lebt er noch. Ein Priester kommt des Weges. Der sterbende Räuber beichtet reumütig und verweist auf das Skapulier, das er schon mehrere Jahre trage.

Unser Losungswort heißt deshalb: Zurück zu den Quellen! Zurück zu diesem Vertrauen, das die Muttergottes auch bei großen Sündern niemals mit dem Fluch belegt hat, im Gegenteil! Flößen wir unseren Kindern eine große Liebe zur Muttergottes ein! Helfen wir mit, daß Tausende und Abertausende das Karmelskapulier erhalten. Sorgen wir dafür, daß unsere Freunde und Bekannte dasselbe sich auflegen und es treu tragen! Den Rest besorgt vielfach die Muttergottes durch das getreue Tragen.

Die Veröffentlichung des vorliegenden Buches ist ein Dank an die Karmelkönigin! Sie ist nicht nur in der letzten Erscheinung von Lourdes erschienen, auch in Fatima zeigte sie sich als Karmelkönigin. Sie wird sich auch in der letzten Schlacht als die große Siegerin zeigen und alle mütterlich an ihr Herz ziehen, die ihr siegreiches Kleid tragen.

*Am Skapulierfest 2003*

*Der Verleger*

# I Das Kleid vom Himmel

Bereits bei der Loretofrage[1] sind wir auf die westfälische Mystikerin Anna Katharina Emmerich gestoßen. Sie sah in einer Vision, wie das heilige Haus von Engeln übertragen wurde. Wörtlich bemerkte sie dazu: «Ich konnte es lange nicht glauben und habe es doch immer wieder gesehen ...». Ihre Zweifel waren begründet, denn ein Haus, das von Engeln durch die Luft getragen wird, entspricht nicht einem alltäglichen Bild. Der Himmel betonte mit Nachdruck diese Vision des «fliegenden» Hauses, denn Anna Katharina sah dieselbe Vision mehrmals.

Eine ähnlich anmutende «Unmöglichkeit» für den modern denkenden Gläubigen wirft die Frage der Muttergotteserscheinung an Simon Stock auf: Die Muttergottes erschien diesem ehrwürdigen Mönch und übergab ihm ein Stoffskapulier mit der Zusicherung, daß wer immer mit diesem Kleide sterbe, das Feuer der ewigen Hölle nicht schauen wird.

## Das Hauptanliegen der Skapulierandacht

Daß die Seherin Anna Katharina einer Vision über diese Erscheinung von 1251 gewürdigt wurde, hängt bestimmt mit dem damaligen Zeitgeist des Rationalismus zusammen. Wir können uns heute ein Bild der damaligen Zeit anhand von Geschichtsbüchern oder Biographien zusammenstellen. Daß der Zeitraum, in dem Anna Katharina Emmerich dieser bestimmten Karmelvision gewürdigt wurde, unheilschwanger war, sei durch die Worte Jesu erläutert, die er im Jahre 1816 an seine Dienerin Anna Maria Taigi richtete:

> «Wisse, daß jetzt die Seelen so zahlreich zur Hölle fahren, wie Schnee im Winter fällt. Es weinen und klagen alle bitterlich, daß

---

[1] Es handelt sich um die Übertragung des Heiligen Hauses von Nazareth nach Loreto. Zahlreiche Päpste und Heilige, ja selbst der Text der Eigenmesse dieses Geheimnisses, bezeugen eine übernatürliche Übertragung des Heiligen Hauses.

man Rom nicht mehr heilig nennen dürfe. Du siehst und merkst es deutlich mit deinen eigenen Augen. Wie Tiere leben die Menschen und nichts anderes suchen sie hienieden als Bequemlichkeit und Vergnügen. Auch streben sie danach, ihre schlimmsten Gelüste vollends zu befriedigen.»

Das war also die Zeit, wo der Himmel von neuem auf das Skapulier verwies und die Seelen vor der Verdammnis bewahren wollte! Man glaube nicht, daß die heutigen Geistlichen mit großer Begeisterung über das Skapulier predigen, das uns vor dem schlimmsten bewahren kann: vor der Hölle!

Der heilige Pfarrer von Ars spricht folgende Worte über die Muttergottes:

> «Man vergleicht die heilige Jungfrau oft mit einer Mutter, aber sie ist viel besser als die beste der Mütter; denn die gütigste Mutter bestraft ab und zu ihr Kind, wenn es ihr Kummer bereitet hat, und sie glaubt, damit Gutes zu tun. Aber sie ist so gut, daß sie uns immer liebevoll behandelt.»

Die Skapuliervision vom 16. Juli 1251 entspricht dieser mütterlichen Liebe Mariens zu uns: Sie droht uns nicht mit der Hölle, gibt uns aber zu verstehen, daß wir ohne weiteres in die Hölle kommen, wenn wir ihre Ratschläge nicht ernst nehmen.

## Die Vision vom 15. Juli 1820

An diesem Tage schaut Anna Katharina Emmerich folgende Vision:

> «Ich war auf dem Berge Karmel und sah zwei Einsiedler auf ihm. Sie wohnten weit voneinander. Einer war sehr alt und verließ seine Höhle nicht. Der andere, der Peter hieß und aus Frankreich war, besuchte diesen Alten manchmal und brachte ihm etwas. Peter ging oft auf längere Zeit fort, kehrte aber immer wieder zum Alten zurück. Ich sah ihn nach Jerusalem, nach Rom und unseren Ländern reisen. Bei seiner Wiederkehr brachte er viele Kriegsvölker mit sich, die mit Kreuzen bezeichnet waren. Einer von diesen war der Soldat Bertholdus, den er als Einsiedler zum Alten auf den Berg Karmel brachte. Dieser Bertholdus wurde später der oberste

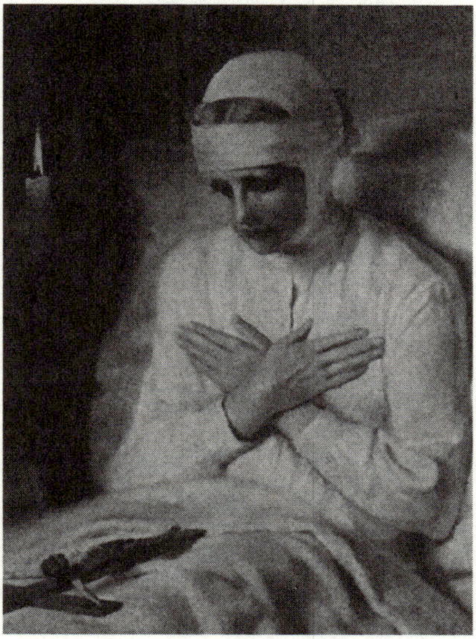

*Anna Katharina Emmerich ist eine Kronzeugin für das übernatürliche Eingreifen Mariens am 16. Juli 1251, als der heilige Simon Stock das Skapulier von der Muttergottes empfing.*

von den Einsiedlern und vereinigte sie mehr. Sie erbauten ein gemeinsames Haus, worin sie zusammen wohnten.

Dann hatte ich ein anderes Bild: Als die Vereinigung der Einsiedler schon ein Kloster war, sah ich einen Mönch in seiner Zelle auf den Knien liegen, als ihm die Muttergottes mit dem Jesuskind auf dem Arm, in derselben Gestalt wie das Muttergottesbild erschien, das ich auf dem Berg beim Brunnen stehen sah. Ich sah, daß sie ihm ein Kleidungsstück reichte, wie wenn man durch ein Handtuch in der Mitte ein viereckiges Loch schneidet und den Kopf durchsteckt. Es ging vorn bis über den Magen, es leuchtete, und war von rot und weiß durcheinander schillernder Farbe, wie das Hohepriesterkleid, das Zacharias dem Joseph zeigte. Die Bänder über die Schultern waren mit Buchstaben versehen. Sie sprach lange zu ihm. Als sie verschwand und er zu sich kam, und das Skapulier auf sich trug, war er sehr bewegt.

In einem anderen Bild sah ich, wie er viele andere seines Ordens versammelte und es ihnen zeigte. Später hatte ich ein Gesicht von einem Kirchenfest auf dem Berge Karmel. Ich sah dabei in den Chören der triumphierenden Kirche den ersten der alten Eremiten, etwas abseits, den heiligen Elias, und es stand unter seinen Füßen: Elias Prophet.

Ich sah aber alle diese Bilder nicht hintereinander, sondern es lag mir immer das Gefühl von vielen Jahren dazwischen. Besonders zwischen dem letzten Gesicht von der Erhaltung des Skapuliers und dem Fest desselben. Das Kirchenfest schien mir vielleicht aus unserer Zeit. An der Stelle beim Brunnen, wo zuerst das Muttergottesbild gestanden, war nun eine Kirche, und ich sah die Muttergottes mit dem Jesuskind in der Gestalt, wie sie am Brunnen gestanden und wie sie dem Einsiedler erschienen war, über dem Altar – wie lebend und sich im Glanz bewegend. Zu ihren beiden Seiten hingen unzählige kleine seidene Bildchen, zwei und zwei mit zwei Bändern verbunden. Sie trugen Bildchen auf beiden Seiten und bewegten sich wie Blätter eines Baumes im Sonnenschein, im Licht, das sich von Maria ergoß.

Viele Engelchöre umgaben die heilige Jungfrau. Zu ihren Füßen über dem Tabernakel, worin das Sakrament ausgesetzt war, hing das große Skapulier, das sie dem Einsiedler in der Vision gegeben hatte. Nach beiden Seiten in der Höhe waren viele Chöre von heiligen Ordensleuten der Karmeliten, männliche und weibliche, die ältesten Einsiedler in weiß- und braungestreiften Gewändern, die anderen wie jetzt. Ich sah auch Ordensleute der neueren Zeit, Nonnen und Mönche, feiern, die im Chor und sonst an ihrer Stelle standen, aber auf Erden.»

## Ein Gnadenmittel für die heutige Zeit: *Das fünffache Skapulier*

Im fünffachen Skapulier sind die folgenden Skapuliere vereinigt:

1. ***Das weiße Skapulier der Trinitarier***
2. ***Das rote Skapulier der Passion Jesu***
3. ***Das blaue Skapulier der Unbefleckten Empfängnis***
4. ***Das schwarze Skapulier der Diener Mariens (Serviten)***
5. ***Das braune Skapulier Unserer Lieben Frau vom Berge Karmel***

Im Grunde genommen geht jedes dieser Skapuliere auf ein Eingreifen der Muttergottes vom Himmel aus zurück. Noch mehr: Gott läßt uns teilhaben an all diesen Gnadenschätzen, indem die Kirche uns das fünffache Skapulier zum Tragen anspornt und den Hirten ein machtvolles Instrument für die Seelenführung und Seelenrettung in die Hände gelegt hat.

# II Das fünffache Skapulier

## 1 Das weiße Skapulier des Trinitarierordens

### Aus der Geschichte des Trinitarierordens

Ein wunderbares Ereignis prägte die Primizmesse des gelehrten Johannes von Matha: Während der heiligen Handlung wurde ihm eine Erscheinung eines weißgekleideten Engels (andere sprechen von Christus) zuteil, der seine Hände kreuzweise auf zwei Sklaven legte, einen weiß- und einen schwarzfarbigen. In der Einöde von Cerfroid suchte Johannes den Willen Gottes zu ergründen. Schließlich reifte der Plan nach einem Orden zum Loskauf der Gefangenen. Mit Felix von Valois sprach Johannes von Matha bei Papst Innozenz III. vor. Nachdem dem Papst in der heiligen Messe vom 28. Januar 1198 die gleiche Erscheinung des weißen Engels zuteil wurde, erhielten die beiden Ordensgründer die päpstliche Bewilligung, der Orden der Trinitarier war gegründet.

Die weiße Ordenstracht mit dem rot-blauen Kreuz geht also auf diese Vision zurück, die der Himmel den beiden Heiligen und dem Papst Innozenz III. gewährt hat. Die drei Farben deuten auf das Geheimnis der allerheiligsten Dreifaltigkeit: die weiße auf die Herrlichkeit des Vaters, die blaue auf das Leiden des Sohnes, die rote auf die Liebe des Heiligen Geistes hin.

Der Zweck des Trinitarierordens war insbesondere der Loskauf christlicher Gefangener und Sklaven aus den Händen der Ungläubigen, damals vor allem der Sarazenen und Türken. Zusätzlich pflegten die Trinitarier Kranke und Reisende in ihren Krankenhäusern. Die Zahl der losgekauften Gefangenen und Sklaven beläuft sich auf über 1 Million!

*Bei der ersten heiligen Messe in der Kapelle des Bischofs wurde dem heiligen Johannes von Matha eine Erscheinung zuteil: Christus mit zwei angeketteten Sklaven, einem weißen und einem schwarzen. Das berühmte Mosaik (siehe Bild) befindet sich in Rom (San Tommaso in Formis, Monte Celio) und zeigt die Vision, der später auch Papst Innozenz III. gewürdigt wurde. Dieser Papst approbierte nicht nur die Regel, sondern gab auch die Bestimmungen für das Ordensgewand: weiß, mit rot-blauem Kreuz auf der Brust, schwarzer Mantel.*

*Die Umschrift heißt «Signum Ordinis Sanctæ Trinitatis et Captivorum» (Zeichen des Ordens der heiligsten Dreifaltigkeit und der Gefangenen). Diese enge Verbindung zwischen Dreifaltigkeit und Gefangenen erinnert uns an Jesu Wort: «Was ihr dem Geringsten meiner Brüder getan habt, das habt ihr MIR getan.»*

*Der heilige Johannes von Matha starb in San Tommaso in Formis, wo heute noch sein Sterbezimmer gezeigt wird, das in eine kleine Kapelle umgewandelt wurde.*

Bald danach bildete sich unter den Gläubigen eine Bruderschaft von der allerheiligsten Dreifaltigkeit, um jenen Orden in seiner edlen Aufgabe durch Gebet und Almosen zu unterstützen. Hauptaufgabe dieser Bruderschaft ist die andächtige Verehrung des Geheimnisses der allerheiligsten Dreifaltigkeit. Dem anderen Zweck würden heutzutage Liebeswerke gegen Gefangene, Almosen zum Loskauf der armen «Negerkinder», die auf den Sklavenmärkten in Afrika feilgeboten werden, Gaben für den Verein der heiligen Kindheit, für den Xaverius- und Bonifazius-Verein entsprechen. Als Bruderschaftsgebet werden täglich drei Vaterunser, Gegrüßt seist du Maria und Ehre sei dem Vater angeraten, aber nicht vorgeschrieben.

## Der Gründer des Trinitarierordens

Am 24. Juni 1160 wurde einem Edelmann im Flecken Faucon (Falco) in der Provence ein Sohn geboren, der auf den Namen des Tagesheiligen Johannes der Täufer getauft wurde. Der Knabe, den seine Mutter schon bei seiner Geburt durch ein Gelübde Gott geweiht hatte, war von zarter Jugend an sehr fromm und wißbegierig und voll Mitleid gegen die Armen. In seinem 13. Lebensjahr begab er sich dem Willen seines Vaters gemäß nach Aix (Aqua Sextiæ), der Hauptstadt der Provence, um daselbst den Studien und ritterlichen Übungen sich zu widmen. Er verwendete allen Fleiß auf die Erlernung der nützlichen und schönen Wissenschaften. Noch viel größer war jedoch sein Bemühen, Fortschritte in den Tugenden zu erzielen. Das Geld, das ihm von seinen Eltern für manche erlaubten Genüsse zur Verfügung gestellt wurde, schenkte er den Armen. An Sonn- und Feiertagen ging er in die Spitäler, tröstete und pflegte die Kranken.

Nach Vollendung seiner Studien in Aix bat er seine Eltern, ihm zu gestatten, daß er ungestört sich den Übungen der Frömmigkeit hingeben könne und zog sich zu diesem Zweck in eine nicht weit von Faucon entlegene Einsiedelei zurück. Doch wurde er hier viel durch Besuche seiner Freunde gestört, und da der Entschluß in ihm reifte, den geistlichen Stand zu erwählen, begab er sich nach

Paris, um Theologie zu studieren. Hier machte er so große Fortschritte, daß man ihm die Doktorwürde erteilte. Als er die Priesterweihe erhalten hatte und in der Kapelle des Bischofs von Paris seine erste heilige Messe feierte, geriet er im Beisein des Bischofs sowie des Rektors der Universität, der Äbte von St. Viktor und St. Genovefa, in eine Verzückung. Er sah nämlich, als er nach der Wandlung die konsekrierte Hostie erhob, Christus in weißem Gewand, mit einem rot-blauen Kreuz auf der Brust, der die Arme kreuzweise übereinander und die Hände auf zwei mit Ketten beladene Gefangene legte, einen hell- und einen dunkelhäutigen, als wollte er beide miteinander vertauschen.

Damals hatten die Christen von den übermächtig gewordenen Sarazenen vieles zu erleiden. Manche mußten in Gefangenschaft der Ungläubigen harte Sklavendienste verrichten. Auf diese traurigen Zeitverhältnisse schien die Erscheinung hinzudeuten, welche die erwähnten Anwesenden ebenfalls erblickt zu haben versicherten. Sie rieten dem Neugeweihten, nach Rom zu gehen, dort dem Oberhaupt der Christenheit alles zu berichten. Johannes aber fürchtete, daß er dadurch erst recht in die Welt hinein geraten könne und auf seinen Lieblingswunsch, ein verborgenes Leben zu führen, verzichten müßte. Er beschloß, sich so lange in die Einsamkeit zu begeben, bis Gott ihm seinen Willen deutlicher verkünden würde.

Er begab sich zum Einsiedler Felix von Valois, der in einem Wald bei Gandeleu en Brie ein heiliges Leben führte. Johannes bat ihn, bei ihm bleiben zu dürfen, um an seinen Gebeten, Betrachtungen und Abtötungen teilzunehmen. Felix nahm ihn als Gefährten an und bald wetteiferten beide miteinander in den Übungen der Frömmigkeit.

Als sie eines Tages durch ein frommes Gespräch ihr Inneres ganz von Liebe zu Gott entzündet fühlten, zeigte sich ihnen ein weißer Hirsch, der zwischen seinen Geweihen ein rot-blaues Kreuz trug, wie Johannes es bereits einmal gesehen hatte. Im Glauben, daß Gott etwas Besonderes mit ihnen bezweckte, verdoppelten sie ihre Gebete und Bußwerke, um zu erfahren, was sie tun sollten.

Darauf wiederholte sich dreimal bei ihnen ein Traum, worin ein Engel sie aufforderte, sich nach Rom zu begeben, um vom Papst ihre Weisung zu erhalten. Mitten im Winter machten sie sich auf den Weg zur Ewigen Stadt, wo eben Innozenz III. den päpstlichen Stuhl bestiegen hatte. Dieser nahm die beiden Pilger wohlwollend auf und berief die Kardinäle und einige Bischöfe zur Prüfung der Angelegenheit zusammen und ordnete Fasten und Gebete an, um eine nähere Erklärung von Gott zu erflehen.

Am 28. Januar 1198, dem Oktavtag der heiligen Agnes, las der Papst in Gegenwart seines Klerus und der beiden Einsiedler die heilige Messe. Bei der Erhebung der heiligen Hostie zeigte sich dem Papst das gleiche Gesicht, das Johannes in der bischöflichen Kapelle in Paris schaute. Papst Innozenz III., dadurch bewogen, erlaubte die Gründung eines neuen Ordens, dessen vornehmste Aufgabe die Erlösung der Gefangenen aus der Knechtschaft der Ungläubigen sein sollte.

Am Fest Maria Reinigung legte der Papst den beiden Pilgern selbst die Kleidung mit den Farben an, in denen sich Christus in jenem Gesicht gezeigt hatte: Ein weißes Gewand mit darauf geheftetem rot-blauem Kreuz. Der neuen Stiftung gab Papst Innozenz III. den Namen: «Orden der heiligsten Dreifaltigkeit (und) von der Erlösung der Gefangenen» (ordo sanctissimæ Trinitatis [et] redemptionis captivorum), wonach die Mitglieder auch Trinitarier genannt wurden.

## Weitere Tätigkeit der Gründerheiligen

Als neu ernannter Ordensgeneral kehrte Johannes mit seinem Gefährten nach Frankreich zurück. Der Papst hatte ihnen Empfehlungsschreiben an den Bischof von Paris und den Abt von St. Viktor mitgegeben, worin er diese anwies, den beiden Einsiedlern ein Kloster zu errichten und eine Regel vorzuschreiben. Letztere wurde noch in demselben Jahr durch eine päpstliche Bulle gutgeheißen.

König Philipp August, dem sich Johannes und Felix vorstellten, gestattete die Errichtung des Ordens in Frankreich und trug zu dessen Entfaltung durch seinen Einfluß und seine Freigebigkeit vieles bei. Walter von Châtillon schenkte ihnen zur Erbauung eines Klosters die zwischen Gandeleu und la Forte-Milon gelegene Stätte, wo sie, an einer Quelle sitzend, den weißen Hirsch mit dem rot-blauen Kreuz gesehen hatten. Danach erhielt das neue Kloster, das der Hauptsitz des Ordens blieb, den Namen «Cerfroid». Die Gräfin Margareta von Burgund verlieh ihm Schenkungen, deren Einkünfte zum Unterhalt von 20 Ordensmitgliedern ausreichten. Manche unter diesen waren früher Schüler von Johannes von Matha gewesen und zeichneten sich durch Wissenschaft und Verdienste aus. Zu ihnen gehörten Johannes Anglic von London, Wilhelm Scot von Oxford, Peter Corbellin, der später Erzbischof von Sens wurde, und Jakob Sounier, Bischof von Todi.

Als Johannes von Matha in Rom die Bestätigung der für seinen Orden entworfenen Regel nachsuchte, schenkte ihm der Papst zu einer zweiten Niederlassung das Haus des heiligen Thomas «della Cavinella», auch «in Formis» oder «di Forma Claudia» genannt, hielt ihn aber, als er an die Küste Nordafrikas reisen wollte, um mit der Erlösung christlicher Sklaven sofort zu beginnen, anderer Dienstleistungen wegen noch vorläufig zurück. Statt seiner fuhren Anglic und Scot als Unterhändler zu Sultan Miramolin von Marokko und brachten im Jahre 1200 die ersten 186 losgekauften Christen glücklich in die Heimat zurück.

Im gleichen Jahr 1200 gründete Wilhelm von Honscotte auf seinem gleichnamigen Gut in Flandern ein Kloster für den neuen Orden. Eine andere Stiftung erhielt Johannes von Matha in der Provence zu Arles durch den dortigen Bischof Imbert von Arguire. Johannes war damals auf einer Reise nach Spanien. Er verstand es, die Fürsten und das Volk so sehr für sein Unternehmen zu erwärmen, daß ihm viele Mittel zuflossen, um in diesem Land, dessen schönste Provinzen in den Händen der Sarazenen waren, Klöster und Spitäler stiften zu können. Von da begab er sich nach Tunis, wo er manches zu erdulden hatte und einmal in einer Gasse überfallen und so schrecklich mit Schlägen zugerichtet wurde, daß er in seinem Blut schwimmend dalag und an nichts anderes mehr dachte, als daß er gewürdigt werde, als Märtyrer für Christus zu sterben.

Er kehrte mit 40 erlösten Christen nach Europa zurück, durchzog Frankreich, Italien und Spanien, besuchte die inzwischen an verschiedenen Orten entstandenen Klöster. Er gründete neue Klöster, sammelte Mittel zum Loskauf der in der Gefangenschaft der Ungläubigen Schmachtenden und suchte auch sonst das Reich Gottes auszubreiten durch Bekämpfung der Laster und durch Predigten gegen die Irrlehren der Albigenser. Der König von Frankreich ernannte Johannes von Matha, nachdem er schon die ihm vom Papst angebotene Erhebung zur Kardinalswürde ausgeschlagen hatte, zu seinem Hoftheologen, geistlichen Rat und Kaplan. Es sind dies Titel, die nachher auf die Ordensgeneräle der Trinitarier übergingen.

Die Grafen von Flandern und Blois und andere Edelleute, die sich nach Palästina als Kreuzfahrer einschifften, erhielten Jünger des heiligen Johannes von Matha zu Gefährten, damit diese die Soldaten unterrichteten, die Kranken pflegten und am Loskauf der Gefangenen arbeiteten.

Auf einer zweiten Reise nach Tunis, die Johannes im Jahre 1210 unternahm, hatte er wieder viele Drangsale zu erleiden. Als er mit 120 losgekauften Christensklaven sich einschiffen wollte, und ein roher Volkshaufen dies gewahrte, drang derselbe wütend herbei, zertrümmerte Mastbaum und Steuerruder, zerriß die Segel und überließ das Fahrzeug wehrlos dem Spiel der Winde und Wellen. Aber Johannes von Matha verlor sein Vertrauen auf Gott nicht. Er hing seinen Mantel nebst denen seiner Brüder als Segel auf, ermunterte alle Insassen des Schiffes zum Gebet und begab sich, Psalmen singend, mit dem Kruzifix in der Hand aufs Verdeck, die weitere Leitung des Fahrzeuges der göttlichen Vorsehung getrost überlassend. Und siehe da: Mit günstigem Wind erreichte er nach einigen Tagen die Mündung des Tibers bei Ostia und kam mit den Seinigen glücklich nach Rom.

Unterdessen hatte sein treuer Mitarbeiter Felix von Valois in Frankreich mehrere Klöster gegründet, unter diesen auch eines in Paris auf einem Platz, wo eine Kapelle stand, die dem heiligen Mathurinus geweiht war. Von dieser Kapelle erhielten die Mitglieder des Ordens in Frankreich auch den Namen «Mathuriner». Hier im Kloster zu Paris starb der heilige Felix von Valois 85jährig am 4. November 1212.

Ein Jahr danach folgte ihm der heilige Johannes von Matha am 17. Dezember 1213, von Anstrengungen und Entkräftungen niedergebeugt, obgleich er erst 53 Jahre zählte. Die letzten beiden Jahre verbrachte er auf Wunsch des Papstes in Rom, um die Gefangenen zu besuchen, die Kranken zu trösten und den Armen beizustehen. Sein Leichnam wurde in der Ordenskirche der Trinitarier «St. Thomas in Formis» beigesetzt, von wo er später nach Spanien übertragen wurde.

## Ausbreitung des Ordens

Die Trinitarier gelangten in den Besitz von ungefähr 250 Klöster, die in 13 Provinzen verteilt waren, die sich über Frankreich, Italien, Spanien und Portugal erstreckten. Früher gab es auch eine englische Provinz mit 43, eine schottische mit 9 und eine irländische mit 52 Klöstern. Sie gingen – sowie auch eine große Anzahl in Ungarn, Böhmen, Sachsen und anderen Provinzen – in der Reformationszeit zugrunde.

Die schnelle und große Ausbreitung des Trinitarierordens beweist, daß er eine Schöpfung echt christlicher Nächstenliebe und ein dringendes Bedürfnis in jener Zeit war, wo nach dem unglücklichen Verlauf des fünften Kreuzzuges die Sarazenen weithin Schrecken verbreiteten und Tausende von Christen in die grausamste Sklaverei fortschleppten. Um diesen die Freiheit wieder zu erlangen, boten die Trinitarier alles auf. Kein Opfer war ihnen zu groß. Selbst Freiheit und Leben ihrer eigenen Person gaben sie gern zur Rettung der Gefangenen hin.

Bereits kurze Zeit nach dem Tod des heiligen Stifters bestätigte der Nachfolger von Papst Innozenz III., Papst Honorius III., neuerdings den Orden, dessen Vorschriften 1267 von Clemens IV. nochmals gutgeheißen wurden, was sich seitens der nachfolgenden Päpste bei verschiedenen Gelegenheiten, wenn Milderungen oder Verschärfungen angemessen erschienen, wiederholte.

## Ein Blick in die üblichen Vorschriften

Die Regeln waren ursprünglich sehr streng. Es waren die bekannten alten Vorschriften für die Kanoniker. Zur Nahrung waren den Trinitariern nur Brot, Kräuter, Baum- und Gartenfrüchte, Öl, Milch und Käse gestattet. Fleisch und Fische durften sie nie kaufen. Nur Sonntags durften sie Fleisch essen, wenn es ihnen als Almosen gegeben war. Später trat eine Milderung ein, indem ihnen gestattet wurde, Fleisch und Fisch sowie andere zum Lebensunterhalt notwendige Dinge zu kaufen. Jedes Kloster mußte von seinen Einkünften den dritten Teil zum Loskauf von Gefangenen verwenden.

Leider verflachte die Disziplin zusehends: Die Observanz wurde nicht mehr eingehalten. Der Verfall war nicht nur im Trinitarierorden sichtbar geworden. Das ganze kirchliche Leben mußte erneuert werden, wozu die neuen Orden (Jesuiten, Theatiner usw.) eine gute Stütze boten. Das Konzil von Trient (1545–1563) bestimmte in seiner letzten Session (Dezember 1563) eingehend die Reform des religiösen Lebens.

In Spanien war König Philipp II. ein eifriger Förderer der tridentinischen Reform. Es stand tatsächlich nicht zum Besten mit der Einhaltung der Ordenssatzungen. Die Trinitarier fühlten sich nicht mehr verpflichtet, den dritten Teil der Einnahmen für den Loskauf der Gefangenen einzusetzen. Allein in Spanien besaßen die Trinitarier mehr als 60 Niederlassungen. Viele Patres waren als Universitätsprofessoren tätig und nicht mehr geneigt, die Fast- und Abstinenzgebote des Ordens einzuhalten.

Es gab verschiedene Vorstöße von reformorientierten Trinitariern, so vor allem Pater Johannes Dueñas, welcher der sogenannten «Rekollektion» vorstand. Der Mann jedoch, der von Gott für die Reform bestimmt wurde, war ein Spanier, den man bereits als erfolgreichen Karmelitenpater gesehen hatte: der spätere Pater Johannes von der Empfängnis.

## Theresia von Avila schaut den neuen Reformator

Johannes García Xixón wurde am 10. Juli 1561 zu Almodóvar bei Calatrava in Spanien geboren. Sein Vater Markus war ein Verwandter des heiligen Johannes von Avila. Acht Kinder waren der Familie beschieden, drei davon wählten den geistlichen Stand.

Bei den Unbeschuhten Karmeliten erhielt der erst vierjährige Johannes die ersten Schulkenntnisse. Johannes blieb bei den Karmeliten in der Ausbildung und gedachte auch, Karmelit zu werden.

1576 (Johannes zählte damals 15 Jahre) besuchte die heilige Theresia von Avila die Familie García auf einer Gründungsreise. In der Stadt Almodóvar waren Karmeliterpatres. Ganz in der Nähe wollte Theresia übernachten. Die Familie García bot Unterkunft. Beim Weggehen sprach die heilige Theresia zur Mutter: «Sie, meine Gastgeberin, haben hier einen Sohn, der ein großer Heiliger, Hirte von vielen Seelen und der Reformator einer großen Sache wird ...» [Apost. Prozeß v. Toledo, f. 1534].

Es ist göttliche Vorsehung, wenn er die karmelitanische Wiege seiner Ausbildung verläßt und 1578 höhere Studien in Baeza verfolgt, wo sein Verwandter Johannes von Avila eine bedeutende Stellung einnimmt.

1580 schließlich klopft Johannes bei den Trinitariern in Toledo an und empfängt wenige Tage später den Habit als Trinitarier. Er heißt jetzt Johannes Baptist Rico. Im Noviziat hat er keinen geringeren Lehrer als Simón de Rojas (inzwischen heiliggesprochen). Zwei andere Mitbrüder werden später als Märtyrer in Algerien sterben.

Am 29. Juni 1581 legt er die ewigen Gelübde ab. Als Bruder setzt er die Studien in Alcalá fort. Nach der Priesterweihe wird er ein gesuchter Prediger. Doch noch ist er kein Heiliger. Er selbst schreibt von seiner Neigung zum Irdischen, von seiner Ungeduld und Unbeherrschtheit.

Im Jahre 1594 beschloß ein Kapitel der Trinitarier von Kastilien, Aragon und Andalusien eine sogenannte «Rekollektion», eine

Niederlassung, wo die Regel nach der strengeren Vorschrift eingehalten werden muß. Es war dies die Antwort auf die Frage der Reform, so wie das Konzil von Trient sie gefordert hatte. Man beschloß also, daß in jeder Provinz zwei oder drei solcher Häuser der «Rekollektion» errichtet werden sollten. Die erste Rekollektion wurde im neugegründeten Kloster Valdepeñas eingeführt.

Die Veranlassung zur Gründung von Valdepeñas war übrigens ein spanischer Edelmann – Marquis de Santa Cruz –, der in der Diözese Toledo ein Kloster stiften wollte. Anläßlich einer Reise traf er den Trinitarierpater Juan Dueñas und teilte ihm sein Vorhaben mit. Als letzterer ihn bat, die neue Stiftung seinem Orden zuzuwenden, erklärte sich der Edelmann nicht einverstanden, da er für sein Kloster erneuerte Ordensleute wünschte, die barfuß (keine Schuhe, nur in Sandalen) gingen. Man wurde aber bald einig, denn es fanden sich Trinitarier genug, die bereit waren, nicht nur die Schuhe abzulegen, sondern auch gröberes Tuch als Kleidung zu wählen.

Dorthin kam auch Johannes, wo er am 6. November 1594 seine erste heilige Messe feierte. Doch noch war er nicht geneigt, in der erneuerten Form sein Ordensleben fortzusetzen. Es brauchte noch eine Reifezeit, bis er dem geliebten Sevilla den Rücken kehrte, seine glänzende Laufbahn als gefeierter Prediger verließ und in die Fußstapfen der ursprünglichen Trinitarier trat.

Am Tag der heiligen Agnes des Jahres 1596 erhob man die Rekollektion zur denkwürdigen Reform des Ordens. Nach einigen Bedenken des Generalkommissars stimmte dieser der Reform zu. Am gleichen Tag predigte Pater Johannes von der Empfängnis (damals noch Johannes Rico) in Sevilla über die Ordensregel. Die Predigt war feurig und begeisterte die Massen. Er selbst gestand, daß er nicht sich selbst war während der ganzen Predigt. Es war dies ein Zeichen Gottes, daß ER selbst diesen Mann zur Reform vorgesehen hatte. Pater Johannes wünschte eine Begegnung mit dem Generalkommissar des Ordens. Auf dem Wege ereilt ihn die Damaskusstunde des heiligen Paulus. In einem schweren Gewitter verbirgt er sich in einem Gebüsch. Er erkennt, daß dieser gewaltige Sturm, Donner und Blitz ein

Zeichen Gottes sind, die ihn zur Umkehr drängen. Er gelobt daher, zur Rekollektion als «reformierter» Trinitarier zu gehen. Doch der Generalkommissar ist nicht geneigt, den gefeierten Kanzelredner wegzugeben. Doch Pater Johannes erfordert von der Muttergottes ein Zeichen: Wenn dieser Sturm wirklich von Gott geschickt war, daß ich mein Gelübde machte, so verlange ich das sofortige Umdenken des Generalkommissars. Nach diesem Gebet ist der Generalkommissar wie umgestimmt. Er läßt ihn mit Freuden ziehen. So erreicht Pater Johannes die Rekollektion von Valdepeñas am 26. Februar 1596. Nur zwei Monate später ist Pater Johannes zum Minister des Klosters gewählt. Die Reform kann nun beginnen und feste Umrisse annehmen.

## Am Ziel angelangt: Rom 1599

Um die Reform vom Papst approbieren zu lassen, reiste Pater Johannes nach Rom. Die Bestätigung erfolgte dann auch, nicht ohne Mühe und Widerwärtigkeiten, mit dem päpstlichen Breve «ad militantis Ecclesiæ» vom 20. August 1599. Johannes reiste nach Spanien zurück. Johannes ist der erste «unbeschuhte Trinitarier». Doch nun braucht er einen offiziellen Visitator seines neuen Ordens. Der Nuntius läßt ihn zwischen dem Karmelitenoberen oder Franziskaneroberen wählen. Johannes entscheidet sich zugunsten seines geliebten Karmeliterordens. Am 8. Dezember 1599, Fest Mariä [Unbefleckte] Empfängnis, legt er die Gelübde vor dem Karmelitenoberen ab und erhält das wiederhergestellte weiße Ordenskleid. Er nennt sich fortan «Johannes von der Empfängnis» oder «Johannes a Conceptione». Damals war die Unbefleckte Empfängnis noch nicht als Dogma verkündet. Deshalb hieß Johannes schlicht «von der Empfängnis».

## Valdepeñas und die Reform

Die beschuhten Trinitarier suchten wohl die Reform zu verhindern, doch Johannes blieb unerschütterlich fest in seinen Grundsätzen. Als ihm der Zutritt zu Valdepeñas verweigert wird, erreicht er die Übergabe des Hauses durch die örtlichen Behörden.

*Der heilige Michael von den Heiligen [1591–1625] gilt als der größte Mystiker innerhalb des Trinitarierordens. In einer Vision erschien ihm Jesus, entriß ihm das Herz und legte es in das Seinige. Hierauf lebte Michael ohne Herz. Die Mitbrüder bezeugten, daß man bei ihm – vor allem beim Schlafen – kein pochendes Herz feststellen konnte.*

Als er am 19. März 1600 im Haus von Valdepeñas einzieht, ist lediglich ein Laienbruder zurückgeblieben. Die anderen Trinitarier haben ihn verlassen und der anspruchsvollen Reform entsagt. Doch bald werden andere vom heiligmäßigen Wandel angesteckt und Johannes blickt bald wieder auf 16 Ordensmitglieder.

Der 7. November 1600 dürfte ein schwarzer Tag in der Geschichte der Reform sein. Beschuhte Trinitarier wollen das Haus in Valdepeñas zurückerobern. Nachts schleichen die Angreifer über die Mauern, fesseln Johannes und werfen ihn in den Hauskeller voll schmutzigem und faulem Wasser, während sie das

Haus plündern und die übrigen Hausinsassen einschüchtern. Was der heilige Johannes von Kreuz erlebte, war nun auch das Los unseres Paters Johannes geworden. Glücklicherweise dauerte es nur wenige Tage, bis man den Heiligen aus seiner Lage befreite.

Es gelang Pater Johannes von der Empfängnis trotz allem, um 1602 vier neue reformierte Klöster zu errichten. Über die Form des Kreuzes auf dem Habit entstanden Erörterungen. Sehr wichtig war es, daß die Ideen der Reform auf der berühmten Universität Alcalá de Henares (Complutum) Eingang fanden. Bald faßten sie auch in Madrid festen Fuß. Es konnte das erste Provinzialkapitel abgehalten werden. Auch in Madrid fehlte es nicht an Verdächtigungen und Verfolgungen, doch König Philipp wandte den strengen Asketen in Bewunderung seine Gunst zu. Dem neuen Madrider Gotteshaus wurde kein Schmuck der Kunst versagt.

Es folgte alsbald die Gründung von sieben neuen Klöstern, aber auch wieder ein neuer Angriff seitens der Gegner, so daß Johannes zwei seiner tüchtigsten Jünger nach Rom schicken mußte, um die Verleumdungen zu widerlegen. Dabei kam auch der große Unterschied zwischen den «Rekollekten» und den «Reformierten» zur Sprache.

In Madrid trat 1609 der zweite Provinzialkonvent zusammen und wählte nach Ablauf der dreijährigen Amtsdauer des seligen Johannes den Pater Franziskus a Sancta Anna zum zweiten Provinzialminister. In Rom wurde ein Hospiz errichtet und bald auch zu einem Kloster erhoben. Das erbauliche Leben der dortigen Mönche wurde mit dem der alten Väter der Thebais verglichen. Indessen stiftete der selige Johannes noch ein Kloster zu Toledo.

Auf dem dritten Konvent zu Valdepeñas wurde Pater Gabriel ab Assumptione zum dritten Provinzialminister erwählt. Klöster wurden in Granada und Molina gestiftet.

Das Hauptamt des Ordens, der Loskauf der gefangenen Christen aus der Gewalt der Ungläubigen, wurde nie vernachlässigt, wie die mitgeteilten Kapitel der reformierten Regel bestätigen. Andere Vorschriften handeln vom gemeinsamen Leben, vom stillen Gebet zu allen Zeiten des Tages und der Nacht, vom Gehorsam, von der Armut, von der Ablehnung aller Würden, von der Rekollektion und der Abkehr von den Kreaturen, vom Stillschweigen und der Bescheidenheit, von der Strenge und dem Ernst im geistlichen Leben, den Abtötungen, von den Konventen und Kapiteln zur Abstellung von Mängeln, von der geistlichen Konferenz und anderen Exerzitien des Ordens, von der karikativen Gemeinsamkeit und Gleichheit aller Religiosen, von der strengen Observanz, von der Vollkommenheit und dem Eifer in den Kollegien, von der Verbindung des Gebetes mit den literarischen Studien, von der Bekämpfung der Furcht, von der Lösung scholastischer Schwierigkeiten, von der freudigen Übernahme übertragener Lasten, von der gleichen Würde der studierenden Jugend mit den Älteren, von der Rechtschaffenheit der Doktoren und Literaten.

## Der heilige Johannes a Conceptione

Somit kehren wir wieder zur Lebensbeschreibung des heiligen Reformators zurück. Es muß ebenso sein heiliger Eifer wie seine heitere Seelenruhe gerühmt werden. Als ihn jemand fragte, woher er denn die Sicherheit des Lebensunterhaltes für alle seine Anstalten nehme, antwortete er: «Die gewisseste und sicherste Vorkehr bietet die Erbarmung und die Freigebigkeit des Allmächtigen.» Sonst pflegte er zu sagen: «Je ärmer die Religiosen sind, um so besser, denn um so reicher sind sie an Geist.»

Die schwersten Angriffe brachten ihn nicht aus dem Gleichgewicht. Man hörte von ihm kein scharfes Wort gegen den Nächsten. Er war sogar ein Protektor seiner Gegner. In Rekollektionen und in Schriften bekannte er öffentlich seine Mängel mit demütiger Übertreibung. Seine Vorzüge hielt er verborgen. Er schätzte auch hoch die Laienbrüder und unterzog sich selbst den niedrigsten Diensten. Er ersehnte das Martyrium und hatte es gewiß in anderem Sinn zu erleiden. Verklärt durch Wunder, als Prophet geachtet, bewundert ob der Gewalt seiner improvisierten Rede, womit er oft Widerstrebende hinriß, fruchtbar in Werken seiner Feder, starb der apostolische Vater in Ekstase, freudig und begeistert, inmitten seiner Brüder am 14. Februar 1613 im Alter von 52 Jahren, von denen er 17 unter den beschuhten Patres, 2 in der Rekollektion und 14 Jahre im reformierten, unbeschuhten Orden zugebracht hatte.

Am 25. Mai 1975 wurde Johannes a Conceptione heiliggesprochen.

## Zu den Bettelmönchen gezählt

Papst Paul V. versetzte die unbeschuhten Trinitarier durch ein Breve von 1609 unter die Bettelmönche und gestattete im folgenden Jahr, daß sie sich durch ein viertes Gelübde verpflichteten, niemals nach einem höheren Posten im Orden zu streben. Urban VIII. befreite sie im Jahre 1635 gänzlich von der Gerichtsbarkeit des alten Ordens und erlaubte ihnen, einen eigenen General für ihre Kongregation zu erwählen. Ihre Klöster wurden, da sie sich immer mehr vermehrten, in die drei Provinzen von der Verklärung Christi, vom Heiligen Geist und von Maria Empfängnis eingeteilt.

Im Jahre 1686 kamen sie unter dem König Johann III. Sobieski nach Polen, und von da nach Ungarn und Deutschland, wo ihnen Kaiser Leopold I. ein Haus in Wien überwies. Papst Clemens XI. nahm sie anfangs des 18. Jahrhunderts in Italien auf.

In Frankreich bildete sich anfangs des 17. Jahrhunderts durch die von Hieronymus Halies bewirkte Reform des Ordens ebenfalls eine Kongregation von unbeschuhten Trinitariern, die einen eigenen Generalvikar erhielten. Sie unterschieden sich von ihren spanischen Ordensgenossen nur dadurch, daß sie Mantel und Kapuze von weißer Farbe trugen, während bei den Spaniern diese Gewandstücke braun waren.

Überhaupt herrschte bei der Kleidung der Trinitarier seit der Gründung des Ordens nur Gleichförmigkeit in Bezug auf die weiße Farbe und hinsichtlich des rot-blauen Kreuzes auf dem Skapulier und Mantel. Schnitt und Form änderten sich in jedem

Land. An einem Ort trugen sie über dem weißen Rock ein schwarzes Bischofsmäntelchen, an anderen eine schwarze Kappa, am dritten große schwarze Umhängemäntel. Das sonst bei allen Chorherren übliche Rochette kam bei ihnen bald wieder außer Gebrauch.

### Der weibliche Zweig

Es gab auch Trinitarierinnen, die Johannes von Matha auf einer Reise nach Spanien daselbst gestiftet hatte. Diese Klosterfrauen, deren Vorsteherinnen meistens von sehr hoher Herkunft waren, richteten sich, was Kleidung und Regel anging, nach ihren männlichen Ordensgenossen. Sie mußten ebenfalls den dritten Teil ihrer Einkünfte für den Loskauf von Gefangenen verwenden. Nur in Bezug auf das Fasten und einige für das weibliche Geschlecht allzu schwer erscheinende Verpflichtungen herrschten bei ihnen einige Milderungen.

### Trinitarierterziaren

Schließlich war auch noch ein «dritter» Zweig der Trinitariergemeinschaft entstanden, der sogenannte «Tertiarierorden» von der heiligsten Dreifaltigkeit, zum Loskauf der Gefangenen. Die Mitglieder desselben blieben in der Welt und trugen nur die Abzeichen der Trinitarier unter ihren gewöhnlichen Kleidern. Ohne Gelübde abzulegen, verpflichteten sie sich, die Zwecke des Ordens zu unterstützen, für seine Ausbreitung und sein Bestes stets und überall einzustehen.

### Ausblick

Stets wird es dem Orden unvergessen bleiben, daß er 1 Million christlicher Sklaven aus der Gewalt der Ungläubigen erlöst hat.

Die Kongregation der beschuhten Trinitarier ist seit 1894 erloschen, nachdem schon die spanische Revolution in den dreißiger Jahren des 19. Jahrhunderts dieselben arg dezimiert hatte. 1824 wurde in Frankreich eine neue Kongregation gebildet für die von den Mohammedanern in den sogenannten Raubstaaten an der nordafrikanischen Küste vergewaltigten Christen. Als nun hier durch die seit 1830 errungenen Siege und Eroberungen der Franzosen die alten Tätigkeiten der Trinitarier nicht mehr nötig waren, haben sie sich hauptsächlich einen anderen wohltätigen Zweck zur Aufgabe gemacht, nämlich den Ankauf und die Erziehung von Heidenkindern für das Christentum, wozu der ehrwürdige Kanonikus Olivieri aus Genua den Anfang machte.

Heutzutage haben sich die Trinitarier Zielen gewidmet, die mit dem Ideal der Gründer durchaus vereinbar sind: Beschäftigung mit sozialen Randgruppen, Drogenabhängigen sowie von der Gesellschaft Ausgestoßenen. Zurzeit sind um 500 Trinitarier in aller Welt tätig.

Pilger, die Rom besuchen, werden gerne die Stätten des Trinitarierordens aufsuchen:

- *San Tommaso in Formis (mit dem Sterbezimmer des heiligen Johannes von Matha)*
- *San Crisógono mit dem unverwesten Leib der seligen Anna Maria Taigi.*
- *San Carlino alle Quattro Fontane mit den sterblichen Überresten der seligen Elisabeth Canori Mora.*

**Ablaßgebet zum heiligen Johannes von Matha**

Ruhmvoller heiliger Johannes von Matha, du trugst in deinem Herzen eine große Liebe zu Gott und ein zartes Mitgefühl mit dem Nächsten. Darum wurdest du von Gott erwählt, den ruhmreichen Orden der heiligsten Dreifaltigkeit zu gründen. Dein Leben war der Verherrlichung dieses hohen Geheimnisses und dem Loskauf der armen Christensklaven geweiht.

Erbitte uns die Gnade, unser Leben lang die heiligste Dreifaltigkeit zu verherrlichen und dem Nächsten durch Werke der christlichen Liebe Gutes zu tun, damit wir auch das hohe Glück erlangen, im Himmel die selige Anschauung des Vaters, des Sohnes und des Heiligen Geistes zu genießen. Amen.

Teilablaß [300 Tage Ablaß einmal im Tag. Vollkommener Ablaß unter den gewöhnlichen Bedingungen, wenn man das Gebet einen ganzen Monat lang oder jeden Tag andächtig betet. (Ablaßkongregation 16. März 1897; Pönit. 20. September 1931)]

OSST

1198
1599

# Der Orden der Trinitarier

Ordo sanctissimæ Trinitatis redemptionis captivorum

# Eine bedeutsame Vision ...

Nach einem gründlichem Studium an der Pariser Universität (Magister in Theologie) wurde Johannes von Matha zum Priester geweiht. Die Überlieferung berichtet, daß dem heiligen Johannes von Matha während der ersten heiligen Messe Christus (andere sprechen von einem weißgekleideten Engel ) mit zwei Sklaven – links ein weißer, rechts ein schwarzer – erschien. Das war der Anfang des Trinitarierordens: Gott ließ Johannes von Matha mit diesem Gesichte erkennen, daß er einen Orden zur Befreiung der Sklaven und Gefangenen wünscht. Dem Papst Innozenz III. wurde das gleiche Gesicht gewährt, worauf er den Orden der Trinitarier bestätigte [17. Dezember 1198].

*Nebst dem Trinitarierorden entstand innerhalb der Kirche der sogenannte «Mercedarierorden» (siehe Mönch links des Trinitarierpaters) zur Befreiung von Gefangenen. Der Orden der Trinitarier geht zurück auf das Wirken der Heiligen Johannes von Matha († 1213) und Felix von Valois († 1212). Die Trinitarier widmeten sich vornehmlich der Befreiung von Gefangenen, ferner der Seelsorge und der Krankenpflege in Krankenhäusern und auf Kreuzzügen.*

*Das bekannte Bild der Vision, die dem Johannes von Matha während der ersten heiligen Messe zuteil wurde: Christus, links und rechts ein Sklave.*

IV

# Johannes von Matha

Um 1160 wurde Johannes von Matha als Sohn eines provenzalischen Ritters in Faucon geboren. Das Gebiet gehörte damals zu Spanien (Aragon). So ist es erklärlich, daß die Trinitarier Spanien als eigentliches Stammland nennen.

In Aix-en-Provence begann Johannes sein Studium, das er an der Universität mit dem Doktorat (Magistergrad) in Theologie abschloß. Erst nach seinen Studien ließ er sich zum Priester weihen. Bereits bei der heiligen Priesterweihe – so berichtet die Überlieferung – habe man eine Feuersäule vom Himmel auf ihn herabschweben sehen. Man deutete dies als ein Zeichen des Heiligen Geistes. Noch eindrücklicher und folgenschwerer war die Erscheinung, die Johannes während seiner ersten heiligen Messe erlebte: Christus (andere sprechen von einem weißgekleideten Engel) erschien, zur Linken ein weißer Sklave und zur Rechten ein schwarzer Sklave. Nach diesem Gesicht zog sich Johannes in die Einöde von Cerfroid zurück, um Klarheit über seinen von Gott gewünschten Weg zu erhalten. Dort lernte er den heiligen Felix von Valois kennen. Er sollte seine größte Stütze in der Gründung des Ordens werden. Der heilige Felix wird oft mit einem Hirsch abgebildet. Die Überlieferung erzählt, daß den beiden in der Einsamkeit einmal ein weißer Hirsch mit einem rot-blauen Kreuz im Geweih erschien. Auf dieses besondere Zeichen hin gingen beide zum Papst nach Rom. Papst Innozenz III. wollte jedoch zuerst die Angelegenheit prüfen. Als ihm ebenfalls bei der Feier der heiligen Messe der weißgekleidete Jüngling mit den beiden Sklaven erschien, gewährte er die vorläufige Approbation für den Orden. Wenige Monate später, am 17. Dezember 1198, folgte die endgültige Anerkennung.

Genau 15 Jahre später starb Johannes von Matha – am 17. Dezember – in Rom, wo er den Hauptsitz für den Orden aufgeschlagen hatte.

## Inschrift auf dem Grabstein des heiligen Johannes von Matha:

«Im Jahre 1198 seit der Menschwerdung des Herrn und im ersten Jahr des Pontifikates des Papstes Innozenz III. ist am 15. der Kalenden des Januar durch göttlichen Antrieb der Orden der Allerheiligsten Dreifaltigkeit und der Gefangenen von Frater Johannes gegründet worden unter der eigenen, ihm vom Apostolischen Stuhl gewährten Regel. Begraben ist der gleiche Frater Johannes an diesem Ort im Jahre 1213 seit der Menschwerdung am 21. Dezember.»

*Statue des heiligen Johannes von Matha über dem Eingang zur Schreinkapelle der seligen Elisabeth Canori Mora in der Kirche San Carlino delle Quattro Fontane zu Rom.*

*Eine bedeutsame Rolle spielte das Reliquiar «Jesus Nazarenus» im Leben der Seligen Elisabeth Canori Mora (1774–1825). In größte finanzielle Not gekommen, kündigte der Herr der Seligen an, daß er nun selbst kommen und ihr helfen würde. Die Selige erhielt kurz darauf ein Reliquiar geschenkt (siehe Abbildung). Das Reliquiar erwies sich in der Folge als wundertätig. Bekehrungen, auffallende Gnadenerweise stellten sich ein.*

*Statue «Jesus Nazarenus» in der Kirche San Crisógono in Rom.*

# Jesus Nazarenus

*Bild des Jesus Nazarenus in der Klosterkirche San Carlino, Rom.*

**Am 28. Januar 1682 wurden in Nordafrika 211 Sklaven befreit. Zum Zeichen ihrer Befreiung erhielten alle das rot-blaue Trinitarierskapulier. Man hing damals ebenfalls der freigekauften Christusstatue das Trinitarierskapulier um und trug die Statue feierlich in der Prozession mit.**
**Seither wird Jesus Nazarenus überall dort angerufen, wo die Menschen unter Elend und Not leiden. Jesus ist der eigentliche Befreier und Beschützer der Menschheit.**
**Ein herausragendes Beispiel zeigt das Leben der Seligen Elisabeth Canori Mora, die mit einem Jesus-Nazarenus-Reliquiar Wunder wirkte (siehe Abbildung).**

**Am 23. Oktober feiern die Trinitarier das Fest «Jesus Nazarenus». Das Fest wurde durch ein Dekret am 22. Dezember 1787 bestätigt. Das Original der Statue «Jesus Nazarenus» befindet sich in der Trinitarierkirche in Madrid. Die Originalstatue wurde von den Trinitariern «freigekauft», weil die Statue im Besitz von Ungläubigen war.**

O Gott, der du deinen eingeborenen Sohn zum Erlöser der Welt eingesetzt hast, und durch seinen Sieg über den Tod uns in Barmherzigkeit zum wahren Leben geführt hast, gewähre, daß wir verdienen, indem wir diese Wohltaten verehren, dir in beständiger Liebe und Treue zu dienen, und die Früchte seiner Erlösung erlangen. Amen.

[Kirchengebet zum Fest von Jesus Nazarenus, 23. Oktober.]

*Die fünffachen Skapuliere tragen vielfach als oberstes der fünf Skapuliere das weiße Skapulier der Trinitarier mit dem rot-blauen Kreuz.*

MATER BONI REMEDII
VIII

# Mater Boni Remedii [Mutter des guten Mittels]

Bereits der heilige Johannes von Matha stellte den ganzen Orden der Trinitarier unter den Schutz der Muttergottes: «Sie, welche die Wunden der Menschheit heilt». Ab dem Jahre 1202 förderte er die Muttergottesverehrung unter diesem Titel «Boni Remedii» (der guten Mittels) und stellte im Kloster zu Marseille ein Bild dieser Muttergottes auf. Im Jahre 1303 formte sich eine Bruderschaft zu Ehren Mariens.
Das lateinische Wort «remedium» bedeutet soviel wie Heilmittel, Hilfsmittel, Mittel, Hilfe. Die Muttergottes bringt uns Hilfe, indem sie uns die richtigen Mittel anempfiehlt. Wie kann ein Kranker gesund werden, wenn er die falschen Mittel erhält? Wie können wir etwa die Keuschheit erlangen, wenn wir uns der falschen Mittel bedienen?
Während langer Zeit war die Anrufung Mariens unter diesem Titel in Vergessenheit geraten.
In Italien erlebte man nach 1920 einen großen Aufschwung.
1961 wurde die Muttergottes «Boni Remedii» als Patronin des ganzen Ordens anerkannt.

# Heilige und Selige [Trinitarierorden]

**Hl. JOHANNES VON MATHA** [1160 – 17. Dezember 1213]
**Hl. FELIX VON VALOIS** [1127 – 4. November 1212]
**Hl. JOHANNES VON DER EMPFÄNGNIS** [10. Juli 1561 – 14. Februar 1613]
**Hl. MICHAEL VON DEN HEILIGEN** [19. September 1591 – 10. April 1625]
**Hl. SIMÓN DE ROJAS** [28. Oktober 1552 – 29. September 1624]
**Sel. MARKUS CRIADO** [25. April 1522 – 21. Oktober 1569]
**Sel. ANNA MARIA TAIGI** [29. Mai 1769 – 9. Juni 1837]
**Sel. ELISABETH CANORI MORA** [21. November 1774 – 5. Februar 1825]
**Sel. DOMINIKUS A SS. SACRAMENTO** (Domingo Iturrate) [11. Mai 1901 – 7. April 1927]
**Hl. AGNES**
[Die heilige Jungfrau und Märtyrerin wird als Schutzpatronin im Orden der Trinitarier besonders angerufen wegen der an ihrem Tage von Papst Innozenz III. gesehenen Vision. Papst Innozenz III. gewährte hierauf die Approbation.]

*Die Marienstatue «Mater Boni Remedii» in der Kirche San Crisógono in Rom zeugt von der großen Marienliebe der Trinitarier.*

*Das nebenstehende Bild wurde 1944 von Johannes Baptist Conti gemalt und war ein Votivgeschenk der ganzen Pfarrei für den Schutz während des Zweiten Weltkrieges. Die feierliche Erhebung fand im Marianischen Jahre 1954 statt.*

# Felix von Valois

Felix von Valois wurde 1127 geboren und zog sich schon früh als Einsiedler in die Wälder zurück. In der Einöde von Cerfroid führte er mit anderen Waldbrüdern zusammen ein Leben der Stille und der Zurückgezogenheit. Zusammen mit Johannes von Matha gründete er das erste Trinitarierkloster in Cerfroid. Es war der Ort, wo Johannes von Matha ihn zum erstenmal sah und sich ihm beigesellte. 1209 leitete er als Minister das Haus in Marseille. Die letzten Jahre bis zu seinem Tode lebte er im Kloster von Cerfroid. Er starb am 4. November 1212.

1599–1999

## 400 Jahre Reform des Trinitarierordens

Johannes Garcia wurde 1561 zu Almadóvar bei Calatrava in Spanien geboren. Nach Universitätsstudien zu Toledo schloß er sich den Trinitariern an unter der Lehre des Magisters Simón de Rojas. Im Jahre 1594 beschloß ein Konvent der Trinitarier von Kastilien, Aragon und Andalusien eine sogenannte «Rekollektion», die zuerst im neugegründeten Kloster Valdepeñas eingeführt wurde. Am Tag der heiligen Agnes des Jahres 1596 hielt Pater Johannes in Sevilla eine feurige Predigt über die Regel und die Bedeutung des Trinitarierordens. Gleichzeitig erhob der Generalkommissar in Valdepeñas die Rekollektion zur denkwürdigen Reform. Am 26. Febuar 1596 trat Pater Johannes in Valdepeñas ein und wurde bald zum Minister des Klosters gewählt. Die Reform breitete sich aus. Um sie vom Papst approbieren zu lassen, reiste Johannes nach Rom. Die Bestätigung erfolgte dann auch, nicht ohne Mühe und Widerspruch, am 20. August 1599. Johannes nahm am Tag des Festes von Maria Empfängnis das wiederhergestellte weiße Ordenskleid an und nannte sich von da an Johannes von der Empfängnis oder «a Conceptione». Damals war das Dogma der «Unbefleckten Empfängnis» noch nicht definiert. Aus diesem Grunde nannte sich Johannes stets «von der Empfängnis».

[Quelle: Juan Pujana OSST, «Der Hl. Johannes Baptist von der Empfängnis. Rom 1975]

*Im Klosterkirchlein San Carlino delle Quattro Fontane steht diese Marmorstatue des heiligen Felix von Valois. Der Hirsch erinnert an die Erscheinung eines weißen Hirsches mit einem rot-blauen Kreuz im Geweih.*

*In der Klosterkirche San Carlino ist in der Mitte des Bodens das Trinitarierkreuz in Marmor eingelegt: Der charakteristische rote Längs- und der blaue Querbalken erinnern mit den ins Auge springenden Eisenketten an die hehre Pflicht der Trinitarier, die Gefangenen zu befreien und – falls notwendig – bereit sein, sein eigenes Leben für diesen Zweck herzugeben.*

*Das Hochaltarbild des Klosterkirchleins «San Carlino delle Quattro Fontane» ist ein Werk von Pierre Mignard, genannt «der Römer» (1612–1695). Das Bild zeigt den heiligen Karl Borromäus, flankiert von den beiden Gründern des Trinitarierordens: Johannes von Matha und Felix von Valois, die Allerheiligste Dreifaltigkeit anbetend.*

*Die Selige Elisabeth Canori Mora übte die christlichen Tugenden in heroischem Maße. Kurz nach ihrer Hochzeit wurde ihr Gatte untreu, vernachlässigte seine ehelichen Pflichten aufs schwerste. Elisabeth heiligte sich in schwierigsten Umständen. Nach ihrem Tode bekehrte sich ihr Gatte und wurde schließlich Priester, wie Jesus selbst es der Seligen vorausgesagt hatte.*

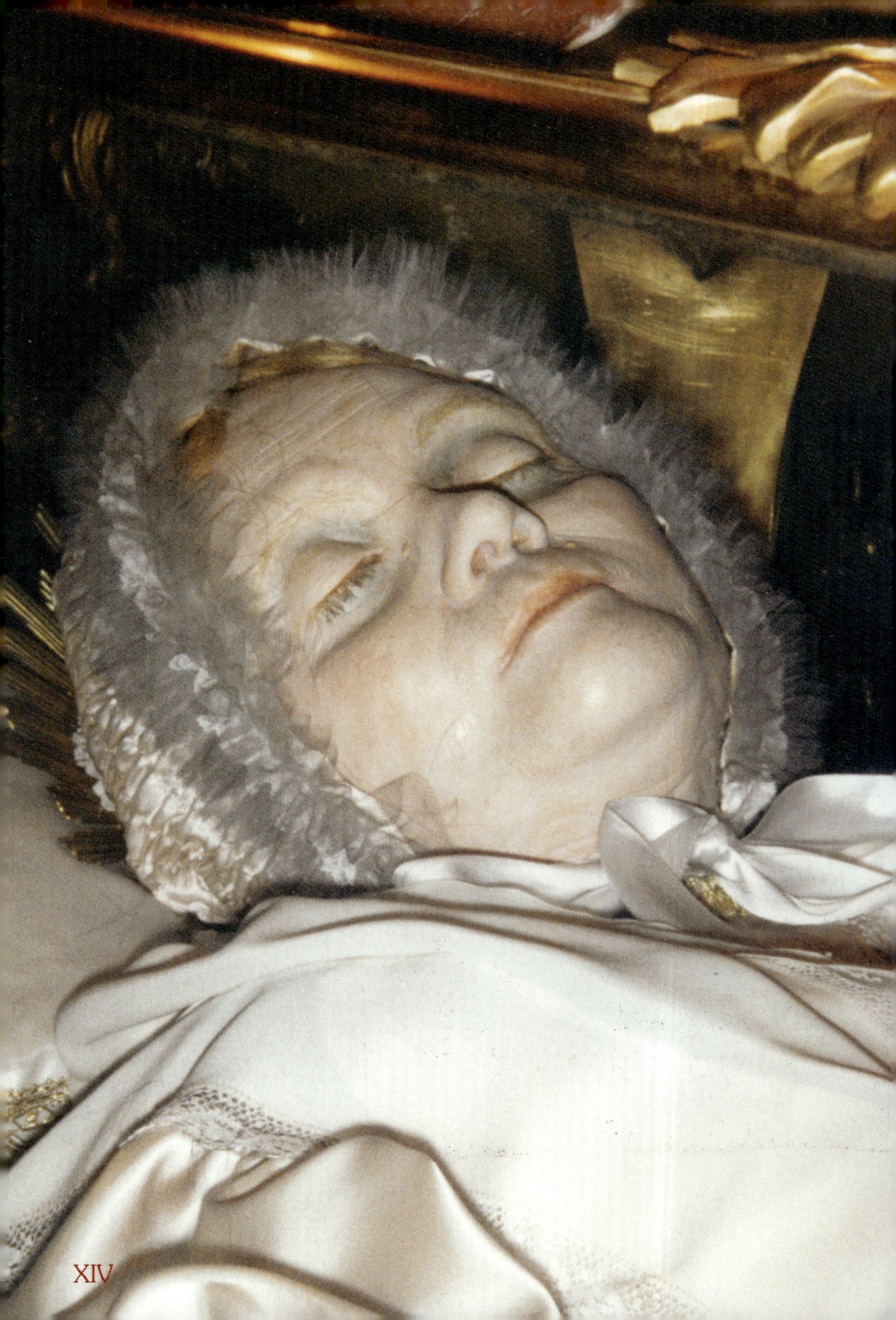

XIV

*Die Muttergottes empfängt die Selige Anna Maria Taigi unter ihrem Mantel. Die Prozeßakten bezeugen, daß Anna Maria Taigi eine vorzügliche Liebe zur Muttergottes hegte, die ihr oft in Visionen erschien. [San Crisógono, Rom]*

*In der Kirche San Crisógono befindet sich eine Seitenkapelle mit dem unversehrten Leib der Seligen Anna Maria Taigi (1769–1837), einer Trinitarierterziarin aus Rom.*

*Trinitarier im Himmel* [San Crisógono, Rom]

XVI

# Der Dreifaltigkeits-Rosenkranz

Der Orden der Allerheiligsten Dreifaltigkeit (Trinitarier) wurde 1198 von den Heiligen Johannes von Matha und Felix von Valois gegründet. Damals wie heute ist der Antrieb für dieses Apostolat die Verehrung der heiligsten Dreifaltigkeit. Der Dreifaltigkeitsrosenkranz gehört zu einer der schönsten Gebetstraditionen des Ordens sowie aller, die ihm verbunden sind. Jeder, der dieses Gebet verrichtet, reiht sich in die Schar derer, die täglich neu ihre Taufgnade leben wollen, um Gott Ehre zu geben. Im letzten Weltkrieg betete man ihn auch gerne während der Fliegerangriffe in den Luftschutzkellern.

V. Domine, labia mea aperies.
R. Et os meum annuntiabit laudem tuam.
V. Deus, in Adiutorium meum intende.
R. Domine ad adiuvandum me festina.
V. Gloria Patri et Filio et Spiritui Sancto.
R. Sicut erat in principio, et nunc et semper, et in sæcula sæculorum. Amen.

---

I

V. Sanctus Deus, Sanctus Fortis, Sanctus Immortalis.
R. Miserere nobis.
Pater noster.

(Dann betet man 9mal:)
V. Tibi laus, tibi gloria, tibi gratiarum actio in sæcula sempiterna, o beata Trinitas.
R. Sanctus, Sanctus, Sanctus Dominus Deus exercituum. Pleni sunt cæli et terra gloria tua.

(Einmal:)
V. Gloria Patri et Filio et Spiritui Sancto.
R. Sicut erat in principio, et nunc et semper, et in sæcula sæculorum. Amen.

---

Antiphon:
Te Deum Patrem ingénitum, te Filium unigénitum, te Spiritum Sanctum Paráclitum, sanctam et individuam Trinitatem toto corde et ore confitémur, laudamus atque benedicimus : tibi gloria in sæcula.
V. Benedicámus Patrem et Filium cum Sancto Spiritu.
R. Laudémus et superexaltémus eum in sæcula.

V. Herr, öffne meine Lippen.
R. Und mein Mund wird Dein Lob verkünden.
V. O Gott, komm mir zu Hilfe.
R. Herr, eile, mir zu helfen.
V. Ehre sei dem Vater und dem Sohne und dem Heiligen Geist.
R. Wie es war im Anfang, so auch jetzt und allezeit und in Ewigkeit. Amen.

---

Erstes Gesätzlein

V. Heiliger Gott, heiliger starker Gott, heiliger unsterblicher Gott.
R. Erbarme Dich unser.
Vater unser.

*Dann betet man 9mal:*
V. Dir sei Lob, Dir sei Ehre, Dir sei Dank in Ewigkeit, o heiligste Dreifaltigkeit.
R. Heilig, heilig, heilig ist der Herr Gott der Heerscharen, Himmel und Erde sind voll von Deiner Herrlichkeit.

*Einmal:*
V. Ehre sei dem Vater und dem Sohne und dem Heiligen Geist.
R. Wie es war im Anfang, so auch jetzt und allezeit und in Ewigkeit. Amen.

---

*Das zweite und dritte Gesätzlein wird genauso gebetet wie das erste. Nachdem das dritte Gesätzlein beendet ist, betet man:*

Dich, Gott, den ungeborenen Vater, Dich, den eingeborenen Sohn, Dich, den Heiligen Geist, den Tröster, heilige und ungeteilte Dreifaltigkeit, bekennen, loben und preisen wir aus ganzem Herzen und Munde: Dir sei Ehre in Ewigkeit.
V. Lasset uns preisen den Vater und den Sohn mit dem Heiligen Geist.
R. Lasset uns ihn loben und preisen in Ewigkeit.

Oremus
Omnípotens sempitérne Deus, qui dedísti fámulis tuis in confessióne veræ fidei ætérnæ Trinitátis glóriam agnóscere, et in poténtia Maiestátis adoráre Unitátem : quaésumus ; ut eiúsdem fidei firmitáte ab ómnibus semper muniamur advérsis. Per Christum Dóminum nostrum.
R. Amen.

Lasset uns beten
Allmächtiger ewiger Gott, Du hast Deinen Dienern die Gnade verliehen, im Bekenntnis des wahren Glaubens die Herrlichkeit der ewigen Dreifaltigkeit zu erkennen und in der Macht der Majestät die Einheit anzubeten; nun bitten wir Dich, laß uns kraft dieses unerschütterlichen Glaubens stets vor allem Unheil gesichert sein. Durch Christus unseren Herrn.
R. Amen.

Libera nos,
salva nos,
vivifica nos,
o beata Trinitas.

Befreie uns,
rette uns,
belebe uns,
o heiligste Dreifaltigkeit!

# Heilige und Selige des Trinitarierordens

In neuerer Zeit ist der Trinitarierorden durch neue Selige und Heilige bekannt geworden. In Klammern sind die Festtage angegeben, die seit der neuesten Reform (Kalenderreform) geändert haben.

8. Februar (17. Dezember)

## • Hl. Johannes von Matha

[Bekenner, Ordensgründer, 1160–1213]

Mitbegründer des Trinitarierordens. Er wurde in Faucon (Frankreich) geboren und studierte an der Universität zu Paris. Zum Priester geweiht, gab ihm der Herr in der ersten heiligen Messe zu verstehen, daß er ihn zu etwas Großem berufe: Die Vision des weißen Jünglings (andere sprechen von Christus selbst) mit zwei Sklaven wurde ihm gezeigt. Lange Jahre verbrachte er in der Einsamkeit, wo er schließlich mit Felix von Valois einer weiteren Vision gewürdigt wurde, die als Anlaß zur Reise nach Rom führte. Papst Innonzenz III. bestätigte in Rom die Regel der Trinitarier. Johannes starb am 17. Dezember 1213 in Rom.

20. November (4. November)

## • Hl. Felix von Valois

[Bekenner, Ordensgründer, 1127–1212]

Mitbegründer des Trinitarierordens. Er wurde am Ende des 12. Jahrhunderts geboren. Mit dem Hl. Johannes von Matha gilt er als Mitbegründer des Trinitarierordens. Felix starb im Jahre 1212.

14. Februar

## • Hl. Johannes v. der Empfängnis

[Bekenner, 1561–1613]

Geboren wurde der zukünftige Reformator des Trinitarierordens am 10. Juli 1561 in Almodóvar (Spanien). Seine schulische Ausbildung begann bei den unbeschuhten Karmeliten. Nach seiner Priesterweihe wurde er ein gefeierter Kanzelredner. Mehr durch Gottes Fügung als durch eigenen Willen wurde er mit dem Gedanken der Reform betraut. 1599 gelang ihm die Durchsetzung der Reform auf dem Papier: Papst Clemens VIII. bestätigte die Regel der Reform in Rom. Nach harten Jahren der neuen reformierten Regel starb Johannes am 14. Februar 1613. Am 25. Mai 1975 wurde er heiliggesprochen.

5. Juli (8. Juni)

## • Hl. Michael von den Heiligen

[Bekenner, 1591–1625]

Er ist der Beschützer der trinitarischen Jugend. 1591 in Vich (Spanien) geboren, trat er bei den Beschuhten Trinitariern ein, wechselte später zum Reformierten Orden über und starb am 10. April 1625. Seligsprechung im Jahre 1779; Heiligsprechung am 8. Juli 1862. In einer Vision erschien ihm Jesus, entriß ihm das Herz und legte es in das Seinige. Hierauf lebte Michael ohne Herz. Die Mitbrüder bezeugten, daß man äußerlich sehen konnte, wie das Herz nicht mehr pochte.

28. September

## • Hl. Simón de Rojas

[Bekenner, 1552–1624]

Geboren am 28. Oktober 1552 in Valladolid, Spanien. 1572 legte er im Kloster in Valladolid die ewigen Gelübde ab. 1573–1580 studierte er in Salamanca Theologie und Philosophie. Er war ein gelehrter Theologe und Kirchenreformer, unermüdlicher Prediger, Beichtvater von Philipp III. und IV. sowie der Königin Margareta. Simón de Rojas gründete die Kongregation «Ave-Maria» und bekämpfte durch dieselbe das Dirnenwesen. Er starb am 28. September 1624 zu Madrid (andere Quellen nennen den 29. September 1624 als Todestag). Simón wurde am 3. Juli 1988 in Rom heiliggesprochen.

25. September (24. September)

## • Sel. Markus Criado

[Bekenner, 1522–1569]

Geboren am 25. April 1522 in Andújar (Andalusien), Spanien. Markus trat in Andújar den Trinitariern bei und wurde zum

*Der Reformator des Trinitarierordens wurde 1975 heiliggesprochen: Johannes a Conceptione.*

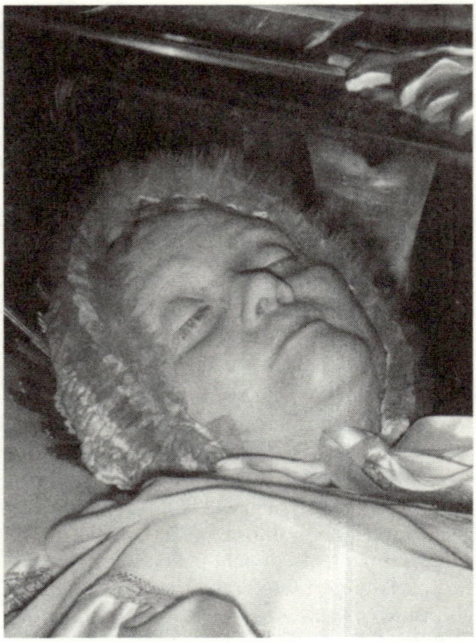

*Der Leib der seligen Anna Maria Taigi ist noch heute unversehrt (Kirche San Crisógono, Rom).*

Priester geweiht. Er wurde ein eifriger Missionär bei den Mauren von Granada. Am 21. Oktober 1569 wurde er von fanatischen Moslems gefangengenommen, während drei Tagen an einen Baum gebunden und schließlich grausam getötet.

9. Juni

## • Sel. Anna Maria Taigi

[Trinitarierterziarin, 1769–1837]

Geboren am 29. Mai 1769 in Siena. 1774 übersiedelte sie mit ihren Eltern nach Rom, weil der Vater sich dort bessere Arbeitsverhältnisse zu verschaffen erhoffte. Mit 20 Jahren heiratete sie Domenico Taigi. Als Mutter von sieben Kindern lebte sie ein vorbildliches Leben mit vielen Entbehrungen, Leiden, mystischen Visionen. Während 47 Jahren begleitete sie eine Art «Sonne», worin sie die künftigen Geschicke erkannte, aber auch die vielen Wirren der damaligen Zeit, der Kirche und die Gefahren, die dem Heiligen Vater drohten. Bußübungen und viele Verzichte verhalfen ihr innert kurzer Zeit zu einer unvergleichlichen Vollkommenheit. Die Kranken wurden von ihr mit Liebe gepflegt, sie verbrachte viel Zeit in den umliegenden Spitälern, um die niedrigsten Dienste anzubieten. Am 26. Dezember 1808 wurde sie Mitglied des Dritten Ordens der Trinitarier. Sie starb am 9. Juni 1837, ihr unversehrter Leib ruht in der Kirche San Crisógono in Rom.

4. Februar

## • Sel. Elisabeth Canori Mora

[Trinitarierterziarin, 1774–1825]

Anläßlich der Seligsprechung (24. April 1994) wurde der Festtag der Seligen auf den 4. Februar festgesetzt. Gestorben war die Selige am 5. Februar in den frühen Morgenstunden. Der 4. Februar war der letzte vollständige Tag, den sie auf Erden noch gelebt hat.

Die Selige wurde zu größter mystischer Beschauung erhoben. Im jugendlichen Alter von 22 Jahren heiratete sie den Advokaten Christoph Canori, der ihr nur allzubald untreu wurde. Elisabeth meisterte das

*Simón de Rojas war ein hervorragender Theologe und Beichtvater. Er bekämpfte erfolgreich das Dirnenwesen.*

*Elisabeth Canori Mora sühnte für die Kirche. Ihr Gatte bekehrte sich und wurde Priester. 1994 seliggesprochen.*

schwierige Eheleben und blieb ihren gefaßten Vorsätzen treu, wonach sie sich für die Bekehrung ihres Gatten durch Gebet und Opfer einsetzen wollte. In einer Vision schaute sie ihren untreuen Ehemann als Priester am Altare, und Jesus versichert ihr, daß er eines Tages die heilige Messe lesen würde. Elisabeth nahm ein schweres Sühneleiden für die Kirche auf sich und erreicht dadurch die Besänftigung der göttlichen Gerechtigkeit. Der päpstliche Stuhl blieb dadurch in Rom erhalten.

Kurz nach ihrem Tode erfüllte sich alles, wie sie es vorhergeschaut hatte: ihr Mann bekehrte sich, wurde Priester und starb eines heiligen Todes.

11. Mai

## • Sel. Dominikus Iturrate

[Bekenner, 1901–1927]

Dominikus war ein begabter Jüngling, der schon früh den Ruf zum Priestertum verspürte. Er trat in den Trinitarierorden ein und wurde am 9. August 1925 zum Priester geweiht. Eine tödliche Krankheit raffte ihn nach einer mehrmonatigen Leidenszeit hinweg. Er starb bereits im Alter von 26 Jahren am 7. April 1927.

21. Januar / 28. Januar

## • Hl. Agnes

Die heilige Jungfrau und Märtyrerin wird als Schutzpatronin im Orden der Trinitarier besonders angerufen wegen der an ihrem Tage von Papst Innozenz III. gesehenen Vision.

## Das weiße Skapulier der Trinitarier: ABLÄSSE nach der alten Ablaßordnung

### *Vollkommene Ablässe*

1. Am Tag der Aufnahme (mit Beichte, Kommunion und Ablaßgebet).

2. Einmal monatlich, wenn man täglich das angeratene Bruderschaftsgebet zu verrichten pflegt (Beicht, Kommunion, Kirchenbesuch, Ablaßgebet – in einer beliebigen Kirche).

3. Am Fest der allerheiligsten Dreifaltigkeit (Beicht, Kommunion, Besuch der Bruderschaftskirche und Ablaßgebet).

4. In der Todesstunde.

### *Unvollkommene Ablässe*

1. Ablaß von 7 Jahren und 7 Quadragenen einmal täglich, wenn man das Bruderschaftsgebet verrichtet.

2. Ablaß von 7 Jahren und 7 Quadragenen, so oft man ein geistliches oder leibliches Werk der Frömmigkeit und Barmherzigkeit verrichtet, um Nachlaß seiner Sünden zu erlangen und den Loskauf der Gefangenen aus der Sklaverei zu ermöglichen.

3. Ablaß von 5 Jahren und 5 Quadragenen, wenn man das allerheiligste Sakrament zu Kranken begleitet und für diese betet.

4. Ablaß von 100 Tagen für jedes andere Werk der Frömmigkeit und Nächstenliebe.

### *Ablässe der Römischen Stationen*

Durch Besuch der Bruderschaftskirche; von Papst Paul V., Clemens X., Pius IX., sie sind zuwendbar (Maurel Nr. 100i).

LITERATUR:
- D. E. L. Brockhoff: «Die Klosterorden der heiligen katholischen Kirche». Münster in Westfalen 1901.
- Franz Beringer: «Die Ablässe, ihr Wesen und Gebrauch». Handbuch für Geistliche und Laien. Dreizehnte, von der Hl. Ritenkongregation approbierte und als authentisch anerkannte Auflage. Paderborn 1906.
- «Ablaßbuch». Neue amtliche Sammlung der von der Kirche mit Ablässen versehenen Gebete und frommen Werke. 3. Auflage. Regensburg 1952.
- Pagani, Anton: «Die Visionärin Roms». Lauerz $^{2}$1999.
- Lüthold-Minder: «Die Frau mit der Sonne». Lauerz $^{2}$1999.
- Tagebuch der seligen Elisabeth Canori Mora. Erschienen im Auftrag der Trinitarier; italienische Ausgabe.

# 2 Das rote Passionsskapulier (Leidensskapulier)

## Aus der Geschichte des roten Skapuliers

Die Entstehung des roten Passionsskapuliers geht zurück auf eine Erscheinung, die der göttliche Heiland im Jahre 1846 einer Barmherzigen Schwester zuteil werden ließ. Es war am Abend der Oktav des Festes des heiligen Vinzenz von Paul.

Wie die Schwester ihrem Generaloberen erzählte, glaubte sie unseren Erlöser zu sehen, der in der rechten Hand ein rotes Skapulier hielt, das an zwei wollenen Schnüren von der gleichen Farbe befestigt war. Auf der einen Seite des Skapuliers war der göttliche Heiland ans Kreuz geheftet dargestellt, am Fuße des Kreuzes sah man die Leidenswerkzeuge. Um das Kreuz herum waren die Worte zu lesen:

*Heiliges Leiden unseres Herrn Jesus Christus, errette uns!*

Auf der anderen Seite des Skapuliers waren die heiligsten Herzen Jesu und Mariä abgebildet: darüber strahlte ein Kreuz, das aus beiden Herzen hervorzugehen schien, die Umschrift enthielt die Worte:

*Heiligste Herzen Jesu und Mariæ, beschützet uns!*

Zugleich glaubte die Schwester den lebhaften Wunsch des göttlichen Erlösers zu erkennen, daß dieses Skapulier unter den Gläubigen verbreitet werde, um sie an sein heiliges Leiden und seine glühende Liebe gegen die Menschen zu erinnern.

Diese Erscheinung wiederholte sich mehrmals. Am Fest Kreuz-Erhöhung des gleichen Jahres aber hörte die fromme Ordensfrau aus dem Munde des göttlichen Heilandes die trostvollen Worte:

*«Alle, die dieses Skapulier tragen, werden an allen Freitagen eine große Vermehrung des Glaubens, der Hoffnung und der Liebe empfangen.»*

Der genannte Generalobere der Lazaristen legte anfangs auf diese Erscheinungen kein besonderes Gewicht, teilte es jedoch 1847 Papst Pius IX. anläßlich einer Romreise mit. Pius IX. zeigte nicht nur lebhaftes Interesse daran, sondern erteilte auch durch Reskript vom 25. Juni 1847 allen Priestern der Mission die Vollmacht, das Leidensskapulier zu weihen und den Gläubigen anzulegen. Durch ein anderes Reskript vom 21. März 1848 wurde dann den Generaloberen der Lazaristen die Erlaubnis erteilt, die genannte Vollmacht jedem anderen Ordens- oder Weltpriester mitteilen zu können.

## Praktische Hinweise

Dieses Skapulier muß von rotem Wollstoff sein. Im fünffachen Skapulier ist es das letzte der fünf Skapuliere. Wird dieses rote Leidensskapulier mit den anderen Skapulieren an einer einzigen Doppelschnur getragen, so muß dieselbe von rotem Wollstoff sein. Das Passionsskapulier zeigt auf der einen Seite den gekreuzigten Erlöser und die Leidenswerkzeuge mit der Umschrift «Heiliges Leiden unseres Herrn Jesus Christus, errette uns». Die andere Seite zeigt die heiligsten Herzen Jesu und Mariä mit der Umschrift «Heilige Herzen Jesu und Mariä, beschützet uns». Deshalb heißt es auch «Passions- oder Leidensskapulier» oder «Skapulier vom heiligsten Herzen Jesu und dem liebevollsten und mitleidigen Herzen der unbefleckten Jungfrau Maria».

Durch ehrfurchtsvolles Tragen dieses Skapuliers werden wir zunächst all des Heiles und reichen Segens teilhaftig, wovon überhaupt die Andacht zum Leiden Christi begleitet ist. Schön und wahr sagt der heilige Bonaventura:

> *«Die Wunden Jesu sind Pfeile, die die härtesten Herzen durchbohren und die kältesten Gemüter entflammen».*

Ferner steht man unter einem besonderen Schutz des göttlichen Herzens, wo derselbe sich in Tausenden von Fällen wunderbar bewährt hat. Und dann hat der Herr in einer späteren Erscheinung die bereits erwähnte Verheißung erteilt:

> *«Alle, die dieses heilige Skapulier mit frommem Herzen tragen,*

*werden an jedem Freitag eine große Vermehrung des Glaubens, der Hoffnung und der Liebe empfangen.»*

Um dieser Verheißung würdig zu werden, möge man des Freitags zu Ehren des bitteren Leidens Jesu und der unendlichen Liebe seines heiligsten Herzens irgend eine fromme Übung verrichten. Beispiele: darüber eine kurze Betrachtung oder geistliche Lesung halten, die heilige Kommunion empfangen, den Kreuzweg oder schmerzhaften Rosenkranz beten, sich eine kleine Abtötung auflegen, den Tag über gesammelt bleiben, in kurzen Anmutungen die drei göttlichen Tugenden erwecken:

*«Jesus, mein Gott, ich glaube an dich, weil du die ewige Wahrheit bist. Jesus, mein Gott, ich hoffe auf dich, weil du unendlich gütig und barmherzig bist. Jesus, mein Gott, ich liebe dich über alles, weil du das höchste Gut und mein liebenswürdigster Erlöser bist. – Aus Liebe zu dir beweine ich alle meine Sünden, weil ich dich dadurch beleidigt habe. – Mein Jesus, Barmherzigkeit! – O Jesus, vermehre meinen Glauben, stärke meine Hoffnung, entzünde in mir die Liebe und Reue!»*

Die eine oder andere der angeführten Übungen wird jeder verrichten können.

## Ein Wort zum Gründer der Barmherzigen Schwestern

Es war nicht das erste Mal, daß eine Vinzentiner-Schwester hoher mystischer Gnaden gewürdigt wurde. Erinnern wir uns an die heilige Katharina Labouré, die im Jahre 1830 zweier Marienerscheinungen (Paris, Rue du Bac) gewürdigt wurde. Die Muttergottes gab damals den Auftrag, Medaillen nach dem Bilde der Erscheinung prägen zu lassen.

Nachstehend einige geschichtliche Notizen zum Leben des heiligen Vinzenz von Paul:

Nur einige Kilometer von Mimbaste entfernt treffen wir auf das Dorf «St-Vinzent-de-Paul». Früher hieß das Dorf «Ranquine» und gehörte zu Pouy. Vinzenz erlebte die Jugendzeit eines einfachen und armen Bauernsohnes. Später wird er der Königin sagen können: «Ich habe in meiner Jugend die Schweine gehütet.»

*Der heilige Vinzenz von Paul nach einem bekannten Porträt. Er gründete den sogenannten Missionsorden CM (Congregatio Missionis), der die folgenden Zweige umfaßt: Lazaristen, Vinzentiner(innen), Pauliner.*

Bei den Franziskanern von Dax erhielt Vinzenz die Grundausbildung. Im Alter von 15 Jahren erhielt er die Tonsur und niederen Weihen. Damals war der soziale Aufstieg nur über das Priestertum möglich. So dachte der junge Vinzenz daran, möglichst bald eine gute Pfründe zu erhalten, um dadurch auch seinen Familienangehörigen zu helfen.

Bereits am 23. September 1600 erhielt Vinzenz die Priesterweihe. Er war noch nicht ausstudiert. Vier Jahre Studium folgten, bis er den Grad eines Bakkalaureus in der Theologie erhielt.

Mitten in seinen Plänen lenkte die Vorsehung den jungen Vinzenz. Um Schwierigkeiten mit einem Vermächtnis zu lösen, begab er sich nach Marseille, wählte unglücklicherweise den Seeweg, geriet in Gefangenschaft und kam als Sklave nach Algier. Er wird an einen «spagirischen» Arzt verkauft, der sich als abtrünniger Franziskaner entpuppt. Vinzenz gelingt es, ihn zu bekehren. Sie fliehen zusammen nach Frankreich, wo auf Vinzenz ein neues Arbeitsfeld wartet.

Vinzenz wird Schloßkaplan der Königin Margot, wird Vertrauter des Kardinals de Bérulle, wird Krankenseelsorger und schließlich Pfarrer.

Die hochgestellte Familie Gondi brauchte dringend einen Lehrer für ihre Kinder. So wechselte Vinzenz die Pfarrei und wurde Lehrer. Herr von Gondi war General der Galeeren. Diese guten Verbindungen werden ihm später nützlich sein.

In Châtillon findet er eine Pfarrei nach seinem Wunsch. In wenigen Wochen war der ganze Ort verwandelt. Äußerste Not von gewissen Pfarrgläubigen drängen ihn, ein Werk zu gründen. Vinzenz selbst schrieb: «Die genannte Bruderschaft wird den Namen Confrérie de la Charité führen im Anklang an das Charité-Krankenhaus in Rom. Die Personen, aus denen sie in der Hauptsache bestehen wird, werden sich «Servantes des Pauvres ou de la Charité» (Dienstmägde der Armen oder der Liebe) nennen.» Am 8. Dezember 1617 wird die Bruderschaft kirchlich genehmigt.

Im Jahre 1618 begegnen sich zwei heilige Männer: Vinzenz und der heilige Franz von Sales. Der heilige Bischof vertraute Vinzenz die Seelenführung von Johanna von Chantal an.

Als Mann der Tat und des Gebetes wird er der Gründer von unsterblichen Werken: Die Mission, die Krankenpflege, die Unterweisung der Jugend und der Priesteramtskandidaten.

In seinem Todesjahr (1660) hat Saint-Lazare 840 Missionen durchgeführt. Die Kongregation besaß zu diesem Zeitpunkt 23 Häuser, 131 Priester, 52 Brüder.

1729 wurde Vinzenz selig-, 1737 heiliggesprochen. Papst Leo XIII. erklärte ihn zum «Patron aller religiösen Genossenschaften für christliche Liebeswerke».

LITERATUR:


- D. E. L. Brockhoff: «Die Klosterorden der hl. katholischen Kirche». Münster in Westfalen 1901.
- Franz Beringer: «Die Ablässe, ihr Wesen und Gebrauch». Handbuch für Geistliche und Laien. Dreizehnte, von der Hl. Ritenkongregation approbierte und als authentisch anerkannte Auflage. Paderborn 1906.
- «Ablaßbuch». Neue amtliche Sammlung der von der Kirche mit Ablässen versehenen Gebete und frommen Werke. 3. Auflage. Regensburg 1952.

# Heilige und Selige der Lazaristen

Der Hl. Vinzenz von Paul ist Ordensgründer der Lazaristen und der eigentliche Initiator der Barmherzigen Schwestern (Mitgründerin: Hl. Luise von Marillac). Die folgenden Heiligen und Seligen werden innerhalb des Ordens gefeiert und stammen aus dem Proprium des Lazaristenbreviers. Die Abkürzung CM steht für Congregatio Missionis (Lazaristen, Vinzentiner, Pauliner).

4. Januar

- ## Hl. Elisabeth Anna Bayley Seton

[Mutter, Witwe, 1774–1821]

Als Mutter von fünf Kindern verlor sie früh ihren Mann und widmete sich danach karitativen Werken. Sie rief die «Schwestern der Barmherzigkeit» ins Leben, welche die Regeln der Vinzentinerinnen zum Vorbild haben. Sie starb eines heiligmäßigen Todes mit 46 Jahren. Die Heilige hat sich besonders auf dem Gebiet der Erziehung hervorgetan und Gewaltiges geleistet.

25. Januar

- ## Bekehrung des Hl. Paulus

An diesem Tage wird der Einsetzung der Kongregation gedacht.

18. Februar

- ## Sel. François Régis Clet

[Priester und Märtyrer, 1748–1820]

Er galt als «wandernde Bibliothek» wegen seiner Belesenheit. Im Alter von 20 Jahren trat er in Lyon in die Kongregation der Lazaristen ein. Hier wurde er zum Priester geweiht und bekleidete während 15 Jahren das Amt als Theologieprofessor in Annecy. In der Schreckenszeit der Französischen Revolution konnte auch er sein Amt nicht mehr öffentlich ausüben und wurde deshalb nach China entsandt, wo er nach 30jähriger Missionierung erdrosselt wurde.

15. März

- ## Hl. Luise von Marillac

[Mutter, Witwe, Mitgründerin, 1591–1660]

Die Heilige gründete zusammen mit Vinzenz von Paul die Kongregation der Lazaristen. Sie wird als Schutzpatronin aller Sozialarbeiter angerufen.

Nach ihrer Heirat mit 21 Jahren wurde Luise schon früh Witwe und lebte mit ihrem kleinen Sohn allein. In dieser Zeit hatte sie den ersten Kontakt mit dem Hl. Vinzenz von Paul. Ihm und seinem Werk schloß sie sich an und gründete den weiblichen Zweig. Sie leitete als erste Generaloberin die Kongregation der Barmherzigen Schwestern.

26. April

- ## Übertragung der Reliquien des Hl. Vinzenz

An diesem Tage wird der Übertragung der Reliquien des Hl. Vinzenz nach St. Lazare in Paris gedacht.

Die Übertragung fand statt, weil die Reliquien des Heiligen während der Französischen Revolution versteckt gehalten wurden. Am 25. April 1830 wurde die feierliche Übertragung angeordnet.

An den Feierlichkeiten nahm auch die spätere Hl. Katharina Labouré teil. Sie beschreibt gegenüber ihrem Beichtvater die großartigen Wirkungen des Herzens des heiligen Vinzenz von Paul.

26. Juni

- ## Sel. Marie Madeleine Fontaine und Gefährten

[Jungfrau und Märtyrerin, † 1794]

Die Selige und ihre Gefährtinnen starben des Martertodes während der Schreckensherrschaft der Französischen Revolution. Sie wurden auf dem Schafott hingerichtet.

19. Juli

- ## Hl. Vinzenz von Paul

[Priester und Ordensgründer, 1581–1660]

Vinzenz von Paul ist der Ordensgründer der Lazaristen (Vinzentiner) und wird als Patron aller karitativen Einrichtungen verehrt. Als 19jähriger empfing er die Priesterweihe und widmete sich dem Dienst für die Armen. Um seine Pläne besser verwirklichen zu können, gründete er verschiedene Gemeinschaften für die Armenfürsorge.

Der Namenstag des Heiligen ist zugleich der erste Erscheinungstag der Muttergotteserscheinungen in der Rue du Bac (siehe Hl. Katharina Labouré).

30. Juli

- ## Hl. Justin de Jacobis

[Bischof von Äthiopien, 1800–1860]

Aus dem Orden der Lazaristen wurde er nach Abessinien (heutiges Äthiopien) entsandt, um dort die katholische Kirche zu begründen. Die großen Erfolge, die er während seiner Mission erzielte, sind einzig darauf zurückzuführen, daß er sich den Lebensgewohnheiten der abessinischen Bevölkerung anpaßte.

30. August

- ## Sel. Ghébré Michael

[Priester und Märtyrer, 1788–1855]

Seine Heimat ist Äthiopien, wo er auch den Glauben der katholischen Kirche zu verbreiten suchte. Einst ein koptischer Anhänger, wurde er ein begeisterter Prediger der katholischen Kirche und wirkte als Priester Wunderbares. Er verfaßte einen Katechismus und ein Wörterbuch in seiner Sprache. Der Selige starb als Märtyrer.

2. September

- ## Sel. Ludwig Joseph François

[Priester und Märtyrer, 1751–1792]

Weil sich Ludwig Joseph François als Vinzentiner durch seine Weigerung auf die Zivilkonstitution den Haß der französischen Revolutionären zugezogen hatte, wurde er aus dem Fenster seines Ordenshauses geworfen und erschlagen.

2. September

- ## Sel. Johannes Henry Gruyer

[Priester und Märtyrer, 1758–1796]

2. September

- ## Sel. Petrus René Rogue

[Priester und Märtyrer, 1758–1796]

Die drei Seligen starben in der besonderen Mission der Lazaristen.

11. September

- ## Sel. Johannes Gabriel (Jean Gabriel) Perboyre

[Priester und Märtyrer, 1802–1840]

Johannes Gabriel wurde am 6. Januar 1802 in Puech (Frankreich) geboren. Bereits mit 16 Jahren Lazarist (1818), bereits mit 23 Jahren zum Priester geweiht. Mit 24 Jahren wurde er Rektor des Priesterseminares zu St-Flour, mit 29 Jahren Leiter des Ordensnoviziates in Paris. Trotz körperlicher Schwäche erhielt er im Jahre 1835 die Erlaubnis, in die chinesische Mission entsandt zu werden. Mit heroischer Selbsthingabe wirkte er während 4 Jahren in China. Im September 1839 wurde er ergriffen und während vieler Monate grausam mißhandelt, bis er am 11. September 1840 zu Wutschangfu am Kreuzgalgen langsam erdrosselt wurde.

Leo XIII. sprach ihn am 10. November 1889 selig. Die Gebeine finden sich seit 1860 im Mutterhaus der Lazaristen zu Paris.

25. Oktober

- ## Jahresgedächtnis der eigenen Kirche

Alljährlich gedenkt man an diesem Tag der eigenen Kirche.

25. November

- ## Hl. Katharina von Alexandrien

[Patronin des Ordens, 3. Jh.– um 306]

Die Heilige ist Patronin des Ordens. Sie zählt zu den 14 Nothelfern.

27. November

- ## Muttergottes von der wundertätigen Medaille

Am 19. Juli und am 27. November 1830 erschien die Muttergottes in der Rue du Bac in Paris. Während der zweiten Erscheinung erhielt die heilige Katharina Labouré den Auftrag, eine Medaille nach dem geschauten Bild prägen zu lassen.

28. November

## • Hl. Katharina Labouré

[Jungfrau, 1806–1876]

Die Heilige des Schweigens, wie sie oft genannt wird, erfüllte mit größter Demut den Auftrag der Muttergottes.

Als einfaches Bauernmädchen trat sie 1830 in den Orden der Barmherzigen Schwestern in Paris, wo sie zeitlebens die betagten Bewohner des Hospitals d'Enghien in Paris liebevoll und vorbildlich pflegte.

In der Nacht auf den 19. Juli (Festtag des heiligen Vinzenz) wurde Katharina der ersten großen Marienvision gewürdigt. In der zweiten Erscheinung (27. November 1830) erhielt Katharina den Auftrag, eine Medaille prägen zu lassen, wie sie die Muttergottes gesehen hatte. Katharina starb eines heiligen Todes.

Ihr Leib ist unverwest und ruht in der Kirche der Vinzentinerinnen, an der Rue du Bac in Paris.

*Die Prägung der wundertätigen Medaille entsprach dem Auftrag der Muttergottes an Katharina Labouré.*

## Das rote Skapulier der Lazaristen: ABLÄSSE nach der alten Ablaßordnung

### *Vollkommene Ablässe*

1. Am Tag der Aufnahme (mit Beichte, Kommunion und Ablaßgebet).

2. An allen Freitagen oder bei rechtmäßiger Verhinderung an allen Sonntagen, wenn man an diesen Tagen die heiligen Sakramente empfängt, einige Zeit über das Leiden des Herrn nachdenkt und nach der Meinung des Heiligen Vaters betet.

3. In der Todesstunde.

### *Unvollkommene Ablässe*

Ablaß von 200 Tagen, so oft man das Skapulier in reumütiger Gesinnung küßt mit dem Gebetlein: «Dich also bitten wir, komm deinen Dienern zu Hilfe, die du durch dein kostbares Blut erlöst hast.»

Dieser Ablaß kann von allen Gläubigen gewonnen werden, auch wenn sie nicht durch einen bevollmächtigten Priester das Skapulier aufgelegt bekommen haben.

Von Papst Pius IX. verliehen (Maurel Nr. 87).

Die Schnüre oder Bändchen von roter Wolle sind wesentlich, weil das Skapulier in dieser Form geoffenbart worden ist.

# 3 Das blaue Skapulier der Unbefleckten Empfängnis

## Wie das blaue Skapulier bekannt wurde

Es wurde am Anfang des 17. Jahrhunderts der ehrwürdigen Ursula Benincasa, Stifterin des Ordens der Theatinerinnen in Neapel, geoffenbart. Der heilige Philipp Neri schätzte diese fromme Dienerin Gottes sehr. Ihre Tugenden hat Papst Pius VI. durch das Dekret vom 7. August 1793 als heroisch erklärt.

In einer Entzückung (am Fest Mariä Reinigung) erschien der ehrwürdigen Ursula die allerseligste Jungfrau, das göttliche Kind auf ihren Armen haltend, in ein weißes Gewand und in einen blauen Mantel gekleidet und umgeben von einem Chor ähnlich gekleideter Jungfrauen. Dabei ließ Jesus die ehrwürdige Ursula klar seinen Willen erkennen, daß sie mit ihren Ordensschwestern, ebenso gekleidet wie seine allerseligste Mutter, und unter dem Titel ihrer Unbefleckten Empfängnis, nach der Regel der Einsiedler leben sollte. Jesus versprach ihnen dafür ganz besondere Gnaden und Überfluß an geistlichen Gütern. Hierauf wandte sich Ursula an den göttlichen Heiland mit der Bitte, doch diese Gnaden auf diejenigen ausdehnen zu wollen, die in der Welt zurückbleiben und der hehren, unbefleckten Jungfrau innig ergeben, die standesgemäße Keuschheit beobachten und das kleine (himmel)blaue Skapulier tragen würden. Um sie der Erhörung dieser Bitte zu versichern, ließ der göttliche Heiland sie während dieser Entzückung sehen, wie Engel eine Anzahl Skapuliere in der Hand hielten und nach allen Seiten hin auf die Erde verbreiteten.

Nach dieser Erscheinung begann Ursula sofort kleine himmelblaue Skapuliere anzufertigen. Sie ließ dieselben durch einen Priester segnen und verteilte sie unter die Gläubigen. Dieselben trugen sie mit Andacht und Ehrfurcht, und mit dieser frommen Übung sah man auch die Früchte der Heiligung und des Heiles sich vervielfältigen. Die ehrwürdige Ursula hatte den Trost, dieselben noch vor ihrem Tode allgemein verbreitet und begründet zu sehen.

Die beiden Hauptzwecke, welche diejenigen, die dieses Skapulier tragen, vor Augen haben müssen, sind Bekanntmachung der Unbefleckten Empfängnis Mariens und das Gebet für diejenigen, die auf den Wegen des Lasters wandeln.

Hierzu sind keine besonderen Gebete und guten Werke vorgeschrieben. Das Skapulier von der Unbefleckten Empfängnis besteht aus zwei Stücken wollenen Stoffes von blauer Farbe. Diese Farbe ist notwendig. Ob das Blau heller oder dunkler ist, bleibt sich gleich. Ein Bild der Unbefleckten Empfängnis ist nicht nötig, kann aber daran angebracht werden.

Die Päpste Klemens X. und XI. erteilten dieser Andachtsübung die oberhirtliche Gutheißung und gewährten zu Gunsten derselben viele Ablässe.

Das blaue Skapulier wird in der Absicht getragen, dadurch den Glauben an die unbefleckte Empfängnis der allerseligsten Jungfrau zu bezeugen und diesem ihrem erhabensten Vorzug eine besondere Verehrung zu erweisen. Zugleich sollten die Mitglieder eifrig bemüht sein, den Sündern die Bekehrung zu erlangen, daß ihre Seelen im Blute Jesu gereinigt und wiederum mit dem Gewand der heiligmachenden Gnade bekleidet werden. Bestimmte Gebete und Werke sind nicht vorgeschrieben, sondern es bleibt der Frömmigkeit des Einzelnen überlassen, was er für die genannten Zwecke tun und Gott aufopfern will.

Zu empfehlen ist die öftere Wiederholung der beiden Schutzgebete:

*«Gepriesen sei die heilige und unbefleckte Empfängnis der allerseligsten Jungfrau Maria!»*

*«O Maria, ohne Sünde empfangen, bitte für uns, die wir zu dir unsere Zuflucht nehmen!»*

Auch soll man täglich drei Gegrüßt seist du Maria für die Bekehrung der Sünder beten.

Auf die zahlreichen und großen Gnaden dieses Skapuliers haben selbstverständlich nur diejenigen Anspruch, die für die Bekehrung fremder Sünder beten und zugleich auf ihre eigene Bekehrung und Besserung bedacht sind, und, indem sie das Kleid der unbefleckten Empfängnis Mariä tragen, Maria auch durch einen unbefleckten Wandel zu ehren suchen. Wie beim Karmelskapulier, so ist auch bei diesem die Bewahrung der standesgemäßen Keuschheit wesentlich.

## Ursula Benincasa (1547–1618)

Die ehrwürdige Ursula Benincasa, Stifterin der Theatinerinnen, entstammte vornehmer Eltern aus Neapel. Schon von früher Jugend an war sie dem Gebete und Abtötungen ergeben. Um dem Zudrang neugieriger Personen zu entgehen, zog sie sich mehrere Jahre in eine Einöde bei Neapel zurück. Hierauf trat sie öffentlich in Rom auf und machte dem damaligen Papst Gregor XIII. Vorschläge zur Verbesserung der Sitten des christlichen Volkes. Anfangs wurde Ursula mit Mißtrauen behandelt. Nach wiederholten Prüfungen gewann Ursula die Zuneigung des Papstes und des heiligen Philipp Neri.

Nach Neapel zurückgekehrt, gründete sie 1583 eine Genossenschaft, die zunächst aus zwei ihrer Schwestern und sechs Nichten bestand. Als noch sehr viele andere Jungfrauen beitreten wollten, setzte Ursula die Zahl der Mitglieder auf 66 fest – zum Andenken an die Jahre, welche die Muttergottes auf Erden zugebracht haben soll.

Die Theatiner hatten an der Genossenschaft von Ursula Benincasa keinen Anteil. Im Gegenteil, sie bereiteten der jungen Ordensgemeinschaft sogar Schwierigkeiten. Im Jahre 1616 erhielten die Theatinerinnen erstmals einen Theatiner-Beichtvater. Auf dem Generalkapitel von 1633 wurden die Theatinerinnen in den Orden der Theatiner aufgenommen.

## Die Verkündigung des Dogmas von der Unbefleckten Empfängnis

Im Jahre 1854 wurden die Bischöfe der katholischen Welt eingeladen, sich nach Rom zu begeben – zur Zeit des jährlichen Festes der Empfängnis Mariens – um die Huldigung, die Papst Pius IX. der Himmelskönigin darbringen wollte, glanzvoller und herrlicher zu gestalten. Um in reichlicherem Maße die Erleuchtung und den Beistand des Himmels zu erhalten, ordnete er neue Gebete an und gab einen Jubiläumsablaß für die ganze Kirche. Es gab außerdem in diesem Jahre viel Unglück. Hunger, Pest und Krieg verheerten viele Länder. Er hielt es für das beste Heilmittel dieser Übel, wenn er die Verehrung und den Ruhm der heiligsten und unbefleckten Jungfrau erhöhe.

Der schönste Tag seines Lebens brach an. Niemals vielleicht hatte einer einen bittereren Kelch des Leidens zu leeren als Papst Pius IX. Aber auch niemals erhielt ein Papst einen größeren Anteil am Ruhme des Erlösers. Der 8. Dezember 1854 verlieh eine unermeßliche Freude und knüpfte an seinen Namen unermeßlichen Ruhm. Bereits waren die Bischöfe der katholischen Welt, denen es die Sorge um ihre Herde gestattete, in Rom eingetroffen. Am Morgen des 8. Dezembers zählte die heilige Stadt in ihren Mauern 176 Kardinäle, Patriarchen, Erzbischöfe und Bischöfe. Alle Völker der Erde waren unter ihnen vertreten, mehrere kamen aus weiter Ferne: aus China, aus Amerika und anderen Inseln des Stillen Meeres. Die heilige Handlung sollte in der Basilika des heiligen Petrus stattfinden.

Die erhabenen Kirchenfürsten richteten die letzte Bitte im Namen der ganzen Christenheit an den Stellvertreter Christi, er möge als Glaubenssatz erklären, daß die allerseligste Jungfrau Maria, die Mutter unseres Herrn Jesu Christi, des Schöpfers und Erlösers, von der allgemeinen Makel der Sünde unseres Stammvaters ausgenommen und daher unbefleckt empfangen worden sei.

Nachdem die Kirchenfürsten diese Bitte dem Papst vorgelegt hatten, erhob sich dieser von seinem Sitz und stimmte den Hymnus «Komm Heiliger Geist» an.

Da erhob sich plötzlich, wie eine Stimme vom Himmel, die Stimme des Papstes Pius IX. mit ihrem tiefen, harmonischen Klang:

*«Unter Eingebung des Heiligen Geistes ... erklären wir, sprechen aus und entscheiden, daß die Lehre, die dafür hält, daß die allerseligste Jungfrau Maria beim ersten Augenblick ihrer Empfängnis durch besondere Gnade und Vorrecht des allmächtigen Gottes, im Hinblick auf die Verdienste Jesu Christi, des Erlösers des Menschengeschlechtes, von aller Makel der Erbschuld bewahrt worden sei, von Gott geoffenbart und darum von allen Gläubigen fest und standhaft geglaubt werden muß.»*

Der Himmel bestätigte diese Glaubenswahrheit im Jahre 1858 durch die Marienerscheinungen in Lourdes (Südfrankreich).

## Pater Paul von Moll als Förderer des blauen Skapuliers

Vom berühmten Pater Paul von Moll wird erzählt, daß er mehr als einer Million Menschen in aussichtsloser Not geholfen hat. Es war sein dringendes Bestreben, den Leuten anzuraten, sich in die Bruderschaft des blauen Skapuliers einschreiben zu lassen. Diese Aufnahme verleiht den Vorzug – sooft man sechs Pater, Ave und Gloria betet, auch ohne Empfang der Sakramente[1] –, alle Ablässe des heiligen Landes, der sieben Basiliken von Rom, der Portiunkula und des heiligen Jakobus von Compostela (Spanien) zu gewinnen: im ganzen 538 vollkommene Ablässe, ohne die zahlreichen unvollkommenen mitzurechnen. Diese Ablässe wurden vom Papst Pius IX. am 14. April 1856 erteilt.

[1] Die Angaben beziehen sich auf die alte Ablaßordnung.

# Heilige und Selige des Theatinerordens

Die ehrwürdige Ursula Benincasa stiftete 1583 in Sant'Elmo bei Neapel den Orden der Theatinerinnen. Erst im Jahre 1633 wurde der Orden dem Theatinerorden einverleibt. Mit dem Tragen des fünffachen Skapulieres sind daher nicht nur die Verdienste und Gnaden der Theatinerinnen, sondern auch der Mitglieder des Theatinerordens wirksam. Der Theatinerorden wurde vom heiligen Kajetan gegründet. Nachstehend veröffentlichen wir deshalb Heilige und Selige des Theatinerordens. Aus dem Orden der Theatinerinnen bleibt allein die Stifterin mit dem Titel «ehrwürdig».

3. Januar

## • Hl. Joseph Maria Tom(m)asi

[Bekenner, 1649–1713]

Der Heilige war ein gelehrter Theatinermönch, dem die Kardinalswürde beschieden war. Giuseppe Maria Tomasi wurde am 12. September 1649 als fünftes Kind einer Herzogenfamilie auf Sizilien geboren. Er war der Erstgeborene und genoß eine gute Erziehung und Ausbildung. Von früher Kindheit an fühlte sich Giuseppe Maria, gemäß dem Vorbild seines Onkels Pater Carlo Tomasi, zum Priestertum geneigt und trat mit 15 Jahren bei den Regularklerikern (Theatiner) ein. Zuvor verzichtete er auf sein Erstgeburtsrecht zugunsten seines jüngeren Bruders Ferdinand. 1673 erhielt er in Rom die Priesterweihe. Dort stellte er seine Dienste der Wissenschaft und den Behörden des Apostolischen Stuhls sowie der Päpstlichen Ritenkongregation zur Verfügung.

Seiner Fähigkeit und Neigung ganz entsprechend, wurde ihm der Bereich der frühchristlichen liturgischen und patristischen Quellen anvertraut. Er gilt als «Fürst der römischen Liturgiker». Trotz allem hatte er eine tiefe Frömmigkeit und bewundernswerte Demut.

Gegen seinen Willen wurde er am 19. Mai 1712 zum Kardinal mit dem Titel von S. Martino ai Monti in Rom ernannt. Bereits ein halbes Jahr später starb Kardinal Tomasi im Rufe der Heiligkeit am 1. Januar 1713. Am 16. September 1803 wurde er selig-, am 12. Oktober 1986 heiliggesprochen. Sein Gedächtnis wurde früher am 24. März begangen. Sein Festtag ist nunmehr der 3. Januar.

7. August

## • Hl. Kajetan (Gaëtano) von Thiene

[Ordensgründer, 1480–1547]

Kajetan wurde als Sohn der Adelsfamilie Gaëtani in Thiene bei Vicenza (Raum Venedig) geboren. Seine Tugendhaftigkeit zeichnete ihn schon als Kind aus. Nachdem er in Padua sein Doktorat in Rechtswissenschaft abgeschlossen hatte, rief ihn im Jahre 1506 Papst Julius II. nach Rom und ernannte ihn zum Geheimsekretär. In Rom lernte er berühmte Künstler (Raffael und andere) kennen, sah aber auch die Sittenlosigkeit und Ausschweifung des Klerus.

Im Jahre 1516 empfing Kajetan die Priesterweihe und kehrte nach Vicenza zurück. Er schloß sich der «Bruderschaft des heiligen Hieronymus» an, die sich vor allem um Arme und Kranke kümmerte.

Von 1523 an wirkte er wieder in Rom. Dort lernte er den gleichgesinnten Bischof Giampetro Caraffa kennen. Dieser Bischof stammte aus Chieti (lateinisch: Theate) in den Abruzzen. Mit diesem Bischof gründete Kajetan im Jahre 1524 die Kongregation der «regulierten Kleriker», nach dem lateinischen Namen des Bischofssitzes «Theatiner» genannt, deren zeitliche Existenz nicht auf Stiftungen beruhen, sondern ganz von der göttlichen Vorsehung abhängen sollte.

Kajetan wollte die Lebensweise der Apostel erneuern. Nicht einmal Almosen sollten die Brüder sammeln. Aber gerade deshalb fand die Gründung des Ordens heftigen Widerstand. Doch der Heilige wies auf die Vögel der Luft und die Lilien des Feldes hin, die Gott nach dem ewig untrüglichen Wort Jesu kleide und nähre. Voll Staunen über solches Gottvertrauen händigte Papst Clemens VII. dem Heiligen die Genehmigung der Ordensregel aus. Rom, Venedig und Neapel wurden die Hauptstationen des Ordens.

Der heilige Kajetan war bei Lebzeiten schon so verehrt, daß man ihn einen Engel am Altare und einen Apostel auf der Kanzel nannte. In der heiligen Weihnacht erschien ihm einst in der Kirche Maria Maggiore das Jesuskindlein und erfüllte seine Seele mit himmlischer Wonne. Bei seinem Krankendienst heilte er durch das Kreuzzeichen mehr Leidende als die Ärzte mit ihrer Medizin. Seine beständigen Bußübungen wollte er auch im Sterben noch einhalten und in Asche und Cilicium (Bußhemd) den Leib der Erde zurücklassen. Er starb am 7. August 1547 in Neapel.

Nebst dem Jesuitenorden entwickelte sich die Theatinerkongregation zur beherrschenden Kraft der Kirchenreform in Italien. Große Erfolge erzielten die Theatiner in Predigt, Unterricht und Erziehung. Etwa 200 Bischöfe erstanden aus dem Theatinerorden. Kajetan wurde 1629 selig-, 1671 heiliggesprochen.

10. November

## • Hl. Andreas Avellino

[Bekenner, 1521–1608]

Der geborene Sizilianer hatte nach empfangener Priesterweihe in Neapel Rechte studiert. Weil er darin keine Erfüllung fand, trat er in Neapel zu den Theatinern über. Hier wirkte er als Missionar, Prediger und Seelenführer vieler Menschen.

13. Dezember

## • Sel. Johannes Marinoni

[Bekenner, 1490–1562]

Am Weihnachtstag des Jahres 1490 erblickte in Venedig ein Kindlein das Licht der Welt, das auf den Namen «Franz» getauft wurde. Später studierte Franz in Padua die Rechtswissenschaft. In Venedig wurde er Kanonikus. 1528 wurde er im Theatinerorden aufgenommen. 1533 sandte der spätere Papst Pius IV. (Caraffa) den nunmehr als Pater Johannes bekannte Marinoni nach Neapel. Der heilige Kajetan war der Begleiter von Johannes. Pater Johannes wurde ein ausgezeichneter Oberer und Novizenmeister. Dem Hl. Andreas Avellino war er ebenfalls Oberer und leitete ihn zur Heiligkeit an. Pater Johannes starb am 13. Dezember 1562. Seine Seligsprechung fand am 11. September 1762 statt.

*Der heilige Philipp Neri wurde beauftragt, die Mystikerin Ursula Benincasa auf ihre Echtheit hin zu prüfen.*

### In der Schule des heiligen Kajetan

«Es gibt kein anderer Weg in den Himmel, als der Weg der Unschuld und den Weg der Buße. Wer von dem ersten abgewichen ist, muß notwendigerweise auf den zweiten treten, sonst ist er verloren.»

«Es ist besser, sein Leben gering schätzen, als am Gehorsam es mangeln lassen.»

«Die heilige Kommunion muß man nicht deswegen empfangen, damit sich Christus in uns verwandle, sondern daß wir uns in Ihn verwandeln, das heißt damit Christus nicht unseren Willen tun müsse, sondern daß wir seinen Willen befolgen und ausführen.»

«Die Freuden und Genüsse dieser Welt sind nichts anderes als Blendwerke der Dämonen, mit denen sie den Menschen nicht sättigen, sondern nur täuschen wollen. Gott allein hat die Macht, wahre und bleibende Genüsse zu gewähren, welche das Herz vollkommen befriedigen.»

## Das Skapulier von der Unbefleckten Empfängnis: ABLÄSSE nach der alten Ablaßordnung

### *Vollkommene Ablässe*

1. Am Tag der Aufnahme (mit Beichte, Kommunion und Ablaßgebet).

2. Am ersten Sonntag jedes Monats.

3. An allen Samstagen während der Fastenzeit, am Passionssonntag und dem folgenden Freitag (Schmerzensfest), am Mittwoch, Donnerstag und Freitag der Karwoche.

4. An Weihnachten, an Ostern, an Christi Himmelfahrt, an Pfingsten, an Dreifaltigkeit, an Kreuzauffindung und Kreuzerhöhung.

5. An Maria Empfängnis, an Maria Geburt, an Maria Verkündigung, an Maria Reinigung, an Maria Himmelfahrt, auf Portiuncula (2. August).

6. Am Fest Allerheiligen, am Josephtag, am Fest des Hl. Michael, der Hl. Schutzengel, des Hl. Johannes des Täufers, der Hll. Apostel Petrus und Paulus, des Hl. Augustinus, der Hl. Theresia.

7. Während der Aussetzung des allerheiligsten Altarssakrametes für das vierzigstündige Gebet, während der heiligen Übungen und an einem frei zu wählenden Tag. Die letzten drei Ablässe jedoch nur einmal im Jahr.

8. In der Todesstunde.

9. Ablaß des privilegierten Altars für alle heiligen Messen, welche an was immer für einem Altar für die verstorbenen Vereinsmitglieder gelesen werden.

Um einen vollkommenen Ablaß gewinnen zu können ist folgendes notwendig: Beichte, Kommunion, Kirchenbesuch, die Ablaßgebete und das Freisein von jeder Anhänglichkeit an die schwere und läßliche Sünde.

### *Unvollkommene Ablässe*

1. Ablaß von 60 Jahren für diejenigen, welche eine halbe Stunde auf die Betrachtung oder auf das innerliche Gebet verwenden.

2. Ablaß von 20 Jahren, wenn man Kranke oder Schwache besucht und durch leibliche oder geistige Werke unterstützt oder, falls man am Besuch gehindert ist, 5 Vaterunser, Gegrüßt seist du Maria und Ehre sei für sie betet.

3. Ablaß von 7 Jahren und 7 Quadragenen an allen kleinen Festen der allerseligsten Jungfrau – desgleichen, so oft man beichtet und kommuniziert – wenn man die heilige Wegzehrung zu einem Kranken begleitet – wenn man für einen Kranken, der die heilige Kommunion empfangen hat, siebenmal das Vaterunser, Gegrüßt seist du Maria und Ehre sei betet – wenn man am Montag das Hl. Sakrament besucht – an sieben Tagen einer neuntägigen Andacht zur Vorbereitung auf Weihnachten – an jedem Abend, an dem man das Salve Regina spricht und für die Anliegen der heiligen Kirche betet.

4. Ablaß von 5 Jahren und 5 Quadragenen an jedem Tag, an dem man eine Kirche besucht und dort fünfmal das Vaterunser, Gegrüßt seist du Maria und Ehre sei betet.

5. Ablaß von 200 Tagen, sooft man der Predigt beiwohnt.

6. Ablaß von 50 Tagen, wenn man die heiligsten Namen Jesus und Maria mit Andacht anruft – wenn man in einer Kirche ein Vaterunser, Gegrüßt seist du Maria und Ehre sei für die Lebenden und Toten betet.

7. Ablaß von 60 Tagen für jedes gute Werk.

### *Andere Ablässe*

1. Die Ablässe der Stationen von Rom, wenn man an den im römischen Meßbuch bezeichneten Tagen eine Kirche der Theatiner besucht und einige Zeit betet.

2. Die Mitglieder können auch zweimal jeden Monat die Ablässe gewinnen, welche denjenigen verliehen sind, die das Heilige Grab und das Heilige Land besuchen, wenn sie beichten, kommunizieren und in einer Theatinerkirche nach der Meinung des heiligen Vaters beten. – Wo keine Kirche der Theatiner ist, kann man diese und die Stationsablässe, überhaupt alle Ablässe, für welche der Besuch einer solchen vorgeschrieben ist, durch den Besuch einer jeden anderen Kirche gewinnen, sofern sich ein Altar der Muttergottes in derselben befindet.

### *Besonderes Privilegium*

Zufolge einer ganz authentischen Bewilligung (Dekret vom 14. April 1856) können die Mitglieder alle die zahlreichen sowohl vollkommenen als auch unvollkommenen Ablässe gewinnen, welche für den Besuch der sieben Hauptkirchen Roms, der Portiunkulakirche in Assisi, der Kirche des Hl. Jakobus in Compostella und der heiligen Stätten in Jerusalem bewilligt sind, jedesmal so oft (toties quoties) sie, wo immer es sei (also nicht notwenig in einer Kirche) *sechsmal das Vaterunser, Gegrüßt seist du Maria und Ehre sei* zu Ehren der allerheiligsten Dreifaltigkeit und der allerseligsten ohne Erbsünde empfangenen Jungfrau *andächtig* beten, zugleich in der Meinung, daß Gott die katholische Kirche erhöhen, die Ketzereien ausrotten, den christlichen Fürsten Frieden und Eintracht verleihen wolle. – Man braucht keine anderen Gebete für die Kirche hinzuzufügen, sondern nur die sechs Vaterunser und in besagter Meinung aufzuopfern. Auch braucht man nicht zu beichten und zu kommunizieren, muß aber im Stand der Gnade sein.

Vorstehende Ablässe sind bestätigt von Papst Gregor XVI. und Papst Pius IX. Sie sind zuwendbar (Parvi Scapularias cærulei indulgentiarum catalogus. Romæ 1872).

*Die Immakulata steht im Zentrum der Spiritualität der Theatinerinnen.*

NÜTZLICHE ANSCHRIFTEN:

Generalat der Theatinerinnen von der Unbefleckten Empfängnis:

- Teatine dell'Immacolata Concezione di Maria Vergine
  Salita Monte di Gallo, 27
  I-00165 Roma
  Tel. 0039 06 63 74 084
  Fax 0039 06 39 37 050

Zur Zeit gibt es keine Theatiner-Niederlassungen in Deutschland/Österreich/Schweiz. Deutschland: Bis 1802 waren die Theatinerpatres in München tätig. Seit 1954 verwalten die Dominikanerpatres die Theatinerkirche:

- Theatinerkirche (Stiftskirche St. Kajetan)
  Salvatorplatz 2a
  D-80333 München
  www.theatinerkirche.de
  info@theatinerkirche.de
  Tel. 0049 / (0)89 21 06 96 - 0
  Fax 0049 / (0)89 21 06 96 - 29

LITERATUR:


- D. E. L. Brockhoff: «Die Klosterorden der hl. katholischen Kirche». Münster in Westfalen 1901.
- Franz Beringer: «Die Ablässe, ihr Wesen und Gebrauch». Handbuch für Geistliche und Laien. Dreizehnte, von der Hl. Ritenkongregation approbierte und als authentisch anerkannte Auflage. Paderborn 1906.
- «Ablaßbuch». Neue amtliche Sammlung der von der Kirche mit Ablässen versehenen Gebete und frommen Werke. 3. Auflage. Regensburg 1952.
- Georg Ott: «Marianum». Regensburg 1859. Spalte Nr. 2631/32 (Abbildung etc.).
- Seeböck, Philibert, OSFr: «Kleine illustrierte Heiligen-Legende auf jeden Tag des Jahres, ein Paradiesgärtlein mit Blumen aller Art». Verlegt bei Benziger. Einsiedeln 1875. [siehe Kurzvita und Zitata «In der Schule des heiligen Kajetan».]

*Die Muttergottes selbst berief sieben beherzte Männer (Geschäftsleute), die ihr zu Ehren den Orden der Serviten gründeten.*

# 4 Das schwarze Skapulier der Serviten (Diener Mariens)

## Aus der Geschichte des Servitenordens

In der Reihe der Bettlerorden nehmen die Serviten die fünfte Stelle ein. Die Gründer waren sieben wohlhabende Kaufleute aus den angesehensten Familien der Stadt Florenz. Sie alle gehörten zur Bruderschaft der «Laudisi» (Lobpreiser), deren Haupttätigkeit darin bestand, in einem besonderen Bethaus das Lob der heiligsten Jungfrau zu singen. Als sie nun einmal an Mariä Himmelfahrt im Jahre 1233 zu ihrer Andachtsübung versammelt waren, faßten sie – einer inneren Eingebung folgend – den Entschluß, ihr Hab und Gut zu verkaufen, den Erlös den Armen zu geben und dann selbst von Almosen zu leben. Zuvor aber berieten sie sich mit dem Bischof Ardingho von Florenz, der ihr Vorhaben billigte und ihnen gestattete, ein Bethaus mit einem Altar an einem passenden Ort zu errichten, um daselbst die heiligen Geheimnisse feiern zu lassen. Der Bischof erklärte sich förmlich als ihr Beschützer und erlaubte ihnen, in der Umgebung von Florenz ihren Unterhalt zu erbetteln.

Am Fest Mariä Geburt, 23 Tage nach ihrem Entschluß, bezogen sie ein ärmliches Haus außerhalb der Stadtmauern und legten ein härenes Hemd und ein dürftiges graues Oberkleid an, das sie mit einer eisernen Kette umgürteten. Zum Oberen der neuen Gemeinschaft wurde Buonfiglio Monaldi, der älteste von allen, erwählt. Die sechs anderen hießen: Buonagiunta Manetti, Benedetto dell'Antella, Bartolomeo degli Amidei, Ricovero Guccioni, Gherardino di Sostegni und Alessio Falconieri.

Als sie in ihrer «neuen Tracht» durch die Straßen zogen, um vom Bischof den Segen zu erbeten, rief das Volk aus: «Ecco i servi di Maria!» (Seht die Diener Mariens!). So war ihnen der Name gegeben. Überall wurden sie «Serviten», oder «Diener der heiligsten Jungfrau» genannt.

Nach ungefähr einem Jahr verließen sie mit Bewilligung des Bischofs ihre erste Niederlassung, um in der Einsamkeit auf dem Monte Senario eine neue Niederlassung zu gründen. Dort errichteten sie auf den Trümmern eines alten Schlosses ein Bethaus und ringsherum kleine hölzerne Zellen. Eine Zeitlang ernährten sie sich – immer mit dem Lob der heiligsten Jungfrau beschäftigt – nur von den Wurzeln und Kräutern, die der dortige Boden hervorbrachte. Buonfiglio Monaldi sah aber ein, daß seine Brüder eine so strenge Lebensweise nicht ertragen könnten und sandte fortan Manetti und Falconieri täglich nach Florenz, um den nötigen Unterhalt zu erbetteln. Da es diesen jedoch auf die Dauer zu beschwerlich wurde, zweimal täglich den drei Stunden weiten Weg zurückzulegen, suchten sie eine kleine Herberge in Florenz zu erhalten. Um zu ihrer früheren Wohnstätte Camarsia zu kommen, hätten sie die ganze Stadt durchwandern müssen. So erhielten sie ein Unterkommen vor dem Tor, das nach Monte Senario führte, an einem Ort namens Caphaggio, wo zwei oder drei Serviten in einer Strohhütte Obdach fanden. Doch mit der Zeit vermehrten sich die Gebäude und Ordensbrüder so sehr, daß da, wo einst die schlechte Strohhütte stand, das großartige Kloster Mariä Verkündigung sich erhob.

Inzwischen kamen auch in die Einsamkeit von Monte Senario, trotz der weiten Entfernung von Florenz, noch manche Besucher, unter ihnen auch der Kardinal Gottfried von Châtillon, der Legat des Papstes Gregor IX., der in der Toskana und der Lombardei war. Der Kardinal fühlte sich sowohl durch die Schönheit des Ortes, als auch durch die Frömmigkeit der Brüder gefesselt. Er riet ihnen aber, da er wahrgenommen hatte, daß einige von ihnen lange Zeit das strengste Stillschweigen beobachteten, andere viele Monate in dumpfen Höhlen sich aufhielten, und wieder andere sich nur von Wurzeln ernähren wollten,

**«Niemals war es meine, noch meiner Gefährten Absicht, einen Orden zu stiften. Daher ist dies allein Unserer Lieben Frau zuzuschreiben.»**

Hl. Alexius Falconieri (Mitbegründer des Servitenordens)

*Idylle auf dem Monte Senario (Berg Senario). Ältere Ansicht.*

daß sie gemeinschaftlich bloß einerlei Lebensordnung beobachten sollten. Die Brüder, frei von allem Dünkel, der nicht selten unter der Maske des Bußeifers sich einschleicht, waren bereit, dem Wink des Kardinals sich demütig zu fügen.

Sie baten den Bischof Ardingho, ohne den sie bis jetzt noch nichts unternommen hatten, ihnen eine bestimmte Regel zu entwerfen. Der Bischof willigte ein, hielt sie aber an, solche, die sich ihrer Gesellschaft anzuschließen wünschten, aufzunehmen. Fortan trugen sie ein wollenes Hemd, einen kleinen weißen Rock und einen großen schwarzen Habit darüber, einen ledernen Gürtel, ein Skapulier und eine Kapuze.

Wie erzählt wird und auch von mehreren Päpsten bekräftigt wird, erschien ihnen die heiligste Jungfrau am Karfreitag 1239 in einem Gesicht. Die Muttergottes hielt sie zur Beobachtung der Regel des heiligen Augustinus an. Die Muttergottes bestimmte den schwarzen Habit zum Andenken der Leiden ihres Sohnes.

Vor Jahresfrist gewannen die Serviten so viele neue Mitglieder, daß sie eine zweite Niederlassung in Siena gründen konnten, wo Alessio Falconieri und Viktor von Siena, der erst kurze Zeit vorher beigetreten war, die ersten Anordnungen trafen. Im Jahre 1241 erhielten die Ordensstifter – mit Ausnahme Falconieris, der sich aus Demut weigerte – durch ihren bewährten Gönner Bischof Ardingho die heiligen Weihen. Sieben Jahre später billigte der Kardinal Rainerius als Legat Innozenz IV. den Orden und stellte ihn unter den Schutz des Heiligen Stuhles. Im Jahre 1249 konnten auf Monte Senario bereits die Prioren von vier Klöstern der Serviten ein Kapitel abhalten und nach zwei weiteren Jahren wurde Buonfiglio Monaldi, der bis jetzt nur Prior von Monte Senario gewesen war, zum General gewählt werden. Dieser begab sich zu Innozenz IV., um die feierliche Bestätigung des Ordens zu erlangen. Der Papst konnte sich jedoch noch nicht dazu entschließen, weil er mit dem Gedanken umging, die Serviten mit den Augustinereinsiedlern zu verschmelzen und bestimmte vorläufig nur seinen Neffen, den Kardinal Wilhelm von St. Eustachius, zum Protektor. Erst der Nachfolger von Papst Innozenz IV (Alexander IV) billigte 1255 ausdrücklich den Orden der Serviten, indem er ihnen gestattete, Klöster, die man ihnen erbaute, zu übernehmen und eigene Kirchen zu besitzen. Jetzt hielt Monaldi ein Generalkapitel zu Florenz ab, legte dort das Amt eines Generals nieder und blieb bis zu seinem Tod, der 1262 erfolgte, ein einfacher Ordensmann zu Monte Senario. Monaldis Nachfolger als Ordensoberer war sein Freund Buonagiunta Manetti, der aber schon 1257 starb, worauf Jakob von Siena zum General erwählt wurde. Unter ihnen konnte der Orden auf einem 1260 in Florenz abgehaltenen Kapitel bereits in die zwei Provinzen Toskana und Umbrien geteilt werden, zu deren obersten Leitern nun Benedetto dell'Antella und Gherardino di Sostegni, ebenfalls zwei Mitbegründer des Ordens, berufen wurden. Nicht lange danach mußte, wegen des stets anhaltenden Zulaufs neuer Ordensmitglieder, noch eine dritte Provinz (Romandiola) hinzugefügt werden. Dies geschah 1263. Schon 1265 bildete man die vierte Provinz Gallia Cisalpina. Im selben Jahr wurde dell'Antella an Jakob von Sienas Stelle zum General erwählt, der aber schon 1267 sein Amt niederlegte und im folgenden Jahre starb. Bartolomeo degli Amidei, der das Amt eines Priors auf Monte Senario und in Florenz bekleidet hatte, war ihm bereits im Tod vorangegangen. Jetzt lebten nur noch drei der frommen Ordensstifter. Uguccioni (Hugo) und Gherardino di Sostegni (Sosteneus), deren ersterer Generalvikar in Deutschland, letzterer in Frankreich gewesen waren. Sie kehrten zurück auf den Monte Senario, baten Gott inständig um ihre baldige Aufnahme, worauf beide fast gleichzeit ihre edle Seele aushauchen durften (Beginn des Maimonats 1282).

Alle seine Brüder überlebte Alessio Falconieri. Er verschied erst 1310, als 110jähriger Greis aus dem Leben! 77 Jahre nach der Gründung des Ordens, der damals bereits 10'000 Mitglieder zählte.

Der vorzüglichste Zweck der Serviten ist es, mit Liebe und inniger Teilnahme das Andenken der Schmerzen zu ehren, die Maria, die Königin der Märtyrer, mit ihrem göttlichen Sohn zu teilen berufen war. Jesus Christus gab sie uns am Kreuze sterbend und mitten in seinem und ihrem größten Schmerz, zur Mutter und uns als ihre Kinder. Dafür wollen ihm die Mitglieder durch andächtiges Tragen dieses Skapuliers immerwährend danken und die himmlische Mutter anflehen, daß sie um ihrer und ihres Sohnes Schmerzen willen ihre Mutterliebe an uns erzeige, uns wahre Reue, Vergebung der Sünden und Gnaden zu einem gottgefälligen Leben und seligen Tod von ihrem gekreuzigten Sohn erbitte.

Es ist jedoch nicht genug, die Leiden der schmerzhaften Mutter zu betrachten. Vielmehr muß diese Andacht auch den festen Vorsatz in uns erwecken, die wahre Ursache ihrer Schmerzen,

***«Eingedenk der eigenen Unvollkommenheit, werfen wir uns mit der ganzen Hingabe des Herzens der Himmelskönigin zu Füßen. Diese möge uns als Mittlerin und Fürsprecherin mit ihrem göttlichen Sohne versöhnen und empfehlen. So weihen wir uns zur Ehre Gottes dem Dienst der glorreichen Jungfrau Maria.»***

Aus der Weiheformel der Serviten

die Sünde nämlich, zu verabscheuen und zu fliehen. In solcher Weise geübt, ist die uralte Andacht zu den Sieben Schmerzen Mariens überaus segensreich.

Papst Martin V. bestimmte 1424, daß die Serviten den Bettelorden zugehören. Der Orden, der bald nach seiner Gründung zum beschaulichen Leben das tätige hinzunahm, verbreitete sich schnell in Italien, Frankreich, Spanien und Deutschland.

Während der Reformation gingen allein in Deutschland 30 Niederlassungen der Serviten unter. 1411 bildete sich die Reformkongregation der Observanten, die sich 1570 wieder mit dem Orden vereinigten. 1594 entstanden innerhalb des Ordens die barfüßigen Einsiedler-Serviten von Monte Senario unter der Leitung von Bernhardin Ricciolini; sie wurden jedoch 1778 wieder aufgehoben.

Von Bedeutung für die deutschsprachigen Länder ist das Servitenkloster in Innsbruck, dessen Gründung auf die Erzherzogin Anna Katharina von Gonzaga zurückgeht (1614). Sie übergab es zunächst den Einsiedlern von Monte Senario. Später entstand eine deutsche Observanz mit eigenen Konstitutionen. Etwa die Hälfte der Gründungen gingen durch Joseph II. und die Säkularisation ein. Viele Serviten starben als Märtyrer. Man erinnere sich nur an die 64 Märtyrer von Prag, deren Seligsprechung auf dem Ordenskapitel im Jahre 1888 von neuem angestrengt wurde.

***Ablaßgebet zu den sieben Stiftern des Servitenordens***

Ihr ruhmreichen sieben Stifter und Gründer des Servitenordens! Wegen eurer hohen Heiligkeit wart ihr würdig, von der seligsten Jungfrau berufen zu werden zur Gründung eines neuen Ordens in der Kirche, der ihre Verehrung und die Andacht zu ihren Schmerzen pflegen und verbreiten sollte. Ihr habt die Welt verlassen und in der Einsamkeit des Senario strengste Buße geübt und euren Geist gestärkt durch die Betrachtung der ewigen Wahrheiten und der unendlichen Liebe Gottes zu uns. Durch die Liebe, die euch verband, und euer Wirken für den Frieden habt ihr der Welt das schönste Beispiel brüderlicher Liebe gegeben.

Erwirkt uns eine zarte Andacht zu Jesus, dem Gekreuzigten, und zur Königin der Märtyrer, ein brennendes Verlangen nach dem inneren Leben, nach Abtötung und Buße und eine hingebende Liebe zum Nächsten, die uns zu allen guten Werken antreibt. Amen.

Teilablaß [300 Tage Ablaß. Vollkommener Ablaß unter den gewöhnlichen Bedingungen, wenn man das Gebet einen ganzen Monat lang jeden Tag andächtig betet. (Ablaßkongregation 22. Februar 1888; 12. Januar 1932 und 14. Juni 1949.)]

# Heilige und Selige des Servitenordens

Gründer sind die sieben ehemaligen Geschäftsleute von Florenz (siehe unten). Zur Ordensfamilie der Serviten gehören ferner: Die Servitinnen und die regulären Serviten-Terziarinnen (Mantellate in Italien genannt) sowie die weltlichen Serviten-Terziaren. Außerdem wurden in den letzten Jahrzehnten mehrere Ordensgemeinschaften dem Servitenorden zugezählt und ihm einverleibt. Im ganzen sind es 21 Gemeinschaften, unter ihnen die «Minime dell'Addolorata», dessen Gründerin (Clelia Barbieri) als jüngste kanonisierte Ordensgründerin der kath. Kirche gilt. Die Kurzbeschreibungen (und Festangaben) fußen auf den Angaben der italienischen Servitenbeschreibung aus dem Jahre 1934 und neueren Quellen.

12. Januar

## • *Hl. Antonius Maria Eustachio Pucci von Poggiole*

[1819–1892]

Der heilige Antonius wurde am 16. April 1819 in Poggiole di Vernio (Toskana) geboren. 1837 trat er dem Servitenorden bei und empfing 1843 die Priesterweihe. Während 50 Jahren wirkte er erfolgreich als Pfarrer in Viareggio und Umgebung. Er war ein herausragender Erzieher und Beichtvater. Er versah das Amt als Prior, später als Ordensprovinzial. Er starb am 12. Januar 1892 in Viareggio. 1952 seliggesprochen. Heiligsprechung am 9. Dezember 1962.

12. Februar (1. Januar)

## • *Hl. Bonfiglio Monaldi (Bonfilius)*

[Priester, Ordensgründer, 1198–1262]

Der heilige Bonfiglio durchlebte eine unschuldige Jugendzeit. Es war der erste Obere der «Laudesi», der Vereinigung, die am 15. August 1233 von der Muttergottes angeregt wurde.

Dem heiligen Bonfilius kommt die Ehre zu, den späteren heiligen Philipp Beniti in den Servitenorden aufgenommen zu haben. Bonfilius sagte ihm auch das zukünftige Amt des Generaloberen voraus.

Sehr bald verbreitete sich der Servitenorden in Italien, Deutschland und Frankreich. Papst Alexander IV. gewährte 1256 erstmals die päpstliche Billigung. Nach 23 Jahren segensreicher Tätigkeit starb er am 1. Januar 1262. Sein Antlitz leuchtete übernatürlich im Augenblick des Todes, zur Erbauung der anwesenden Mitbrüder.

Papst Leo XIII. nahm 1888 die Heiligsprechung der sieben Gründer des Servitenordens vor (Todesjahr des Hl. Don Bosco). Festtag der sieben Gründer: 12. Februar. Verehrt man den heiligen Bonfiglio Monaldi einzeln, gilt sein Todestag (1. Januar) als Festtag.

Dem heiligen Bonfilius wurde als erstem der Sieben die Ehre zuteil, in der Vatikanischen Basilika durch eine Statue verehrt zu werden. Der Künstler Cesare Aurelj schuf das Meisterwerk.

12. Februar (31. August)

## • *Hl. Giovanni di Bonagiunta Manetti (Bonajuncta)*

[Priester, Ordensgründer, 1206–1257]

Der Hl. Bonajuncta Manetti (Johannes von Bonajuncta) wurde 1206 in Florenz geboren. Er hegte eine zarte Liebe zum gekreuzigten Erlöser, weshalb er meistens mit einem Kreuz abgebildet wird. Mit 27 Jahren zog er sich mit den anderen Gründern zurück, um ganz der Muttergottes ergeben ein gottgefälliges Leben zu führen.

Der heilige Bonajuncta wirkte zahlreiche Wunder und war mit der Gabe der Prophetie vertraut. Eines der Wunder, die ihm zugeschrieben werden, wurde sehr berühmt: Mit einem einzigen Kreuzzeichen zerfiel ein Trinkgefäß mit giftigem Inhalt, das ein boshafter Mensch heuchlerisch ihm vorsetzte. Der Sünder fiel sogleich tot zu Boden.

Der heilige Bonajuncta ist einer der sieben Gründer des Servitenordens. Papst Leo XIII. nahm 1888 die Heiligsprechung vor. Festtag: 12. Februar. Verehrt man den heiligen Bonajuncta Manetti einzeln, gilt sein Todestag (31. August) als Festtag.

*Der Hl. Bonfiglio Monaldi ist einer der sieben Gründer des Servitenordens († 1262).*

*Der Hl. Bonagiunta Manetti († 31. August 1257), verehrte besonders den leidenden Heiland.*

12. Februar (20. August)

## • *Hl. Benedetto dell'Antella (Manettus)*

[Priester, Ordensgründer, 1203–1268]

Ebenfalls in Florenz geboren, durchlebte er als musterhafter und frommer Knabe die Jugendzeit. Nach der Gründung von 1233 blieb er noch 12 Jahre bei seinen Mitbrüdern. 1245 wurde er vom Ordensgeneral (Bonfilius) nach Frankreich geschickt, auf das Konzil von Lyon. Bei dieser Gelegenheit wurde der Servitenorden auch in Frankreich bekannt.

Auch er besaß die Gabe der Wunderheilung. Kranke und Geplagte heilte er mit einem einzigen Kreuzzeichen.

Papst Leo XIII. nahm 1888 die Heiligsprechung vor. Festtag: 12. Februar. Verehrt man den Hl. Manettus einzeln, gilt sein Todestag (20. August) als Festtag.

12. Februar (18. April)

## • *Hl. Bartolomeo degli Amidei (Amideus)*

[Priester, Ordensgründer, ?–1266]

Einer der sieben Gründer des Servitenordens wurde «Seraph der Liebe» genannt. Seine große Liebe zum lieben Gott und zur Muttergottes waren so rein und strahlten soviel Güte aus, daß man ihn statt Bartholomäus schlicht «Amadio» nannte (=der Liebende).

Der mystisch Begnadete muß das sogenannte «incendium amoris» (=Liebeszeichen) gehabt haben, denn die Liebe, die in seinem Herzen brannte, äußerte sich vornehmlich auch darin, daß er im kältesten Winter seine Brust kühlen mußte. Oft sprach er bei solchen Gelegenheiten: «Oh, wenn ihr wüßtet, meine Brüder, welche große Flamme in meinem Herzen brennt!» Auch ihm war die Gabe der Wunderkraft verliehen. Er heilte Blinde, Kranke und erweckte sogar einen Toten zum Leben.

Ein eigenartiges Schauspiel erlebte man bei seinem Tode. Die Mönche sahen seine See-

*Hl. Sosteneus; sein Predigttalent war außerordentlich († 1282).*

*Der Hl. Manetto dell'Antella hieß mit dem bürgelichen Namen Benedikt († 1268).*

le als helleuchtende Flamme zum Himmel aufsteigen. Dabei wurde der Monte Senario so flammend rot erleuchtet, daß in der Umgebung eine große Feuersbrunst vermutet wurde.

Papst Leo XIII. nahm 1888 die Heiligsprechung vor. Festtag: 12. Februar. Verehrt man den heiligen Bartolomeo einzeln, gilt sein Todestag (18. April) als Festtag.

12. Februar (2. Mai)

## • *Hl. Gherardino di Sostegno (Sosteneus)*

[Priester, Ordensgründer, 1205–1282]

Gherardino trat mit 28 Jahren zu den Laudesi. Ihm (nebst seinem Mitbruder Hugo) oblag die Aufgabe, bei den Leuten für seinen Orden zu betteln. Der schöne Titel «Servi di Maria» (=Diener Mariens) wurde ihnen von den Kindern gegeben. Er wurde von seinen Mitbrüdern bestimmt, den neuen Konvent von Borgo S. Sepolcro zu gründen. Der Heilige muß eine unbeschreibliche Gnade im Predigen besessen haben. Ein Beispiel: Als er die Hochzeitsmesse für den Sohn des Grafen Bonafede halten sollte, geriet er in eine Art Ekstase. Ein übernatürliches Feuer bemächtigte sich seiner und er predigte über die Vorzüge der Jungfräulichkeit in einer noch nie erlebten Glut. Die unmittelbare Wirkung war, daß der Graf und seine Braut auf der Stelle den Eintritt in ein Kloster erwogen. So wechselten sie das Brautgemach mit dem harten Klosterleben auf das Wort eines Serviten hin!

Sosteneus starb nur einige Stunden vor seinem Mitbruder Hugo. Man schrieb den 2. Mai 1282. Papst Leo XIII. nahm 1888 die Heiligsprechung vor. Festtag: 12. Februar. Verehrt man den heiligen Sosteneus einzeln, gilt der 2. Mai als Festtag.

12. Februar (3. Mai)

## • *Hl. Ricoverino Lippi di Uguccione (Hugo)*

[Priester, Ordensgründer, 1204–1282]

Einer der sieben Gründer des Servitenordens. Hugo starb nur einige Stunden nach

*Der Hl. Hugo starb am gleichen Tage wie sein Mitbruder Sosteneus.*

*Der Hl. Amideus wird mit einem flammenden Herzen abgebildet. Er galt als der Seraph der Liebe.*

dem Hl. Sosteneus. Die beiden, die während vieler Jahre zusammenarbeiteten, verbrachten schließlich ihre letzte Zeit zusammen im Krankenzimmer. Schließlich starb Sosteneus und Hugo sah dessen Seele zum Himmel sich erheben. Da faßte er seine ganzen Kräfte zusammen und rief mit lauter Stimme: «Aspettami, fratello ...» (= Warte auf mich, Bruder ...» Tatsächlich starb Hugo einige Stunden später. Papst Leo XIII. nahm 1888 die Heiligsprechung vor. Festtag: 12. Februar. Verehrt man den Hl. Hugo einzeln, gilt sein Todestag (3. Mai) als Festtag.

12. Februar (27. Februar)

## • *Hl. Alexius Falconieri*

[Ordensgründer, 1200–1310]

Einer der sieben Gründer des Servitenordens erreichte das erstaunliche Alter von 110 Jahren. Es ist der Hl. Alexius Falconieri, der 1200 in Florenz geboren wurde. Seine Demut und seine Reinheit waren außergewöhnlich. Er weigerte sich aus Demut, die Priesterwürde anzunehmen. Sein großer Bußgeist zeigte sich darin, daß er regelmäßig bekleidet auf dem nackten Fußboden schlief, sich jede Nacht geißelte und während vieler Jahre täglich bei Wasser und Brot fastete.

Er erbettelte sich Almosen, um junge Männer nach Paris zum Studium zu schicken. Dank seiner vortrefflichen Seelenführung reifte seine Nichte zu einer Heiligen heran. Von seinem langen Leben verbrachte er 77 Jahre im Servitenorden. Außergewöhnlich war sein Sterben am 17. Februar 1310.

Papst Leo XIII. nahm 1888 die Heiligsprechung vor. Festtag: 12. Februar. Verehrt man den heiligen Alexius einzeln, gilt der 27. Februar als Festtag.

20. Februar

## • *Sel. Elisabeth Picenardi von Cremona-Mantua*

[1428/30–1468]

Geburtsjahr ungewiß. Elisabeth war Tertiarin des Servitenordens. Die Bevölkerung nannte sie schlicht «Fürsprecherin bei der Muttergottes».

*Der Hl. Alexius Falconieri erreichte das erstaunliche Alter von 110 Jahren.*

*Die Verehrung der Schmerzhaften Muttergottes gehört zur wesentlichen Spiritualität der Serviten.*

31. März

## • *Sel. Bonaventura Tornielli von Forlì*

[1411–1491]

In Forlì (unweit von Rimini) geboren, wurde Bonaventura ein hervorragender Bußprediger im Orden der Serviten. Er wurde wegen seines dünnen Bartes auch «Barbetta» (Bärtchen) genannt. Bonaventura wurde nach Ausbildung und Studium bei den Serviten Prior in Rom. Er wurde bald einer der bekanntesten Prediger Italiens und verstand es, seine Zuhörer mitzureißen. Die letzten drei Jahre war er Generalvikar seines Ordens. Er starb am 31. März 1491 in Udine. In Italien wurde Bonaventura bereits kurz nach seinem Tode als Heiliger verehrt. Papst Pius X. sprach ihn am 6. September 1911 selig. Seit dem Jahre 1812 ruhen seine Gebeine in der Herz-Jesu-Kirche der Serviten in Venedig.

9. April

## • *Sel. Ubaldo da Borgo San Sepolcro (Ubaldo Adimari)*

[1246–1315]

In Florenz geboren, wurde er durch das kraftvolle Auftreten des heiligen Philippus Benitius bekehrt. Er trat 1276 dem Servitenorden bei. Er war ein großer Büßer und wollte die vielen Ungerechtigkeiten wiedergutmachen aus seinem früheren Leben.

Er starb am 9. April 1315 im Rufe der Heiligkeit. Papst Pius VII. bestätigte im Jahre 1821 den Kult des Seligen.

16. April

## • *Sel. Joachim von Siena (Clermont Piccolini)*

[1258–1305]

Er erhielt im 14. Lebensjahr vom heiligen Philippus Benitius das Ordenskleid. Als nämlich der heilige Philippus in Siena predigte, erschien die Muttergottes dem Jüngling Clermont und wies ihn an, beim heiligen

*Hl. Clelia Barbieri. Die Einverleibung ihres Ordens in den Servitenorden erfolgte im Jahre 1951.*

Philippus um Aufnahme in den Orden zu bitten. Bereits am folgenden Tage klopfte er an – und wurde aufgenommen. Er starb im Alter von 47 Jahren, am 16. April 1305. Er wurde 1609 seliggesprochen und ist Patron gegen die Epilepsie. Seine Gebeine ruhen in der Servitenkirche zu Siena.

2. Mai (1. Mai)

## • *Hl. Pellegrino (Peregrinus Laziosi) von Forlì*

[1265–1345]

Der heilige Peregrinus Laziosi wurde vor allem in Italien und Spanien, seit dem 17. Jahrhundert auch in Österreich sehr verehrt. Geboren 1265 in Forlì. Die Überlieferung berichtet, daß Peregrinus als Anführer und Mitstreiter der Ghibellinen den heiligen Philippus Beniti während einer Predigt verjagten. Peregrinus versetzte dem Heiligen sogar eine Ohrfeige. Von Schuldgefühl übermannt, bat Peregrinus den Heiligen um Verzeihung. Peregrinus trat in den Orden der Serviten ein. In den rund 50 Jahren des Ordenslebens widmete sich Peregrinus eifrig den Bußübungen, um seine vergangenen Fehler zu sühnen. Vor einem Kruzifixbild betend, wurde er plötzlich vom Krebs am Fuß geheilt.

Peregrinus starb am 1. Mai 1345 in Forlì im hohen Alter von 80 Jahren. Seine Grabstätte befindet sich daselbst in der Basilika. Heiliggesprochen am 27. Dezember 1726.

11. Mai

## • *Sel. Johannes Benincasa von Montepulciano*

[1376–1426]

Papst Pius VIII. bestätigte im Jahre 1829 den Kult des Seligen. Johannes trat in Montepulciano in den Servitenorden und zog sich hierauf (1401) auf den Berg Montagnata bei Siena zurück. Schließlich wählte er eine schwer zugängliche Höhle auf Montechielo. Während dieser Zeit erlitt er schwere Anfechtungen. Er starb am 9. Mai 1426 nach einem Leben größter Abtötungen. Seine Reliquien befinden sich im Servitenkloster Montechielo. Festtag: 11. Mai.

12. Mai

## • *Sel. Franziskus von Siena*

[1266–1328]

Franziskus von Siena (Francesco Patrici) stammte aus Siena und trat 1288 in den Servitenorden. Er war ein großer Versöhner bei Streitigkeiten.

Papst Pius VII. bestätigte im Jahre 1822 den Kult des Seligen.

25. Mai

## • *Sel. Jakob Philipp Bertoni von Faenza*

[1454–1483]

Jakob trat bereits mit 9 Jahren in den Servitenorden. Er erfüllte das Amt eines Prokurators. Er starb mit 29 Jahren. An seinem Grab in Faenza haben sich zahlreiche Wunder ereignet.

19. Juni

## • *Hl. Juliana von Florenz (Falconieri)*

[Jungfrau, † um 1341]

Die heilige Juliana ist die Nichte des heiligen Alexius von Falconieri und die Stifterin der Mantellaten (Serviten-Terziarinnen). Die Gründung erfolgte um 1304 in Florenz.

Von Juliana ist ein einzigartiges Wunder überliefert: Vor ihrem Tod wollte sie noch einmal die heilige Kommunion empfangen, obwohl sie nicht mehr schlucken konnte. Aus diesem Grunde bat sie den Priester, ihr die Hostie auf ihre mit einem Tuch bedeckte Brust zu legen. Kaum hatte der Priester diese Handlung vorgenommen, verschwand die Hostie und Juliana starb. Nach diesem Vorfall hat man das Bild des gekreuzigten Jesus auf ihrer Brust wieder gefunden, wie es zuvor auf der Hostie sichtbar war.

21. Juni

## • *Sel. Thomas von Orvieto*

[† um 1343]

Thomas von Orvieto (Thomas Corsini) war adeliger Herkunft und wurde nach 1260 in Orvieto geboren. Er wurde Servit und verrichtete als Laienbruder nur die niedrigsten Dienste. Er starb am 21. Juni 1343.

Papst Pius VII. bestätigte im Jahre 1768 den Kult des Seligen.

23. August

## • *Hl. Philipp Benitius (Benizi)*

[Bekenner, 1233–1285]

Von vornehmen Eltern 1233 in Florenz geboren und sehr christlich erzogen, widmete er sich früh den Studien und studierte in Paris Medizin. 1253 hörte er in der Servitenkirche in Florenz eine Predigt, die ihn nach Monte Senario drängte, wo er noch in demselben Jahr die Gelübde ablegte. Im Servitenorden wurde er wegen seiner ausgezeichneten Eigenschaften von Stufe zu Stufe erhoben und mit bereits 31 Jahren zum General erwählt. Bei der Tätigkeit, die er nun entwickelte, wuchs sein Ruhm so sehr, daß nach dem Tode von Clemens IV. [der apostolische Stuhl blieb damals fast 3 Jahre, vom November 1268 bis September 1271, unbesetzt] die Kardinäle damit umgingen, Philippus Benitius zum Oberhaupt der Christenheit zu erheben. Doch der heilige Mann entfloh und blieb in den Gebirgen Sienas verborgen, bis der Archidiakon von Lüttich, Theobald Viskonti, unter dem Namen Gregor X. die päpstliche Krone angenommen hatte. In der Einsamkeit hatte Philippus einen anderen Plan gefaßt. Er betraute einen Stellvertreter mit der Leitung seines Ordens und unternahm, von zwei Brüdern begleitet, eine großartige und von Gott sichtbar gesegnete Missionsreise, indem er ganz Italien und die bedeutendsten Orte Frankreichs, Oberdeutschlands, Flanderns und Frieslands predigend durchzog und unzählige Sünder bekehrte. Nach zwei Jahren nötigte ihn eine vollständige Abnahme seiner Kräfte zur Heimreise. Obgleich körperlich ganz zerrüttet, wollte er nochmals die seiner Obhut übergebenen Klöster bereisen. Er wurde jedoch zu Todi von einem heftigen Fieber ergriffen und ging am 22. August 1285 in die ewige Heimat ein. Clemens X. sprach ihn am 12. April 1671 heilig (mit den neuen Heiligen: Kajetan von Thiene, Franz von Borja, Ludwig Bertrand, Rosa von Lima) und bestimmte den 23. August zu seinem Festtag.

1. September

## • *Sel. Johanna Soderini von Florenz*

[† um 1367]

Geboren 1301 in Florenz, erhielt die Selige ihre christliche Ausbildung bei der heiligen Juliana Falconieri, der ersten Oberin der Servitinnen. Johanna starb am 1. September 1367, Papst Pius VII. bestätigte im Jahre 1828 den Kult der Seligen.

25. Oktober

## • *Sel. Johannes Angelus Porro (von Mailand)*

[1451–1506]

Seliger des Servitenordens, der sich um die Seelsorge sehr bemüht hat. Er wurde in Mailand geboren und war ein eifriger Förderer der Katechese in Mailand. Er zeichnete sich aus durch Lebensstrenge und Tugendhaftigkeit. Er war Novizenmeister in

Florenz und Prior in Mailand; er lebte in den Einsiedeleien von Senario, Chianti und Corvara. Sein Kult wurde 1737 anerkannt.

11. Dezember

## • *Sel. Gerolamo von S. Angelo in Vado (Ranuzzi)*

[† um 1468]

Gerolamo (Hieronymus) Ranuzzi trat sehr jung in den Orden der Serviten und verrichtete daselbst die niedrigsten Dienste. Er gilt als einer der bekanntesten Marienverehrer seiner Zeit. Papst Pius VII. bestätigte im Jahre 1822 den Kult des Seligen.

14. Dezember

## • *Sel. Bonaventura von Pistoia*

[† 1315]

Bonaventura Buonaccorso weilte damals in Pistoia, als der heilige Philipp Benitius eine feurige Predigt im Dome hielt. Damals lag Pistoia in größtem Streit wegen der Parteikämpfe. Philippus sprach, wie er noch nie gesprochen hatte. Die Pistoieser glaubten, auf der Kanzel der Serviten einen Propheten zu sehen. Seine Beredsamkeit hatte einen solchen Erfolg, daß sich die Bürger noch in der Kirche versöhnten. Zahlreiche Bekehrungen sind dieser Predigt zuzuschreiben. Viele wählten den Heiligen zum Führer ihres Seelenlebens und stellten sich ganz unter seine Leitung. Den größten Erfolg damals war die Bekehrung eines gewissen Vanni Buonaccorso. Philippus Benitius nahm ihn in den Orden auf und stellte eine Bedingung: Er mußte alle jene, denen er im Laufe der Zeit unrecht getan hatte, aufsuchen und persönlich um Verzeihung bitten. Für einen Mann wie Vanni war das die bitterste Buße. Er gehorchte. Seine Bekehrung war vollkommen, seine im Laufe der Zeit erlangte Heiligkeit wunderbar. Der beste Beweis dafür ist, daß er der Seelenführer der heiligen Agnes von Montepulciano war. Im Namen des Bischofs von Arezzo nahm der selige Buonaventura der Heiligen die feierlichen Gelübde ab, legte den Grundstein zu ihrem Dominikanerinnenkloster und wachte über das Seelenleben der Heiligen und ihrer Schwestern. Er starb in Orvieto am 14. Dezember 1315. Papst Pius VII. sprach im Jahre 1822 ihn selig.

## • *Sel. Andreas da Borgo san Sepolcro*

[†1315]

Papst Pius VII. bestätigte im Jahre 1806 den Kult des Seligen.

## • *Sel. Jakob da Città delle Pieve*

[†1304]

Papst Pius VII. erlaubte im Jahre 1804 den Kult des Seligen der Stadt und der Diözese, die Hl. Messe mit den Brevierlesungen zu halten. Später (1846) dehnte Pius IX. die Erlaubnis auf den ganzen Orden aus.

# AUS EINVERLEIBTEN ORDENSGEMEINSCHAFTEN:

Dem Servitenorden wurden bisher 21 Ordensgemeinschaften einverleibt. Träger des fünffachen Skapulieres haben dadurch eine zusätzliche Gnadenquelle und geistlichen Anteil an allen Opfern und Früchten der betreffenden Ordensgemeinschaften.

13. Juli

## • *Hl. Clelia Barbieri*

[Ordensgründerin, 1847–1870]

Clelia ist die jüngste Ordensgründerin der kath. Kirche! Im Jahre1868 gründete sie die «Minime dell'Addolorata» (= die Geringsten der Schmerzensmutter). Clelia starb 1870, mit nur 23 Jahren, nachdem sie mit 21 Jahren die Ordensgemeinschaft der Minime dell' Addolorata gegründet hatte, welche sich der Erziehung und der Fürsorge von Armen und Kranken widmen. Im Jahre 1951 erfolgte die Einverleibung ihrer Ordensgemeinschaft zum Servitenorden.

## Das schwarze Skapulier der Serviten: ABLÄSSE nach der alten Ablaßordnung

### *Vollkommene Ablässe*

1. Am Tag der Aufnahme (mit Beichte, Kommunion und Ablaßgebet).

2. In der Todesstunde.

### *Unvollkommene Ablässe*

1. Ablaß von 5 Jahren und 5 Quadragenen, wenn man das allerheiligste Sakrament zu einem Kranken begleitet und für denselben betet.

2. Ablaß von 60 Tagen, wenn man die Leiche eines Verstorbenen zu Grabe begleitet und so oft man ein anderes Werk der Frömmigkeit oder Barmherzigkeit verrichtet.

### *Die Stationsablässe*

Durch den Besuch der Bruderschaftskirche an den betreffenden Tagen. Von Papst Paul V. Sie sind zuwendbar (Maurel Nr. 100f.). Bei der Aufnahme läßt man sich einen Rosenkranz von den sieben Schmerzen segnen.

*Das bekannte Emblem des Servitenordens ziert die beiden Buchstaben M und S: Servi Mariæ (Diener Mariens).*

NÜTZLICHE ANSCHRIFTEN:

• Hauptheiligtum der Serviten:
Convento di Monte Senario
I-50030 Bivigliano (FI)
Tel. 0039 055 40 64 41

• Niederlassungen in Österreich:
Servitenkloster
Maria Theresien Str. 42
A-6020 Innsbruck
Tel. 0043 512 58 88 83
www.serviten.at

Servitenkloster
Servitengasse 9
A-1090 Wien
Tel. 0043 1317 61 950

LITERATUR:


- D. E. L. Brockhoff: «Die Klosterorden der hl. katholischen Kirche». Münster in Westfalen 1901.
- Franz Beringer: «Die Ablässe, ihr Wesen und Gebrauch». Handbuch für Geistliche und Laien. Dreizehnte, von der Hl. Ritenkongregation approbierte und als authentisch anerkannte Auflage. Paderborn 1906.
- «Ablaßbuch». Neue amtliche Sammlung der von der Kirche mit Ablässen versehenen Gebete und frommen Werke. 3. Auflage. Regensburg 1952.
- Valeria Bortone, Rosaura Fabbri etc.: «Esempi di Vita nella Famiglia dei Servi». Rom 1983. (Die Schrift enthält Mitglieder des Servitenordens, deren Seligsprechungsprozeß im Gange ist.)
- Luigi M. De Candido: «Il cammino dei Servi di Maria». [Edizioni Borla, via delle Fornaci, 50; I-00165 Roma]. Rom 1986.
- Wimmer, Anselm Maria: «Der hl. Philipp Benizi». Freiburg 1932.

*Karmelstatue aus Puebla (Mexiko). Nichts ist an dieser Statue übertrieben, wenn wir bedenken, daß die Schönheit der Muttergottes mit nichts Irdischem verglichen werden kann.*

# 5 Das braune Skapulier der Karmeliter[2]

## Elias als das große Vorbild der Karmeliter

Der große Prophet Elias steht am Urbeginn der karmelitanischen Tradition. Das Dritte Buch der Könige berichtet von seinem Aufenthalt auf dem Berge Karmel, seiner Gebetsgewalt, die den Himmel verschloß und Regen gebot. Auf der Höhe des Berges brachte er angesichts des ganzen Volkes und der Götzenpriester das Opfer dar, das vom Himmel fallendes Feuer verzehrte und das damit zum flammenden Zeugen für den wahren Gott wurde.

Wie das Opfer für den Opfernden steht, so erwies sich hier Elias in aller Öffentlichkeit als den wahren «Mann Gottes», also ganz gottgehörig, gewaltig in Wort und Tat, eifernd für die Ehre des Herrn der Heerscharen. «Da wird sein Heiliger zur Flamme, die da brennt ...» [Is 10,17].

Prägnant wie er selbst ist sein Wort, das wie eine brennende Fackel über dem Karmel aufflammt und hinüberleuchtet in alle Zeit: «So wahr der Herr lebt, vor dessen Angesicht ich stehe!» [3 Kg 18,15]. Elias lebte ein Leben «vor Seinem Angesicht», ob er einsam auf dem Berge Karmel im Gebet verharrte oder in Gottes Auftrag vor das Volk und seinen abgöttischen König Achab hintrat. Immer war es ein Wandel in der Gegenwart des Herrn der Heerscharen und also wirksam für die persönliche Heiligung und die apostolische Tat inmitten des Volkes.

Die menschliche Schwäche ermangelte diesem gewaltigen Propheten nicht. Im Jakobusbuch steht der Satz: «Elias war ein Mensch von gleichem Geschick wie wir» [Jk 5,17]. Damit bezeugt der heilige Apostel Jakobus, daß menschliche Schwäche und göttliche Begnadigung des an sich so schwachen Menschen im Erbarmen Gottes beschlossen ist. Gottes Erbarmen folgte dem

---

[2] Nachdem zu Beginn dieser Schrift das Karmelskapulier bereits besprochen wurde, folgt hier eine eingehendere Darlegung dieses Skapulieres.

vor dem Zorn der Jezabel fliehenden Propheten in die Wüste. Verzagt wünschte dieser dort zu sterben. Der Herr aber stärkte den durch seine Schwäche Gedemütigten. Er hieß ihn in der Kraft der ihm durch einen Engel gesandten Speise die Wüste durchwandern. Da wurde dem Gehorsamen die unvergleichliche Gottbegegnung im «zarten Säuseln des Windes» zuteil [3 Kg 19,12].

Hier offenbar erweist sich Gott als den, der er nach dem Zeugnis des Evangelisten Johannes ist: als die Liebe – sich selbst mitteilend an sein Geschöpf. Aus der unendlichen Güte seines Wesens begnadet er es so sehr, daß es ihm ganz gehörig wird, hingegeben an sein Gebot. Da aber, wo das menschliche Wesen – geschwächt durch die Erbschuld – versagt und verzagt, reißt sein Erbarmen es um so bezwingender an sich. Er schenkt ihm sich selbst in der Lieblichkeit einer Begegnung, welche die Schrift «zart wie das Säuseln des Windes» bezeichnet. Noch ist die Zeit vor der Menschwerdung des Ewigen Wortes. Aber bereits – als der seinem einmal gefaßten Ratschluß getreue Gott – beschreitet er im Mysterium der Vorzeichen und Bilder die Brücke, auf der er in der Menschwerdung seinem Geschöpf erlösend sich offenbaren will. Die Brücke im Menschwerdungsgeheimnis ist Maria.

Elias trug die geheimnisvolle Offenbarwerdung Gottes mit sich auf den Karmel, der ihm bereits jene Schau vermittelt hatte, die jeder wahren Gottbegegnung vorausgeht: die Schau der Jungfrau Maria. In der vom Meere aufsteigenden Wolke, die den fruchtbringenden Regen spendete, und darin die heilige Kirche den Typus Mariens erkennt, offenbarte sich dem Propheten das Geheimnis der Jungfrau Mutter. Ihr Geheimnis ist das Geheimnis menschlicher Auserwählung als der von Gott überreich geschenkten und vom Geschöpf demütig angenommenen Gnade, die zur Gottvereinigung führt.

In der Vision der Wolke ergreift Maria gleichsam Besitz von der Höhe des Karmel als «ihrem» Berg und weiht den Propheten zum «ersten» Karmeliten, das heißt zum wahren Bewohner des Berges Karmel, der dem Gesetz dieses Berges verpflichtet ist, nämlich dem «marianischen», der Verehrung und Nachahmung Mariens. Maria erweist sich hier bereits als «Königin» des Karmel, die berechtigt ist, in ihrem Bereich zu regieren und ihren Untertanen ein Gesetz aufzuerlegen. So wird hier bereits der Karmelorden in seiner Wurzel, seinem geheimnisvollen Beginn marianisch.

## Der Beginn in Europa

Erst im 12. Jahrhundert wird der marianische Aspekt richtig offenbar. Historisch bezeugt, hat ein Kreuzfahrer, namens Berthold von Kalabrien, der sich am Karmel als Einsiedler niederließ, die lateinischen Eremiten in einer Gemeinschaft zusammengefaßt. Berthold war also gleichsam der erste Prior vom Berge Karmel. Er starb 1195. Sein Amtsnachfolger Brocardus († 1221) erbat sich vom Patriarchen von Jerusalem eine Regel, um die Tradition, nach der man lebte, zu befestigen und zu schützen. Diese «ursprüngliche» Regel, geschrieben 1209, wurde von Papst Innozenz IV. am 1. September 1247 approbiert.

Im 13. Jahrhundert siedelten die Mönche des Karmels hinüber nach dem Abendland, teils vertrieben durch die Sarazenen. Überall da, wo sie sich niederließen, entstand gewissermaßen ein neuer «Berg Karmel», der ihre eigentliche, geistige Heimat war und blieb. Wohl pflegten sie nach wie vor das rein beschauliche Leben. Doch zwangen die neugegebenen Verhältnisse in Europa sie bald, das Apostolat in ihre Kontemplation einzubauen. Das geschah unter dem sechsten General des Ordens, dem Engländer Simon Stock. Dieser Heilige hatte in den Bedrängnissen, die der Orden zu erleiden hatte, in inbrünstigem Gebet um die Hilfe und den Segen seiner hohen Beschützerin, der Jungfrau-Mutter Maria gefleht.

Maria belohnte sein Vertrauen mit einer Erscheinung, darin sie ihm und damit dem ganzen Orden als Zeichen ihres mütterlichen Schutzes das Skapulier, das Schulterkleid der Ordenstracht, reichte. Aus der Verborgenheit der «Wolke» trat Maria hervor, um ihrem Orden in der geforderten Verbindung von Kontemplation und Apostolat offenbarer Schutz und sichtliche Wegweisung zu sein. Als eigentliches «Charisma» des Karmel leuchtet diese «marianische» Wegweisung auf und ist von überzeitlicher Bedeutung.

*Teilansicht des Karmelgebirges.*

Der Orden blühte mächtig auf. Die Päpste gestatteten großzügig die Anpassung der strengen Regel der rein Kontemplativen an die Bedürfnisse der nun gegebenen Verhältnisse im Abendland. Sie approbierten die ihnen berechtigt zugestandenen Milderungen. Dann aber verfiel auch der Karmel der Verflachung wie die meisten anderen Orden in den Jahrhunderten der Schismen und der Renaissance. Die Feuersglut des Propheten Elias war jedoch nicht erloschen. Sie glühte in den Erneuerungsbestrebungen auf, davon zunächst diejenige des seligen Johannes Soreth, die eine der bedeutendsten war. Dieser Ordensgeneral († 1471) gründete auch den Zweiten Orden der Nonnen und den Dritten der Weltleute und gliederte sie dem Ersten Orden der Mönche an.[3]

## Die Reform im 16. Jahrhundert

Der entscheidende Durchschlag der Ordensreformation aber war der großen Spanierin Teresia von Jesus beschieden. Die Reformatorin wurde am 12. März 1515 in Avila (Kastilien) als Tochter des Don Alfonso Sanchez de Cepeda und der Beatrice de Ahumade geboren. Die gottesfürchtigen Eltern gewährten ihren neun Kindern eine in jeder Beziehung vortreffliche Erziehung. Unter ihnen ragte Teresia mit herrlichen geistigen und körperlichen Vorzügen hervor. Sehr wißbegierig, hatte sie schon in zarter Kindheit eine große Freude an den Büchern. Was sie las, machte auf sie einen großen Eindruck. Als sie noch ein Kind von sechs Jahren war, las sie gemeinsam mit ihrem Bruder Rodrigo die Lebensbeschreibung der Heiligen, besonders der Märtyrer. Die Geschwister wurden davon so sehr ergriffen, daß sie den Entschluß faßten, zu den Ungläubigen zu entfliehen, um dort als Blutzeugen einen heiligen Tod zu finden. Glücklicherweise traf sie unterwegs ein Verwandter, der sie den Eltern zurückbrachte. Als sie nun streng überwacht und verhindert wurden, fernerhin noch allein auszugehen, wollten sie wenigstens den alten Einsiedlern der Wüste ähnlich sein und bauten sich im elterlichen Garten kleine Zellen, in die sie sich oft Tage lang zurückzogen. Da starb

---

[3] Entnommen aus: Sr. Maria Baptista vom Hl. Geist OCD, «Im Lande des Karmel». Köln 1957.

im Jahre 1527 ihre Mutter Beatrice. Es schien, daß ihr 12jähriges Töchterchen, das bis dahin nur mit Lernen und frommen Spielen seine Tage zugebracht hatte, jetzt auf eine ganz andere Bahn geführt werden sollte. Weltlich gesinnte Verwandte verleiteten Teresia zur Gefallsucht und Kleiderpracht. Dies war doppelt so schlimm, da das lesesüchtige Mädchen auch bereits zu den damals sehr verbreiteten Romanen oder Rittergeschichten gegriffen hatte, die durch ihre schlüpfrige Form die feurige Phantasie der jungen Teresia mit sinnlichen Bildern erfüllten und sie auf Abwege verlockten.

Um sie aus dieser gefährlichen Lage zu befreien, übergab Don Alfonso im Jahre 1531 seine Tochter dem Kloster St. Augustin in Avila zur weiteren Erziehung. Es ist erklärlich, daß ihr eine strenge Lebensweise anfangs nicht zusagte. Als sie überdies bedenklich erkrankte, nahm ihr Vater sie wieder zu sich. Aber

**16. Juli • BREVIERLESUNG**

## Gedächtnis der seligsten Jungfrau Maria vom Berge Karmel

**«Als am heiligen Pfingsttag die Apostel unter Einwirkung des Himmels in verschiedenen Sprachen redeten und unter Anrufung des hehren Namens Jesu viele Wunder wirkten, nahmen, wie berichtet wird, sehr viele Männer, die den Spuren der heiligen Propheten Elias und Elisäus gefolgt und durch die Predigt des heiligen Johannes des Täufers auf die Ankunft Christi vorbereitet worden waren, nachdem sie die Wahrheit der Dinge durchschaut und erprobt hatten, sofort den Glauben des Evangeliums an, und begannen, die heiligste Jungfrau – mit der sie reden und in beglückender Weise verkehren konnten – mit solcher Innigkeit zu verehren, daß sie zuerst von allen an der Stelle des Berges Karmel, an der Elias einst eine aufsteigende und als Vorbild der Jungfrau deutlich bezeichnete Wolke erblickt hatte, derselben reinsten Jungfrau eine Kapelle erbauten.»**

Aus dem römischen Brevier, 16. Juli, 4. Lesung
Erzpriester Stephan, Dr. theol. et phil.: «Das kirchliche Stundengebet oder das römische Brevier»; Band II, (verlegt bei Pustet). Regensburg 1927.

nach ihrer Wiederherstellung begab sie sich aus freien Stücken in das Karmelitinnenkloster «von der Menschwerdung» zu Avila und gab sich während der Probezeit mit solchem Eifer dem Gebet und der Abtötung hin, daß alle Schwestern darüber erstaunt waren. In ihrem 22. Lebensjahr legte sie das Ordenskleid an. Als sie aber einige Tage nach der Feierlichkeit wieder heftig erkrankte, wünschte ihr Vater eine Luftveränderung, da ohnehin in jenem Kloster keine Klausur bestand. Sie blieb den Winter über bei ihrer Schwester auf dem Lande. Als der Frühling kam, führte ihr Vater sie zu einer als Heilkünstlerin gerühmten Frau in Becedas. Drei Monate wurden hier vergebens allerlei Mittel angewendet. Zuletzt gaben alle Ärzte, die hinzugezogen wurden, die Kranke auf. Am Fest Mariä Himmelfahrt fiel sie in Ohnmacht, die vier Tage dauerte, so daß man sie für tot hielt und die Nonnen «von der Menschwerdung» bereits die Leiche aus dem elterlichen Hause abholen lassen wollten, um sie im Kloster zu bestatten. Teresia kam jedoch wieder zu sich und fühlte sich sogar besser, so daß sie ins Kloster zurückkehren konnte. Aber nun gewann der Geist der Welt wieder mehr Einfluß auf sie. Sie verlor die Lust am Gebet, die geistlichen Übungen waren ihr beschwerlich und die ganze Strenge der klösterlichen Lebensweise verursachte ihr Mißbehagen. Doch Gott verließ sie nicht, sondern richtete sie durch heilsame Anregungen innerlich wieder auf und fügte ferner hinzu, daß dieselben durch die Zusprüche eines verständigen Dominikaners sowie des späteren heiligen Franz Borgia nebst einiger anderer Priester seines Ordens erhalten und vermehrt werden durften. Jetzt blieb sie unerschütterlich auf der betretenen Bahn, entsagte allem menschlichen Trost und lebte nur für Gebet, Buße und sonstige Geistesarbeiten, obgleich sie zeitlebens von körperlichen Leiden allerlei Art fortwährend bedrängt wurde und viele Seelenqualen durch Versuchungen und Zweifel sowie durch Verkennung und Verfolgung auszustehen hatte.

Der Verlauf ihrer Jugend wurde so ausführlich erzählt, damit man desto besser versteht, wie sie dazu kam, Reformen in ihrem Orden herbeizuführen. Die Furcht vor Rückfällen, der Eifer, in der Vollkommenheit immer mehr voranzuschreiten und auch andere darin zu fördern, bewog sie dazu. Auch durch die zur damaligen Zeit sich vollziehende Kirchentrennung mit ihren traurigen Folgen in Deutschland und Frankreich wurde Teresia mächtig angeregt, der dortigen Zerstörung entgegen neue Werke zu Gottes Ehre zu errichten.

Sie wandte sich zuerst an einige ihrer Mitschwestern im Kloster «von der Menschwerdung», die ihr beipflichteten. Von verwandter und befreundeter Seite wurden ihr einige materielle Mittel verheißen, um ein Haus für Karmeliterbüßerinnen zu errichten. Heilige Männer, wie Petrus von Alkantara und Ludwig Bertrand, bestärkten sie in ihrem Vorhaben, und der Ordensprovinzial versprach seine Unterstützung.

Noch manche Stürme erhoben sich, ehe Teresia zum Ziele kam. In ihrem Kloster fand sie viel Widerspruch. Sie verdiene eingesperrt zu werden, sagte man, damit sie nicht Unruhe und Spaltung im Orden erregen könne. Der Provinzial nahm sein Wort zurück, da, wie er meinte, die Geldsumme, die ihm vorgelegt wurde, zu dem neuen Unternehmen nicht ausreichend sei.

Teresia verlor indessen den Mut nicht. Durch ihren Schwager ließ sie ein Haus kaufen und zwei ihrer Verwandten wirkten 1562 ein Breve von Pius IV. aus, worin ihnen erlaubt wurde, ein neues Kloster für so viele Nonnen, als ihnen beliebte, zu errichten, falls diese nur dem Orden unserer Lieben Frau vom Berge Karmel angehörten. Petrus von Alkantara stimmte den Bischof von Avila günstig, und als das kleine Haus notdürftig zu einem Kloster unter dem Namen des heiligen Joseph eingerichtet war, bezog Teresia es mit vier Gefährtinnen. Man sah diese am Tag, als in der Klosterkapelle die erste heilige Messe gefeiert wurde, am Gitter barfuß, mit rauhem Wollstoff von dunkelgrauer Farbe bekleidet, das Haupt mit einem Schleier von grobem Leinen umgeben. Durch einen Priester, den der Bischof beauftragt hatte, wurden sie in den Karmeliterorden aufgenommen, wobei sie gelobten, die ursprüngliche Regel des Patriarchen Albrecht nach den Erklärungen Innozenz IV. immerdar zu befolgen.

Als dies bekannt wurde, ließ die Oberin des Klosters von der Menschwerdung an Teresia den Befehl ergehen, sofort zu ihr zurückzukehren. Teresia gehorchte und gab von allem Rechenschaft. Das Volk wurde aber so aufgebracht, daß es die neue Stätte der Buße und des Gebetes gewaltsam niederreißen wollte. Der Statthalter war damit einverstanden, aber ein Dominikaner besänftigte die Menge. Nun schlug der Statthalter vor, man sollte zunächst Sorge tragen, daß das neue Kloster mit Einkünften ausgestattet werde. Dies wollte Teresia gerade verhindern, weshalb sie vom Papst ein Breve erwirkte, wodurch ihr und ihren Gefährtinnen erlaubt wurde, keine Güter weder für sich besonders noch gemeinschaftlich zu besitzen und sich lediglich mit Almosen zu begnügen. Vom Provinzial erhielt Teresia die Erlaub-

**16. Juli • BREVIERLESUNG**

## Gedächtnis der seligsten Jungfrau Maria vom Berge Karmel

**«In der neuen Kapelle kamen sie öfters zusammen und verehrten in frommen Übungen, Gebeten und Lobgesängen die heiligste Jungfrau als besondere Beschützerin des Ordens. Daher begann man sie überall als Brüder der heiligen Maria vom Berge Karmel zu bezeichnen, und diesen Namen haben die Päpste nicht bloß bestätigt, sondern auch besondere Ablässe denen verliehen, die diesen Namen entweder dem Orden oder den einzelnen Brüdern beilegten. Aber nicht bloß die Namensgebung und den Schutz gewährte die freigebigste Jungfrau, sondern auch das Abzeichen des Skapuliers, das sie dem heiligen Simon aus England übergab, damit dieser heilige Orden durch dieses vom Himmel erhaltene Gewand von anderen unterschieden und vor den drohenden Gefahren beschützt würde. Und schließlich erschien, da der Orden zunächst in Europa unbekannt war und viele bei Honorius III. dessen Aufhebung verlangten, die heiligste Jungfrau Maria nachts dem Honorius und gab ihm den deutlichen Auftrag, er solle die Gründung und die Männer liebevoll behandeln.»**

Aus dem römischen Brevier, 16. Juli, 5. Lesung
Erzpriester Stephan, Dr. theol. et phil.: «Das kirchliche Stundengebet oder das römische Brevier»; Band II, (verlegt bei Pustet). Regensburg 1927.

nis, nicht nur selbst nach St. Joseph zurückzukehren, sondern noch vier Schwestern aus dem Kloster von der Menschwerdung mit sich zu nehmen. So gestalteten sich endlich die Dinge anders. Das wankelmütige Volk war jetzt von Hochachtung und Zuneigung erfüllt und spendete gern und reichlich Almosen. Teresia, die fortan den Familiennamen ihrer Mutter «von Ahumade» ablegte und sich «von Jesus» nannte, wurde vom Bischof angewiesen, das Amt einer Oberin im neuen Kloster zu übernehmen, obgleich sie dies durchaus nicht wünschte, sondern die Leitung des Hauses den vier Nonnen, welche sie aus dem Kloster von der Menschwerdung mitgebracht, gemeinschaftlich übertragen hatte.

Als der Ordensgeneral Johann Baptist Rubeo die Karmeliterklöster Spaniens besuchte und auch nach St. Joseph kam, gestattete er die Errichtung neuer Häuser von derselben strengen Richtung, mit der Bedingung, daß sie dem Oberhaupt des Ordens unterworfen sein sollten. Teresia hatte aber hierum nicht gebeten, sondern hegte einen ganz anderen Wunsch, welchen auszusprechen sie durch ihre Demut bis dahin verhindert worden war. Jetzt aber ergriff sie die durch das Eintreffen des Generals ihr gebotene günstige Gelegenheit. Sie hatte nämlich kein sehnlicheres Verlangen, als ihre strengere Richtung auch in den männlichen Ordenshäusern einführen zu können. Der General wies zwar auf die großen Schwierigkeiten hin, welche die Karmeliter selbst erheben würden, aber auf Ersuchen des Bischofs von Avila, Don Alvarez de Mendoza, gab er seine Einwilligung.

Bald darauf fand Teresia Gelegenheit, ein neues Frauenkloster zu Medina del Campo einzurichten. Dort traf sie den schon bejahrten Karmeliter Anton von Heredia, der bereitwillig auf ihre Gedanken einging, da er eine strengere Lebensweise suchte und sogar schon entschlossen gewesen war, in den Kartäuserorden einzutreten. Noch viel wichtiger und entscheidender für die Zukunft war, daß Teresia zu Medina del Campo einen anderen Ordensgenossen kennenlernte. Dies war Johannes vom Hl. Matthias, der später unter der Bezeichnung «Johannes vom Kreuz» genannt werden sollte. Er war 1542 zu Ontiveros in der

**16. Juli • BREVIERLESUNG**

## Gedächtnis der seligsten Jungfrau Maria vom Berge Karmel

**«Nicht bloß auf dieser Welt zeichnete die heiligste Jungfrau den ihr so teuren Orden mit vielen Vorzügen aus, sondern es ist auch ein frommer Glaube, daß sie – da sie überall auf Grund ihrer Macht und ihrer Barmherzigkeit sehr viel vermag – auch ihre Kinder, die in die Skapulierbruderschaft aufgenommen sind und geringe Enthaltsamkeit üben, einige ihnen vorgeschriebene Gebete regelmäßig verrichten und ihrem Stande gemäß die Keuschheit pflegen, mit mütterlicher Sorgfalt, wenn sie im Reinigungsort zu leiden haben, tröstet und auf Grund ihres Eintretens möglichst rasch in die himmlische Heimat hinüberführt. Da nun der Orden mit so vielen und so großen Segnungen überhäuft ist, führte er das festliche Andenken an die heiligste Jungfrau ein, das in ständiger Weise zur Verherrlichung der genannten Jungfrau jährlich gefeiert wird.»**

Aus dem römischen Brevier, 16. Juli, 6. Lesung
Erzpriester Stephan, Dr. theol. et phil.: «Das kirchliche Stundengebet oder das römische Brevier»; Band II, (verlegt bei Pustet). Regensburg 1927.

Diözese Avila geboren und als 20jähriger Jüngling zu Medina del Campo in das Karmeliterkloster zur heiligen Anna getreten. Aber auch er wünschte ein strengeres Leben zu führen und wollte ebenfalls Kartäuser werden, als er mit Teresia zusammentraf. Diese flehte ihn an, so wie sie auch Anton von Heredia gebeten hatte, dem Karmeliterorden treu zu bleiben und von der Zukunft das Beste zu erwarten.

Unterdessen richtete Teresia Karmelitinnenklöster zu Alcala und Malagon ein und wandte sich dann nach Valadolid, um dort ebenfalls ein Haus von ihrer Richtung herzustellen. Als sie auf dieser Reise Avila berührte, bot ihr der Edelmann Don Raphael Megia Velasquez seinen Landsitz zu Dirvelo an. Er hatte von Teresias Vorhaben gehört, ein Kloster für Karmeliterbarfüßer zu gründen. Hiermit war auch zum zweiten Unternehmen der heiligen Teresia der Anfang da. Teresia reiste zu dem ihr bezeichneten Ort, fand daselbst nur eine elende Behausung, nahm aber voll Freude Besitz davon. Sofort wurde das erste Kloster für Unbeschuhte Karmeliter eingerichtet. Johannes vom heiligen Matthias bezog es zuerst ganz allein und bereitete sich vor, Lehrer und Muster für alle Nachkommenden in der neuen Richtung zu werden. Bald folgte Anton von Heredia Ende des Jahres 1564 mit einem Laienbruder. Alle drei entsagten nun feierlich der milderen Regel. Anton von Heredia nannte sich fortan Anton «von Jesus» und Johannes nahm den Beinamen «vom Kreuz» an. Anton wurde zum ersten Prior, Johannes zum Superior des Klosters durch den Provinzial ernannt.

Einmal ernstlich begonnen, entwickelte sich das neue Unternehmen weiter. Zunächst wurde ein neues Kloster zu Pastrane gestiftet, Dirvelo aber bald darauf wegen seiner unbequemen Lage verlassen und dafür in der Stadt Manzera ein neuer Wohnsitz der Karmeliterbarfüßer aufgeschlagen. Sodann ließen sie sich auch in Alcala nieder. Erst 1612 kehrten sie aus alter Anhänglichkeit für die Wiege ihrer Kongregation nach Dirvelo zurück und bauten daselbst ein schönes Kloster. Unterdessen war Johannes vom Kreuz als Prior oder Novizenmeister tätig, bald in Manzera, bald in Alcala oder Pastrance. Dann ließ ihn Teresia, die man zur Priorin des Klosters von der Menschwerdung erwählt hatte, nach Avila kommen, damit er Beichtvater ihrer Nonnen werde.

Die Karmeliter der milderen Observanz betrachteten ihn fortwährend als einen Abtrünnigen. Sie gingen zuletzt so weit, daß sie durch Gerichtsdiener und Soldaten seine Wohnung aufbrachen und ihn ins Gefängnis des Karmeliterklosters zu Avila schleppen ließen. Weil sie aber fürchteten, daß das Volk von Avila, das an Johannes vom Kreuz mit großer Verehrung hing, ihn befreien würde, brachten sie ihn nach Toledo und schlossen ihn in einen engen Kerker ein, worin er Luft und Licht neun Monate lang entbehren mußte und nur Brot und Wasser zur Nahrung erhielt, obgleich er beständig krank war. Auch die heilige Teresia litt viel unter diesen Wirren. Zwar gelang es ihr, dem geflohenen Johannes vom Kreuz die Freiheit wieder zu verschaffen, aber der wankelmütige General Rubeo verbot ihr neue Stiftungen zu machen und wies ihr ein Kloster an, worin sie gleichsam wie eine Gefangene sich einschließen mußte. Bald nahte ihr Ende heran, vor dem sie noch die Freude haben sollte, ein neues Frauenkloster zu Burgos einzurichten. Als sie davon zurückkehrte, wurde sie in Alba durch einen heftigen Blutsturz aufs Krankenlager geworfen. Der Tod erlöste sie von allem irdischen Jammer mit 67 Jahren. 47 Jahre lebte sie als Karmelitin. Sie hatte aber die freudige Genugtuung, daß sich bei ihrem Tode bereits 17 weibliche und 15 männliche Ordenshäuser von ihrer Verbesserung vorfanden. Papst Gregor XV. nahm im Jahre 1621 Teresias Namen in das Verzeichnis der Heiligen auf. Viele Briefe und sonstige fromme Schriften sowie ihre Lebensgeschichte, die sie selbst zu schreiben unternahm, sind uns erhalten geblieben und fast in alle Sprachen der christlichen Völker übersetzt worden.

Johannes vom Kreuz hatte nach Teresias Tod noch manches Kreuz zu erleiden. Sogar seine eigenen Kinder, die barfüßigen Karmeliter, empörten sich gegen ihn, beraubten ihn auf einem Generalkapitel all seiner Ämter, jagten ihn aus der Versammlung, verwiesen ihn in ein abgelegenes Kloster und verordneten, daß man durchaus keinen Besucher zu ihm lassen soll. Schließlich wollten sie ihn sogar, um seiner ganz los zu werden, unter dem Vorwand einer Glaubensbotschaft nach Indien schicken. Sie kamen nur deshalb nicht zur Ausführung ihres Vorhabens, weil Johannes neuerdings heftig erkrankte. Mit Geschwüren bedeckt, wurde er ins Kloster Ubeda in Andalusien geschafft, wo der Prior, den Johannes einst wegen einiger Fehler bestraft hatte, seine Rache an dem ehemaligen Vorgesetzten ausließ. Er versagte dem totkranken Mann jegliche Erquickung, sogar den tröstlichen Zuspruch der anderen Brüder. Aber Johannes bewahrte auf dem Schmerzenslager inmitten aller Verfolgungen seine Geduld, Sanftmut und Demut, bis er am 14. Dezember 1591 seinen Geist aushauchte. Clemens X. sprach ihn 1675 selig und Benedikt XIII. zählte ihn 1723 den Heiligen bei.

## Das Skapulier

Das Skapulier vom Berge Karmel ist das am meisten verbreitete und wichtigste. Jeder Gläubige sollte es tragen. Schon mehrere Jahre lang hatte der heilige Simon Stock, Generaloberer des Karmeliterordens, der besonders der Verehrung der Himmelskönigin obliegt, durch unablässige Gebete und Bußwerke den Schutz Mariens für seinen Orden erfleht. Am 16. Juli 1251 erschien ihm die allerseligste Jungfrau von Engelscharen umgeben. Indem sie ihm ein Skapulier überreichte, sprach sie:

*«Nimm hin, mein geliebter Sohn, dieses Skapulier deines Ordens. Es ist das besondere Gnadenzeichen, das ich für dich und die Kinder vom Berge Karmel erfleht habe. Wer mit diesem Gewand bekleidet stirbt, wird vor den ewigen Flammen bewahrt bleiben (In hoc moriens æternum non patietur incendium.) Es ist ein Zeichen des Heils, ein Schutz in Gefahren, ein Pfand des Friedens und eines ewigen Bundes.»*

Pater Swanington, der Beichtvater des Heiligen, hat diese Erscheinung mit all ihren Umständen genau beschrieben. Die Kirche feiert zum Andenken daran am 16. Juli das Skapulierfest. Benedikt XIV., wohl der gelehrteste Papst, der den Stuhl Petri geziert hat, erklärt ausdrücklich, daß er an jene Erscheinung wie an eine sichere Tatsache glaube, und fügt hinzu:

*«Wir sind der Ansicht, daß jedermann sie für wahr halten muß.»*

Der heilige Simon Stock verkündete überall diese Gnade. Die Gläubigen nahmen das Skapulier und vereinigten sich zu einer dem Karmeliterorden angeschlossenen Bruderschaft, die von der Kirche bestätigt wurde und bald große Ausdehnung erlangte. Als aber in der Folgezeit die Wirrnisse der Kirche diese Andacht erkalten ließ, erschien die Muttergottes im Jahre 1322 dem Papst Johannes XXII. und empfahl ihm den Orden und die Bruderschaft vom Berge Karmel. Sie fügte zum Zeichen ihres Wohlwollens zur ersten Verheißung noch eine zweite hinzu:

*«All jene Seelen, die Mitglieder der Skapulierbruderschaft sind und gewisse Bedingungen erfüllen, haben den Vorzug, so bald als möglich – vorzüglich am Samstag nach ihrem Hinscheiden (sabba-*

*Das Sabbatinische Versprechen der Muttergottes an Papst Johannes XXII. ist ein zusätzliches Geschenk unserer Himmelsmutter, das sie von ihrem Sohne erfleht hat. Die Ikonographie hat das Versprechen festgehalten: Der Künstler De Crayer schuf dieses Bild, das sich heute in der Karmeliterkirche in Gent befindet.*

> *to post eorum obitum) – aus dem Fegfeuer befreit und auf den heiligen Berg des ewigen Lebens geführt zu werden.»*

Diese Gnade nennt man das samstägliche Privilegium oder «Sabbatina»-Ablaß (von sabbatum = Samstag). Der Papst veröffentlichte dies in der Bulle «Sabbatina» am 3. März 1322. Am Schluß erklärte er:

> *«Diesen heiligen Ablaß nehme ich an. Ich bekräftige und bestätige ihn auf Erden, wie ihn Jesus Christus der Verdienste wegen seiner jungfräulichen Mutter im Himmel gewährt hat.»*

Zahlreiche andere Päpste haben diese Bulle bestätigt. Als unter Paul V. die Glaubwürdigkeit derselben angefochten wurde, erließ er am 15. Februar 1613 folgendes Dekret, nachdem die Kongregation des Heiligen Offiziums während drei Jahren die Sache mit der größten Sorgfalt untersucht und geprüft hatte:

**«Maria, die mildeste Mutter, wird es auch nicht unterlassen, ihre Kinder, die im Fegfeuer ihre Sündenstrafen abbüßen, auf ihre Fürbitte bei Gott, gemäß dem sogenannten Samstagsprivilegium, so schnell wie möglich in die ewige Heimat zu führen.»**

Papst Pius XII., 11. Februar 1950

*«Es wird den Karmelitervätern erlaubt, dem christlichen Volk zu predigen, daß die allerseligste Jungfrau jene Seelen, die im Stand der Gnade gestorben sind, Mitglieder und Träger des Skapuliers zu Lebzeiten waren, die standesgemäße Keuschheit bewahrt[4] und täglich die kleinen Tagzeiten der allerseligsten Jungfrau gebetet, oder – wenn sie diese zu beten nicht verstehen (qui recitare nesciant) –, die kirchlichen Fasten beobachten und außerdem am Mittwoch und Samstag – ausgenommen dem Weihnachtsfest – sich der Fleischspeise enthalten, durch die Fürbitte der allerseligsten Jungfrau Maria nach ihrem Tod, vorzüglich am Samstag – dem Tag, der von der Kirche der heiligsten Jungfrau geweiht ist – helfen wird.»*

Beide Erscheinungen und Verheißungen verdienen vollen Glauben. Die Zeugen dafür sind ein Heiliger und ein Papst.

Die Kirche hat ein strenges Urteil für alles, was einen Bezug des Gottesdienstes aufweist. Sie verbietet, was wider den Glauben ist oder als abergläubisch erscheint. Jene Erscheinungen anerkennt sie als wahrhaft und glaubwürdig – nicht als Glaubensartikel. Dazu kommt der fromme Glaube von vielen Jahrhunderten, die über die ganze Erde verbreitete Ausübung dieser Andacht und gleichsam als Siegel der göttlichen Bestätigung einer unabsehbaren Reihe von auffallenden Gnadenerweisen und Wundern. Viele Gelehrte und ganze Universitäten haben sich nach gründlicher Prüfung dafür ausgesprochen. Aus all dem zieht Benedikt XIV. den folgenden Schluß:

---

[4] Standesgemäße Keuschheit heißt: Man ist nicht verpflichtet, seinen Stand zu ändern, sondern es wird bloß verlangt, daß man die Tugend der Keuschheit in der Weise beobachtet, wie es für Personen ledigen oder verheirateten Standes Pflicht ist.

*«Wer es wagt, die Skapulierandacht als eine unbegründete Sache in Zweifel zu ziehen oder die verliehenen Gnaden und Privilegien zu leugnen, ist ein stolzer Verächter der Religion!»*

## Ein Zankapfel: Das Sabbatinische Privileg

Die Vision der ehrwürdigen Seherin Emmerich unterstreicht das übernatürliche Geschehen der Übergabe des Skapuliers. Was damals in der Erscheinung nicht stattgefunden hatte und ein späterer Zusatz in der Geschichte des Skapuliers ist: Das sogenannte «Sabbatinische Privileg». «Sabbatinisch» stammt vom Wort «Sabbat» und weist auf den Wochentag Samstag hin, welcher der Muttergottes geweiht ist.

Die Überlieferung spricht von einer weiteren Muttergotteserscheinung an Papst Johannes XXII., der von der Muttergottes das Versprechen erhielt, daß jede skapuliertragende Person am Samstag (bzw. an einem der Samstage) nach dem Tod vom Fegfeuer erlöst wird. Die Kontroverse um dieses Sabbatinische Privileg hat in der Vergangenheit viele Gemüter erregt und war während vieler Jahre ein Zankapfel besonderer Art innerhalb der Kirche.

## Viele Päpste ehrten das Skapulier und dessen Privilegien

Der erste Papst, der sich offen für das Sabbatinische Privileg eingesetzt hatte, war Papst Clemens (1523–1534) in seiner Bulle «Ex clementi Sedis Apostolicæ» vom 12. August 1530, welche die Privilegien des Karmeliterordens bestätigt. Papst Clemens anerkennt ohne Bedingungen das Sabbatinische Privileg, indem er sich auf die Bulle von Papst Johannes XXII. beruft.

Papst Paul III. (1534–1549) war sein Nachfolger. Von ihm wissen wir, daß er gleich zweimal das Sabbatinische Privileg erwähnt und bekräftigt: zu Beginn (3. November 1534) und am Ende seines Pontifikats (27. April 1549).

Der heilige Papst Pius V. fehlt in der Auflistung nicht. Am 18. Februar 1566 bestätigte er das Sabbatinische Privileg.

Papst Gregor XIII. (1572–1585), bekräftigte dasselbe am 18. September 1577.

## Papst Paul V.

Mit Papst Paul V. (1605–1621) haben wir einen Markstein in der Geschichte des Skapuliers zu verzeichnen. Paul V. ließ nämlich die Skapulierfrage durch gelehrte und fromme Prälaten prüfen. Am 20. Januar 1613 erfolgte ein Dekret durch die «Heilige Kongregation der heiligen Inquisition» mit folgendem Inhalt:

> *«... Es ist den Karmelitenpatres erlaubt zu predigen, daß das christliche Volk vollumfänglich alles glauben kann, was den Mitgliedern (Brüdern und Schwestern) der Erzbruderschaft von der seligsten Jungfrau Maria vom Berge Karmel versprochen ist: das heißt, daß die Seligste Jungfrau den Seelen der Mitglieder, die in der Liebe gestorben und während ihres Lebens das Kleid (Skapulier) getragen haben, durch ihre ständige Fürsprache, durch ihre Gebete und ihre Verdienste zu Hilfe kommt, vor allem aber durch einen besonderen Schutz nach dem Tode, vor allem am Samstag ...»*

Mit dieser offiziellen Verlautbarung seitens der Inquisition errang damals das Skapulier den langersehnten Durchbruch. Fortan konnte keiner mehr die Karmelitenpatres des geistlichen Unfugs anprangern.

**«Gleichwie die Menschen es für eine Ehre halten, wenn sie einige Personen in der Familie haben, die ihre Livrée (Dienstkleidung) tragen, so sieht es auch Maria gern, wenn ihre Verehrer das Skapulier tragen zum Zeichen, daß sie sich ihrem Dienst geweiht haben, und daß sie zur Dienerschaft der Muttergottes gehören. Wie man sich leicht denken kann, spotten die Irrlehrer unserer Zeit über diese Andacht. Nichtsdestoweniger hat die heilige Kirche dieselbe durch viele feierliche Erklärungen und durch die Ablässe, die sie damit verbunden, gebilligt. Ich habe mir alle diese Skapuliere zu verschaffen gesucht.»**

Entnommen aus: «Marie», Zeitschrift U. L. Frau vom Karmel, Nicolet (Quebec) 1950.

## Andere Zeugnisse

Der gelehrte Kardinal Lambertini, der spätere Papst Benedikt XIV. (1740–1758), verkündet die Privilegien des Karmeliterordens mit folgenden Worten:

*«Im Laufe des 13. Jahrhunderts starb Simon Stock, General des Karmeliterordens und ein Mann von großer Heiligkeit. Einige Jahre vor seinem Tode erschien die Gottesmutter ihm wie auch (später) dem Papst Johannes XXII., und teilte ihm viele Ablässe mit, die sie von ihrem Sohne für die Brüder und Schwestern des Karmeliterordens erbeten habe; ... Ablässe, die der nämliche Papst am 3. März 1322 verkündete. Man nennt es das ‹Sabbatinische Privileg› aus dem Grund, den wir angeben werden. In der Folge haben die Päpste Clemens VII., Pius V. und Gregor XIII. mit ihren Verlautbarungen dasselbe bestätigt. (...) Man sagt, daß die seligste Jungfrau dem Simon Stock mit der Übergabe des Skapuliers folgendes mitteilte: ‹Dies wird für Dich und für alle Mitglieder (Kinder) des Karmels ein Privileg sein: Wer mit diesem Gewande bekleidet stirbt, wird das höllische Feuer nicht erleiden ...› Wir glauben, daß die Vision echt ist und daß sie von allen für wahr gehalten werden muß ... Diese Vision, die man im Römischen Brevier erwähnt ...»*

Was Kardinal Lambertini über das Skapulier geschrieben hat, entspricht inhaltlich der Bulle «Sapientissimus» von Papst Paul V. Auch die Lesungen des Brevieres sind davon ein Zeugnis.

## Das Zeugnis von Arsenius

Arsenius vom heiligen Antonius schreibt in seiner Schrift (Impulsi di pietà, Rom 1704):

*«Die marianische Frömmigkeit bricht in besonderem Maße beim herrschenden Papst Clemens XI. (1700–1721) hervor, den Gott während einer langen Reihe von Jahren für das Wohl seiner Kirche erhalten hat. Er trug das Kleid der heiligsten Jungfrau. Sie wiederum hörte nicht auf, bei ihrem göttlichen Sohne den Schutz seiner Heiligkeit (dem Papst) zu erflehen; im besonderen in diesen so fordernden Zeiten, in einer umgekrempelten Welt, wo das Schiff der Kirche das Opfer von Stürmen ist ...»*

*Die Gnadenmuttergottes von Bourguillon wird in besonderer Weise als Karmelmuttergottes verehrt.*

## Die Karmeliter zogen im 17. Jahrhundert wieder auf den Karmel

*Das Wirken von Pater Prosper vom Heiligen Geist O.C.D.*

Der nachstehende Beitrag stammt aus der kanadischen Zeitschrift «Marie – Notre Dame du Mont Carmel». Nr. 4; Ausgabejahr 1950. Übersetzung aus dem Französischen durch Markus Winter.

> *«Ich habe unseren Generalvikar und alle in Rom anwesenden Generalräte zu Rate gezogen. Alle sind der Ansicht, daß nach Empfang dieses Schreibens (das ich Ihnen auf drei verschiedenen Wegen zukommen lasse) Ihre Hochwürdigkeit alleine oder in Begleitung sich auf den Weg zum heiligen Berg Karmel machen solle, um zu versuchen, von diesem Ort Besitz zu ergreifen, insbesondere vom Brunnen des heiligen Elias, der Muttergottesgrotte usw.»*

Dies ist der Brief, den Pater Prosper vom Heiligen Geist am 5. Oktober 1631 im Kloster von Alep vom Generalprokurator der italienischen Kongregation der barfüßigen Karmeliter erhielt, welcher zu jener Zeit Pater Paul-Simon (Rivarola) war. Wie müssen sich die Muttergottes und Elias über diese ersten Schritte zur Verwirklichung eines so lange gehegten Plans gefreut haben! Die Grotte, die am stärksten die Erinnerung an die Muttergottes wachhält, stand von Anfang an im Mittelpunkt der Bemühungen, um die Wiege des Ordens wiederzuerlangen. Sie sollte der Ausgangspunkt der Entfaltung eines sehr bedeutsamen Marienkultes werden. Der Karmel ist ohne Maria auch kaum am Leben zu erhalten.

Pater Prosper ließ sich das nicht zweimal sagen. Als Oberer des Hauses von Alep ernannte er unverzüglich seinen Nachfolger und machte sich auf den Weg. Zwei Monate später war alles geregelt. Der Emir Tarabei hatte Pater Prosper ein mit einem Siegel versehenes, auf Arabisch verfaßtes Dokument überreicht, in welchem er den Ordensleuten die Erlaubnis erteilte, auf dem Berg Karmel zu leben und «die kleine Grotte des Khader (Muttergottesgrotte) zu errichten sowie Gebäude und Gärten und alles Notwendige instand zu setzen; das Gleiche galt für den Gipfel des Berges, genannt Mahr Elias ...»

Demetrius de Michel de Mitilène, Prokurator und Notar des Emirs, bescheinigte seinerseits in einem offiziellen Dokument, daß Pater Prosper «die Besitzung des Berges Karmel und der kleinen, am Fuße des Berges gelegenen Muttergottesgrotte übertragen wurde ...» Die Rechtshandlung wurde am 29. November 1631 in der galiläischen Stadt Kaifa vorgenommen. Es war ein Samstag. Später entdeckten die Ordensleute diese doppelte Fügung und freuten sich darüber.»

In dieser Erinnerung an die heiligste Jungfrau Maria vollzog sich die Wiederherstellung des Ordenslebens auf dem Karmel. Anläßlich der Wiederinbesitznahme zelebrierte Pater Prosper die heilige Messe in der Muttergottesgrotte. Dann verließ er unverzüglich den Karmel, um den Oberen in Rom Rechenschaft über seine Verwaltung abzulegen und die Geldsumme aufzubringen, die nötig war, um seine gegenüber dem Emir eingegangenen Verpflichtungen zu halten. Er kehrte von dort am 16. Februar 1633 zurück. Am nächsten Morgen befand er sich in Begleitung von Demetrius, dem er in Kaifa begegnet war und der ihn ungeduldig erwartete, erneut in der Madonnengrotte. Demetrius ließ ihn ein erneutes Mal von diesem Ort Besitz ergreifen. Pater Prosper feierte wieder die heilige Messe und reichte Bruder Félicien, der ihn begleitete, die Kommunion. Die Höhle sollte ihr erster Altarraum werden. Die Fertigung des Altars begann bereits am 20. Februar, wie in einem Brief vom 3. April bezeugt wurde. Da der Pater so krank war, daß er das Bett hüten mußte, stieg er, der seinen Wohnsitz noch in Kaifa hatte, an Feiertagen zur Grotte hinauf, um dort das heilige Meßopfer zu feiern. Die muslimischen Ordensleute, welche die große Grotte des Khadar besaßen, in der die kleine Grotte eingeschlossen war – so daß Letztere nur über die große zu erreichen war – sahen dies mit einem argwöhnischen Auge. Es setzten Verfolgungen ein. Es war die ganze heilige Hartnäckigkeit von Pater Prosper nötig, um damit fertigzuwerden. Man stelle sich vor: Die Einrichtung einer christlichen Kapelle quasi inmitten einer Moschee!

Eines Tages, als der Pater, begleitet von einem Franzosen, dem er in der Umgebung begegnet war, die Grotte betrat, hatte

*Abbildung des ehrwürdigen Karmelitenpaters Prosper vom Heiligen Geist. Das Medaillon befindet sich im Kloster der Karmelitermönche auf dem Berge Karmel. Die Umschrift besagt, daß hier die Karmeliter den heiligen Berg im Jahre 1631 zurückeroberten.*

Letzterer vergessen, seine Schuhe auszuziehen. Einer der Derwische warf sich mit einem Stock in der Hand auf ihn und verpaßte ihm eine Tracht Prügel. Der Pater mischte sich ein, um dem Armen zu Hilfe zu eilen. Doch der islamitische Ordensmann erhob beim Emir Einspruch und kam mit einer Verfügung zurück, die es dem Pater untersagte, solange mit dem Bau des Altars fortzufahren, bis man darüber gesprochen habe. Gegen Ostern traf aus Alep Pater Philippe mit der für den Emir bestimmten Summe ein. Nachdem Pater Prosper ihm 300 Piaster gegeben und weitere 100 versprochen hatte, gestattete der Emir ihm, ganz Besitz von den Stätten zu ergreifen. Der Altar wurde aufgestellt und die Messe wieder in der Grotte gelesen. Am 30. April 1633 verließen die Patres Kaifa und zogen auf den Berg Karmel. Sie richteten mehrere Höhlen ein, um darin zu leben. Leider brach wegen der Feuchtigkeit in diesen Höhlen alsbald unter ihren heldenmütigen Bewohnern ein Fieber aus. Pater Prosper hielt durch. Er zog es vor, das Leben zu verlieren, als den Karmel zu verlassen. Die Todesdrohungen eines Händlers, der im Hafen von Kaifa Korsar war und einige Zeit lang die ganze Gegend in Angst und Schrecken versetzte, brachten den Pater nicht aus der Ruhe. Dann kam eine weitere Gefahr hinzu: Der

Emir forderte von den Ordensleuten unter Androhung, die Güter verlassen zu müssen, die zugesagte Geldsumme. Pater Prosper sah sich genötigt, nach Saïda zu gehen, um das nötige Geld zu borgen. Seinen geliebten Berg verlassen zu müssen, war für ihn «eine große Abtötung».

Bei seiner Rückkehr erfuhr er, daß die Muslime den Altar der Madonnengrotte zerstört hatten unter dem Vorwand, daß die Patres eine Art Kloster in anderen Höhlen einrichtet und die Grotte aufgegeben hätten. Aber dies war nicht die Hauptsorge des Paters. Solange der Emir nicht vollständig bezahlt war, zeigte er sich reserviert und kümmerte sich wenig um «die Angelegenheit mit der berühmten Jungfrau, empfahl dem Pater vielmehr sein eigenes Anliegen». Als schließlich alles geregelt war, bedrängte der Pater den Prinzen, ihm freie Verfügung über die Grotte zu geben. Dieser gewährte ihm alles, was er wollte. Demetrius, der Prokurator des Prinzen, traf alsbald an den Stätten ein. Er sprach deutlich und bestimmt im Namen des Emirs. Die muslimischen Ordensleute mußten sich fügen. Der Altar wurde wieder aufgebaut. Des vollen Vertrauens des Emirs sicher, ließ der Pater ein Bild der Jungfrau in der Höhle aufstellen und eine Andachtslampe davor stellen. Es war eine Reproduktion der Madonna des heiligen Lukas, die in der römischen Basilika Maria Maggiore (Maria die Größere) verehrt wird. Ein Geschenk von Kardinal Barberini. So fügte es sich, daß die Grotte in ein marianisches Heiligtum verwandelt wurde. Der Pater ließ eine Tür am Höhleneingang anbringen, die abgeschlossen wurde. – Man kann sich den Zorn der Muslime vorstellen. Sie versuchten alles, um den Emir für sich zu gewinnen. Einige Zeit später kam der Prinz in die Gegend. Der muslimische Obere machte ihm in Kaifa seine Aufwartung. Um Eindruck auf seinen Gesprächspartner zu machen, hatte er sich ganz armselig gekleidet. Er war ohne Kopfbedeckung und trug ein Gewand aus «mehr als 500 Stoffetzen». In Gegenwart des Volkes lamentierte er über zwei Stunden vor dem Emir. All seine Mühe war umsonst!

Pater Prosper hatte erneut «Maria sein Anliegen empfohlen». Als er dem Prinzen auf dessen Besuch auf dem Berg Karmel begegnete, war dieser voller Freundschaftsbekundungen und stimmte allem zu. Später jedoch, als der Pater in die Grotte zurückkehrte, fuhren die islamitischen Ordensleute ihn wirsch an:

«Komm her, der Emir hat angewiesen, die Tür zu öffnen, um alles zu entfernen außer dem Bild und der Lampe».

«Zeigt mir den Befehl mit seinem Siegel», erwiderte Pater Prosper schlagfertig. «Er selbst hat mir gesagt, nichts zu glauben, solange man mir nicht seine Unterschrift zeigt.»

«Wir werden die Tür in Einzelteile schlagen!»

«Macht, wie es euch beliebt.»

«Wir schlitzen dir den Kopf auf und machen uns dann aus dem Staub.»

«Das ist die größte Gefälligkeit, die ihr mir tun könnt!»

Eine neuerliche Anordnung des Emirs setzte dem Streit ein Ende. Die muslimischen Ordensleute mußten sich fügen und Pater Prosper wurde bestätigt, frei über die Grotte verfügen zu können. Sie wurde mit noch größerer Sorgfalt eingerichtet und am ersten Tag des Jahres 1634, so berichtete der Pater: «begannen wir dort wieder die heilige Messe zu lesen und unsere Gebete zu halten. Wenn wir die Höhle verließen, schlossen wir sie ab.»

Pater Prosper kämpfte als Ritter der Jungfrau tapfer um den ersten der Muttergottes gewidmeten Altarraum auf dem wiedererlangten Karmel! Daraufhin strebte er danach, ihre Herrschaft auszudehnen. Von Anfang an hatte er an die ehemalige Marienkirche gedacht, die einst auf dem Vorgebirge stand. Am 3. April 1633 schrieb er:

> *«Hätte ich 4000 Ecus gehabt, hätte ich die erste Kirche wieder aufbauen lassen, die man zu Ehren der Jungfrau auf dem Berg hat errichten lassen.»*

Am 28. Februar 1635 berichtete er:

> *«Wir haben zwei weitere Grotten eingerichtet. Auch dort haben wir ein Marienbild aufgestellt. Wir haben sogar einigermaßen die Urkirche wieder entworfen, die sich auf dem Berg befand.»*

Leider fehlten die finanziellen Mittel zu ihrem Wiederaufbau. Einige Zeit später schmiedete ein weiterer muslimischer Ordensmann, «der Bruder des indischen Königs» den Plan, den katholischen Ordensmann zu ermorden. Bruder Félicien trug sich mit dem Gedanken, nach Kaifa zu flüchten, aber der Pater dachte nicht daran wegzugehen. Schließlich machte sich der muslimische Ordensmann aus dem Staub ... und das Bild nebst Lampe blieb, geschützt von der verschlossenen Tür. Jeden Abend und Morgen zündeten die Patres die vor der Muttergottes brennende Lampe wieder an.

Nach und nach übte das Bild Mariens seine Anziehungskraft bis auf die Muslime aus. Gegen August kam die Gattin des Emirs die Andachtsstätte besuchen. Sie war von mehr als 1000 Frauen begleitet. Pater Prosper schrieb:

*«Ganz erfreut darüber, wie schön wir unsere Grotte eingerichtet hatten, wünschte sie, daß ich das Bild der Madonna, das Kardinal Barberini mir geschickt hatte, wieder an seinen einstigen Platz in der großen Grotte aufstelle. Man kann unmöglich in Worten die Andacht und Verehrung dieser Menschen wiedergeben. Ich hatte einen Altar mit Kerzen aufstellen lassen. Obwohl kein Mann dort eintreten durfte, wo die Frauen sich befanden, durften wir bleiben. Schließlich gab sie mir einen Piaster als Almosen. Ich ließ die Madonna in der großen Grotte, aber sogleich ließen Derwische oder muslimische Ordensleute sie entfernen. Einige Tage danach kam die Mutter des Emirs sich das Marienbild ansehen».*

Am 14. August traf im Karmel Pater Ambroise von Saint-Arsène ein, ein flämischer barfüßiger Karmelit. Nachfolgend seine eigenen Worte:

*«Lassen Sie mich zur größten Genugtuung meiner Seele sagen, daß ich den Berg Karmel an dem Tage bestieg, von dem wir glauben, daß an selbigem die heiligste Jungfrau mit Leib und Seele in den Himmel aufgenommen wurde. Wir wohnten der ersten Vesper am Tage ihrer glorreichen Aufnahme in den Himmel bei. Am Fuße des Berges erblickten wir ein kleines Heiligtum, wo, so sagt man, die allerheiligste Muttergottes bereits vor ihrer Geburt ersehnt und verehrt wurde. Die Patres wollten ihrem Gast eine Freude bereiten, derweil die Ordensleute sich in zwei Chören anordneten in Gegenwart von Laien, griechischen und türkischen Zuschauern. Ich stimmte in unbändiger Freude das ‹Salve Regina› an. Wir kamen daraufhin auf dem heiligen Berg an und betraten*

*die Grotte, die unsere Patres in ein Kloster umgewandelt hatten. Wir sangen feierlich die erste Vesper der Himmelfahrt Mariens. Ich hatte das Kapitelgebet zu singen. Ich trug mit sichtlicher Freude vor: Ich habe überall Ruhe gesucht und werde im Erbe meines Herrn und meiner Dame bleiben! Eine liturgische Freiheit, die einzig die Liebe zu Maria erklärt.»*

Ungefähr Anfang des Jahres 1635 bat der Emir die Patres, auf den Berggipfel zu ziehen, weil er einen Einfall des Paschas von Damas befürchtete. Sie fügten sich bedrückt. Doch die Madonna von Kardinal Barbarini beschützte weiterhin den Berghang.

Dann begannen die großen Wirren: Eine Invasion einer Horde von 150 erbosten und bedrohlichen Reitern. Die Mönche mußten sich verstecken. Als die Soldaten sich zurückgezogen hatten, waren die von den Patres mit soviel Mühe erbauten Behausungen nur noch Ruinen. Pater Prosper war einen Augenblick entmutigt. Angesichts neuer Unbilden verließ er den Karmel im Glauben, nie mehr zurückzukehren. Der Herr gab ihm jedoch zu verstehen, daß er anderes mit ihm vorhatte. 1637 kehrte Pater Prosper auf den heiligen Berg zurück. In seinem ersten Brief, den wir von ihm besitzen und der an seine Oberen gerichtet war, kündigte er diesen eine gute Neuigkeit an:

*«Der Emir hat die Derwische und muslimischen Ordensleute fortgeschickt und überläßt uns die freie Verfügung über die große Madonnengrotte!»*

War dies nicht eine lächelnde Ermutigung Unserer lieben Frau für ihren tapferen Ritter?»

*Wir sind der Kirche für die Schaffung des fünffachen Skapulieres dankbar. Vergessen wir jedoch nicht, daß an der Wiege aller Skapuliere das Skapulier vom Berge Karmel stand: das Kleid, das vom Himmel kam. Abbildung: ein Karmelskapulier, wie es heute im Handel erhältlich ist.*

*Muttergottes vom Berge Karmel, Karmelkloster auf dem Karmelberg.*

# 69 Lebensregeln für die Mitglieder der Karmel-Bruderschaft

## von der heiligen Teresia von Avila

1. Wie ein Feld, das nicht angebaut ist, Disteln und Dornen trägt, wenn es auch gut und fruchtbar ist, so auch das menschliche Herz.
2. Von allen geistlichen Personen, von Ordensleuten, Priestern und Einsiedlern, rede nur gut.
3. In Gegenwart vieler sei allzeit kurz und sparsam im Reden.
4. In allen deinen Werken und Geschäften sei still und sittsam.
5. Sei nicht hartnäckig und eigensinnig, am wenigsten in Dingen, woran nicht viel gelegen ist.
6. Gegen alle, mit denen du umgehst, zeige gemäßigte Fröhlichkeit.
7. Spotte nie über etwas.
8. Strafe niemanden ohne Bescheidenheit, Demut und Berücksichtigung deiner selbst.
9. Füge und richte dich nach der Anlage und Eigenschaft dessen, mit dem du umgehst: mit dem Fröhlichen sei fröhlich und mit dem Traurigen traurig. Trachte überhaupt, allen alles zu werden, damit du alle gewinnen mögest.
10. Rede nie etwas, das du vorher nicht wohl bedacht und Gott dem Herrn ernstlich befohlen hast, damit du nie etwas sagst, was Gott mißfallen könnte.
11. Entschuldige dich niemals, es sei denn aus sehr erheblichen Gründen.
12. Rede nie von Dingen, die zum eigenen Lob gereichen, zum Beispiel von Wissenschaft, Tugend, hoher Abkunft, es sei denn, daß daraus ein Nutzen zu hoffen wäre, und dann muß es in Demut und Bescheidenheit geschehen, weil dies Gaben sind, die von Gottes Hand kommen.
13. Nichts sollst du allzusehr erheben, noch allzusehr erniedrigen. In allen Dingen sage einfach und bescheiden deine Meinung.
14. In alle deine Reden und Gespräche mische etwas Geistliches, denn dadurch wird unnützes Geschwätz und schädliches Nachreden verhindert.

15. Verbürge nie etwas, von dem du nicht selbst zuvor gut und gründlich überzeugt bist.
16. Mische dich nicht in fremde Händel und sage nicht gleich deine Meinung zu allem, außer wenn du gefragt wirst, oder wenn es die Liebe des Nächsten erfordert.
17. Wenn jemand von geistlichen Sachen redet, höre demütig zu wie ein Lehrling. Das Gute, das gesagt wird, behalte für dich.
18. Deinem Vorgesetzten und Beichtvater entdecke alle deine Versuchungen, Unvollkommenheiten und Neigungen, damit er dir Mittel und Rat erteile, wie du dieselben überwinden kannst.
19. Gehe nicht ohne Grund aus deiner Wohnung. Wenn du aber herausgehst, so flehe zu Gott um Gnade, damit du ihn nicht beleidigst.
20. Iß und trink nicht außerhalb der gewöhnlichen Zeit und dann danke Gott innigst.
21. Alles, was du tust, tue es so, als sähest du die göttliche Majestät vor deinen Augen. Auf solche Weise gewinnt eine Seele sehr viel.
22. Höre und rede nie etwas Böses von anderen, außer von dir selbst. Wenn du dich über den Tadel deiner Person freuen kannst, dann ist es ein Zeichen, daß du an Tugend zunimmst.
23. Alle deine Werke richte auf Gott, und opfere sie ihm auf mit der Bitte, daß alles zu seiner Ehre und seinem Lobe gereichen möge.
24. Wenn du fröhlich bist, enthalte dich von übermäßigem Gelächter. Deine Freude sei demütig, züchtig, anmutig und erbaulich.
25. Denke allezeit, du seiest der Diener aller anderen. In allen betrachte die Person Jesu Christi, so wirst du alle ehre und hochachten.
26. Sei allzeit bereit den Gehorsam so zu vollziehen, als hätte dir in der Person deiner Vorgesetzten Jesus Christus selbst befohlen.
27. Sehr oft und über alle deine Werke erforsche dein Gewissen, und wenn du Fehler bemerkst, so befleiße dich, mit der göttlichen Gnade dieselben zu verbessern. So wirst du zur Vollkommenheit gelangen.
28. Gedenke nicht der Mängel anderer, sondern ihrer Tugenden und deiner eigenen Gebrechen.
29. Habe großes Verlangen, in allen Dingen und Gelegenheiten etwas um Christi willen zu leiden.

30. Opfere dich Gott täglich fünfzigmal auf, und zwar mit großer Innigkeit und mit feurigem Verlangen nach Gott.
31. Was du des Morgens betrachtet hast, das behalte den ganzen Tag vor Augen und hierin wende großen Fleiß an, denn daraus entsteht großer Nutzen.
32. Die guten Einsprechungen, die dir Gott mitteilt, bewahre fleißig. Die guten Vorsätze, die er dir im Gebete einflößt, vollbringe in Werken.
33. Fliehe und meide Sonderheiten soweit es dir nur möglich ist, denn Sonderlinge schaden einer Gemeinde sehr viel.
34. Den Katechismus lese oft und halte treu seine Vorschriften. Er ist das Buch, nach dem du einst von Gott gerichtet werden wirst.
35. In allen Werken betrachte die Weisheit der göttlichen Vorsehung und preise sie in allen Dingen.
36. Befreie dein Herz vor aller Anhänglichkeit an die Geschöpfe und suche Gott, so wirst du ihn finden.
37. Erkünstle keine äußerliche Andacht, die du innerlich nicht empfindest. Deine Unandacht aber magst du wohl verbergen.
38. Deine innere Andacht laß ohne große Notwendigkeit nicht bemerken. «Mein Geheimnis ist für mich», pflegten die Heiligen Franziskus und Bernhard zu sagen.
39. So oft man etwas Wichtiges beschließen will, soll man es zuvor durch Gebet prüfen.
40. Klage nie über die Speisen, als seien sie schlecht zubereitet, sondern gedenke jederzeit des Essigs und der Galle Jesu Christi.
41. Gedenke der himmlischen Mahlzeit und deren Speise. Dort ist Gott die Speise, und die Gäste sind die Engel und Heiligen. Dahin richte deine Augen und deine Sehnsucht.
42. In Gegenwart deiner Vorgesetzten, in denen du Jesus Christus betrachten sollst, rede nur, was notwendig ist, und dieses mit großer Ehrerbietung.
43. Tue nie etwas, das du nicht vor jedermann tun dürftest.
44. Vergleiche nicht einen mit dem anderen, denn dieses erzeugt Abneigung.
45. Wenn du wegen etwas zurechtgewiesen wirst, so nimm es in aller Demut an und bete zu Gott für den, der dich getadelt hat.

46. Wenn dir dein Vorgesetzter etwas befiehlt, so sage nicht: andere hätten dir anderes befohlen, sondern denke, daß alle eine gute und heilige Absicht gehabt haben, und vollziehe dasjenige, das dir befohlen worden ist.

47. Was dich nichts angeht, davon rede und um das frage nicht vorwitzig.

48. Erwäge dein vergangenes Leben, damit du es beweinst, und deine gegenwärtige Lauheit und wieviel dir noch mangelt, um geradezu in den Himmel zu gelangen, damit du in heiliger Furcht, die viel Gutes bewirkt, lebst.

49. Was dir deine Hausgenossen sagen, das tue allzeit, wenn es nicht wider den Gehorsam ist. Gib ihnen demütige und sanfte Antworten.

50. Begehre außer der größten Not nichts Besonderes im Essen und in der Kleidung.

51. Laß nimmer ab, dich zu demütigen und abzutöten in allen Dingen bis in den Tod.

52. Übe häufig Akte der Liebe, denn sie entzünden und erweichen das Gemüt.

53. Desgleichen übe auch Akte der übrigen Tugenden.

54. Opfere alles Gott dem ewigen Vater auf, zugleich mit den Verdiensten seines Sohnes Jesus.

55. Gegen alle sei mild, gegen dich selbst aber streng.

56. An den Festtagen der Heiligen betrachte ihre Tugenden und bitte Gott, daß er dir dieselben verleihen wolle.

57. Die Erforschungen des Gewissens, die alle Abende zu geschehen hat, lasse dir sehr angelegen sein.

58. An dem Tag, an welchem du zur heiligen Kommunion gehst, sollst du bei deinem Morgengebet bedenken, daß du, wiewohl ein so elender Mensch, dennoch Gott empfangen sollst. In deinem Abendgebet aber, daß du Gott, deinen Herrn empfangen hast.

59. Wenn du ein Vorgesetzter bist, sollst du niemand im Zorn strafen, sondern erst, wenn der Zorn vorüber ist. Nur so wird dein Strafen nützen.

60. Trachte auf das eifrigste nach Vollkommenheit und Andacht. In dieser verrichte alles.

61. Übe dich sehr in der Furcht Gottes, denn diese zerknirscht und demütigt das Herz.

62. Bedenke, wie veränderlich die Menschen sind und wie wenig auf sie zu vertrauen sei, und du wirst deine ganze Hoffnung auf Gott setzen, der sich nie ändert.

63. Die Angelegenheiten deiner Seele berate mit einem geistreichen und gelehrten Beichtvater und folge ihm in allem.

64. So oft du zum Tisch des Herrn gehst, erflehe von Gott eine besondere Gnade durch die große Barmherzigkeit, mit der er in dein armes Herz einkehrt.

65. Obgleich du viele Heilige zu Fürsprechern hast, sollst du doch besonders zum heiligen Joseph große Andacht tragen, weil er viel bei Gott erlangen kann.

66. Zur Zeit der Traurigkeit und innerlichen Unruhe unterlasse deine sonst gewöhnlichen guten Übungen des Gebetes und der Buße nicht. Nur darum sucht dich der böse Feind zu beunruhigen, damit du dieselben unterläßt. Bemühe dich dann, noch mehr als sonst zu tun, und du wirst erfahren, wie bald dir der Herr mit seiner Hilfe beistehen wird.

67. Von deinen Versuchungen und Unvollkommenheiten rede nicht mit den Schwächeren und Unvollkommenen im Hause, sondern mit den Vollkommenen. Es würde dies dir und den anderen zum Schaden sein.

68. Beherzige wohl und öfters, daß du nicht mehr als eine Seele hast. Daß du nur einmal sterben mußt, nur ein Einziges kurzes Leben für dich hast, und daß es auch nur eine einzige, und zwar ewige Glorie gibt. – So wirst du vieles unterlassen, was du sonst tun würdest!

69. Dein ganzes Verlangen sei, Gott zu schauen. Deine Furcht, ihn zu verlieren, dein Schmerz, ihn noch nicht zu genießen, deine Freude, was dich zu ihm führen kann. … So wirst du im tiefsten Frieden leben.

**«Wider die übel abgelegten Beichten soll man heftig predigen. Das unredliche Beichten ist es, um was der böse Feind sich sehr viel bemüht. Deshalb fahren viele Seelen in die Hölle, weil die beste Arznei dadurch vergiftet wird.»**

Hl. Teresia von Avila

# Heilige und Selige des Karmeliterordens

Von den besprochenen fünf Skapulierbruderschaften zählt der Karmeliterorden am meisten Heilige und Selige. Als Grundlage für die folgende Zusammenstellung diente die Schrift: «Die Eigenmessen des Ordens der Unbeschuhten Karmeliten», Rosenheim 1947. Man beachte jedoch, daß unter den Eigenmessen von Heiligen nicht alles typische Karmelheilige sind. Die Einträge dieser Heiligen wurden zur Information belassen. Die nachstehende Liste berücksichtigt die neuen Seligen und Heiligen seit 1947. Bei einigen bekannten Heiligengestalten wurde in Klammern das seit der Kalenderreform veränderte Festdatum berücksichtigt.

2. Januar

- Hl. Euphrosyna

[Jungfrau, † 407]

Die heilige Euphrosyna, eine Heilige aus der Entwicklungszeit des Ordens, verließ, um immer Jungfrau bleiben zu können, verkleidet ihr väterliches Haus und bat um Aufnahme in ein Kloster, wo sie unter dem Namen Smaragdus ein überaus strenges Leben führte.

22. Januar

- Hl. Anastasius

[Märtyrer, † 628 in Palästina]

Der heilige Anastasius, von Geburt ein Perser und in der Jugend der Zauberei ergeben, trat zum christlichen Glauben über und verlebte sieben Jahre in einem Kloster, dessen Mönche nach der Überlieferung des heiligen Elias lebten. Später wurde er von den heidnischen Einwohnern Cäsareas um Christi willen gegeißelt und auf Befehl des Perserkönigs Chosroas hingerichtet. Sein Haupt wird heute noch zu Rom aufbewahrt und genießt hohe Verehrung. Dort befindet sich auch ein Bild von ihm; vor diesem Bild flohen die bösen Geister und Kranke wurden von ihrem Leiden befreit; diese Wirkung bezeugen die Akten des 3. Konzils von Nizäa.

Am gleichen Tag wird in der Gesamtkirche das Fest des heiligen Vinzenz (Märtyrer, † 304 in Spanien) begangen. Aus diesem Grunde werden im Kirchengebet beide Heiligen erwähnt:

«O Gott, du Kraft derer, die auf dich hoffen, du hast den seligen Anastasius aus des Karmels Einsamkeit zur Erlangung der Marterpalme berufen und den Leviten Vinzentius durch eine heldenmütige Standhaftigkeit in den Folterqualen verherrlicht: wir bitten dich, laß uns durch ihr Beispiel zur Ertragung heilsamer Leiden angeeifert werden. Durch unsern Herrn.»

28. Januar

- Hl. Petrus Thomas

[Bischof und Märtyrer, † 1366]

Der Heilige, ein Franzose, trat schon mit 19 Jahren in den Karmeliterorden. Zum Priester geweiht, wirkte er höchst segensreich als Prediger und Lehrer der Theologie. Als Generalprokurator des Ordens zog er durch seine Frömmigkeit und Gelehrsamkeit die Augen aller auf sich. Kein Wunder, daß er wiederholt mit den wichtigsten Aufträgen als Nuntius und Apostolischer Legat betraut wurde. Der Heilige Vater ernannte ihn zum Bischof von Patti auf Sizilien, später zum Erzbischof von Kreta und ein Jahr darauf sogar zum Patriarchen von Konstantinopel. Ausgezeichnet durch eine seltene Verehrung der allerseligsten Jungfrau starb Petrus als Opfer des Glaubens auf der Insel Zypern.

3. Februar

- Hl. Telesphorus

[Papst und Märtyrer, † 139]

Der heilige Telesphorus, ein Grieche der Abstammung nach, gehörte schon früh einer Einsiedler-Vereinigung an, die nach der Regel des heiligen Elias lebte, weshalb ihn auch die Karmeliten als einen Heiligen ihres Ordens verehren. Wegen seiner Heiligkeit und Wissenschaft wurde er der Nachfolger des Papstes Sixtus II. auf dem Stuhl Petri. Als Papst führte er strenge Fasten für die Priester ein, verlängerte die Fastenzeit der Gläubigen auf vierzig Tage. Ihm schreibt man auch die Anordnung der 3 Weihnachtsmessen zu. Nachdem er fast 12 Jahre die Kirche mit Erfolg geleitet hatte, erlitt er den Martertod. Er ruht neben dem Grab des heiligen Petrus.

4. Februar (6. Januar)

## • Hl. Andreas Corsini

[Bischof und Bekenner † 1373]

Andreas Corsini wurde von frommen adeligen Eltern zu Florenz geboren. Trotz guter Erziehung führte er in jungen Jahren einen leichtsinnigen, lockeren Lebenswandel, bis die Gnade Gottes sein Herz traf. Er wurde Karmelit mit voller Hingabe und heiliger Begeisterung. Später erwählte man ihn wegen seines glänzenden Tugendwandels zum Bischof von Fiesolo. Als solcher starb er im 71. Lebensjahr. 43 Jahre hatte er im Orden gelebt. Sein heiliger Leib ruht in der Karmelitenkirche zu Florenz, wo ihm wegen des oftmaligen, wunderbaren Schutzes, den Gott durch Andreas' Fürbitte der Stadt gewährt hat, hohe Verehrung erwiesen wird.

Papst Eugen IV. gestattete 1440 seinen öffentlichen Kult, im Brevier der Karmeliten ist er seit 1462 zu finden. Am 29. April 1629 wurde er heiliggesprochen. Man stellt ihn gewöhnlich als Bischof mit Wolf oder Lamm oder mit beiden dar.

27. Juni

## • Hl. Cyrillus

[Bischof von Alexandrien, Bekenner, Kirchenlehrer, † 444]

Der heilige Cyrillus hielt sich zu seiner asketischen Ausbildung eine Zeitlang in der Wüste unter den Einsiedlern auf. Die Grundlage zu seiner tiefen und allseitigen Gelehrsamkeit hatte er wahrscheinlich in der Philosophenschule seiner Vaterstadt gelegt. 412 wurde er Patriarch von Alexandrien, führte dann den Vorsitz auf dem Konzil zu Ephesus und starb nach manchen Beweisen seiner Geistes- und Tugendgröße im Jahre 444.

13. Februar

## • Sel. Archangela

[Jungfrau, † 1494]

Schon im zarten Alter war Archangela so fromm und vollkommen, daß alle sie anstaunten und ihre beiden Schwestern nicht umhin konnten, sie nachzuahmen. Das Kleid Unserer Lieben Frau vom Berge Karmel empfing sie zu Parma, wo sie später als Novizenmeisterin segensreich wirkte. Der Gehorsam berief sie dann zur Leitung des neugegründeten Klosters in Mantua. Dort leuchtete sie durch ihr Tugendbeispiel und flößte auch ihren Mitschwestern den Geist vollendeter Heiligkeit ein. Gott hat sie mancher Verzückungen und Gnadenerweise gewürdigt, bis er sie in das Reich seiner Herrlichkeit aufnahm.

25. Februar (Schaltjahr: 26. Februar)

## • Hl. Avertan

[Bekenner, †1380]

Der heilige Avertan wurde zu Limoges in Frankreich von armen Eltern geboren. Schon in der Welt sehr fromm, wurde er im Karmel noch eifriger und tugendhafter. Als schlichter Laienbruder war er treu in seinen Berufsgeschäften, sparte sich manche Speise vom Munde ab, um sie den Armen zu geben, und verbrachte ganze Nächte im Gebete. Längst war es sein Herzenswunsch, eine Wallfahrt in die ewige Stadt machen zu dürfen. Die Oberen erlaubten es und gaben den seligen Romäus (siehe Eintrag unter dem 4. März) als Begleiter mit. Bei Lucca in Italien befiel ihn eine pestartige Krankheit und raffte ihn hinweg.

3. März

## • Sel. Jakobin

[Bekenner, †1508]

Er zeichnete sich aus durch kindliche Verehrung der allerseligsten Jungfrau und große Andacht zum allerheiligsten Sakrament, vor dem er viele Stunden im Gebet verbrachte. Trotzdem versah er getreu seine Pflichten als Laienbruder, ja er legte sich außer den Opfern des Ordenslebens noch besondere strenge Bußübungen auf.

4. März

## • Sel. Romäus

[Bekenner, † 1380]

Wegen seiner italienischen Herkunft wurde er dem heiligen Avertan als Begleiter auf der Wallfahrt nach Rom beigegeben. Als dieser unterwegs starb, verlangte Romäus auch im Tod mit ihm vereinigt zu werden. Acht Tage später wurde sein Wunsch wirklich erfüllt.

6. März

## • Hl. Cyrillus

[Bekenner und Kirchenlehrer, † um 1234]

Cyrillus, ein Grieche von Geburt, war ein hervorragender Gelehrter. Auf Geheiß der Muttergottes begab er sich auf den Karmel und wurde später General des ganzen Ordens. Er sagte dessen weite Verbreitung voraus. Das Kirchengebet nimmt darauf Stellung:

«Gott, du hast dem seligen Lehrer Cyrillus bei Darbringung des heiligen Meßopfers auf dem Berge Karmel die Lage der künftigen Jahrhunderte durch einen Engel geoffenbart: verleihe, daß wir in seiner Nachahmung das Irdische verachten und stets nach dem Ewigen streben. Durch unsern Herrn.»

11. März

## • Hl. Theresia Margareta vom Hl. Herzen Jesu

[Jungfrau., † 1770]

Die heilige Theresia Margareta vom heiligsten Herzen Jesu wurde am 15. Juli 1747 zu Arezzo in Italien von adeligen, überaus frommen Eltern geboren. Im Alter von 17 Jahren trat sie in den Karmel von Florenz ein. Dort zeichnete sie sich durch ihre tiefe Demut, ihre engelgleiche Reinheit und besonders durch ihre glühende Gottesliebe aus. Diese zeigte sie durch ihre ganz innige Andacht und Verehrung zum heiligen Herzen Jesu. Darum nahm die Heilige zum Namen der heiligen seraphischen Mutter Theresia auch noch den der großen Seherin von Paray-le-Monial, der heiligen Margareta Maria Alacoque und den schönen Zunamen «vom heiligsten Herzen Jesu». Mit 22 Jahren war sie bereits reif für den Himmel. Sie starb am 7. März 1770.

Am 9. Juni 1929, am Sonntag nach dem Herz-Jesu-Fest, wurde diese glühende Verehrerin des heiligsten Herzens Jesu selig- und 1934 heiliggesprochen. Ihr jungfräulicher Leib ruht jetzt noch zum Beweis und zum Lohn ihrer heiligen Reinheit ganz unverwest und biegsam im Kloster der Unbeschuhten Karmelitinnen zu Florenz.

13. März

## • Hl. Euphrasia

[Jungfrau, † 410]

Nach dem Tod ihres Vaters, eines Senators in Konstantinopel, kam sie mit ihrer Mutter auf einer Reise nach Ägypten zu einem strengen Kloster. Auf ihre Bitten fand sie dort Aufnahme. Ihre Tugend wurde durch strenge Befehle der Oberin und falsche Beschuldigungen auf harte Proben gestellt, aber stets blieb sie gleich eifrig und demütig.

20. März

## • Sel. Baptista von Mantua

[Bekenner, † 1516]

Er gehörte einem strengen Zweig des Ordens an, der sogenannten Mantuanischen Kongregation. Durch seine Dichtungen erlangte er solches Ansehen, daß man ihn als den «christlichen Virgil» feierte. Eifrig wirkte er als Lehrer und General des Ordens. Sein Leib ist noch unverwest.

20. März

## • Sel. Francisco Palau y Quer

[Bekenner, † 1872]

Er wurde am 29. Dezember 1811 in Spanien geboren und legte 1833 im Karmeliterorden die Profeß ab. Wegen der damaligen Verfolgung in der Kirche wurde sein brennender Wunsch, Seelen für Gott zu gewinnen, nur noch verstärkt. So wirkte er durch intensive Predigttätigkeit und Schriftstellerei. Francisco von Jesus, Maria und Joseph – so war sein Ordensname – wurde von Revolutionären im Jahr 1835 eingekerkert und für lange Zeit ins Exil nach Frankreich verbannt. Nach seiner Rückkehr gründete er in Barcelona eine Schule für Katechese, wobei er sich rasch wieder den Haß der Kirchenfeinde zuzog. Nach einer zweiten Verbannung widmete er sich wieder dem Predigtapostolat, den Volksmissionen und gründete zwei Institute. Er starb am 20. März 1872 in Tarragona. Die Seligsprechung erfolgte am 24. April 1988.

29. März

## • Hl. Berthold

[Bekenner, † um 1200]

Sein Heimatort ist Limoges in Frankreich. Infolge eines Gelübdes, das er als Kreuzfahrer gemacht hatte, kam er zu den Einsiedlern auf dem Karmel. Er vereinigte diese zu einem Gemeinwesen und kann deshalb mit Recht als Stifter des Ordens bezeichnet werden.

31. März

## • Sel. Johanna von Toulouse

[Jungfrau, † um 1400]

Diese Selige lebte als Einsiedlerin bei einem Kloster der Karmeliten, unter deren Leitung sie stand. Sie widmete ihre Zeit dem Gebet und der Heranbildung von Knaben zum späteren Eintritt in den Orden. Ihr seliges Hinscheiden erfolgte um die Wende des 15. Jahrhunderts.

12. April

## • Heilige Teresa von Jesus de Los Andes (Joanna Fernández Solar)

[Jungfrau, Karmelitin, † 12. April 1920]

Sie wurde am 13. Juli 1900 in Chile geboren und wuchs in geordneten Familienverhältnissen auf. Weil aber in dieser Zeit schon ein großer Mangel an geistlichen Führern herrschte, bot Joanna Fernández ihr Leben als Opfer- und Sühneseele dem Herrn an, um gute Priester wieder hervorzubringen. Sie folgte mit 19 Jahren dem Ruf, in den Karmel einzutreten um dort ein verborgenes Sühneleben zu führen. Der Herr nahm dieses Opfer an und rief sie schon ein Jahr später zu sich. Sie hinterließ uns ein wesentliches Vermächtnis: lieben, leiden, beten und dienen. Seligsprechung am 3. April 1987; Heiligsprechung am 21. März 1993.

18. April

## • Sel. Maria von der Menschwerdung

[Witwe, †1618]

Auf Wunsch der Eltern heiratete sie einen jungen Edelmann, dem sie im Glück wie im Unglück treu zur Seite stand. Nach seinem Tod trat sie bei den Karmelitinnen als Laienschwester ein. Freudig beugte sie sich unter das Joch des Gehorsams, auch als ihre eigene Tochter Subpriorin wurde.

Am Mittwoch in der zweiten Woche nach Ostern

## • Schutzfest des Hl. Joseph

[Bekenner, Patron der ganzen Kirche und Beschützer des Karmeliterordens]

Der Aufschwung der Joseph-Verehrung in den letzten Jahrhunderten ist wohl vor allem der heiligen Teresia von Avila zu verdanken. Durch Wort und Beispiel suchte sie die Andacht zu diesem großen Heiligen zu verbreiten. Sie stellte die meisten ihrer Stiftungen unter seinen Schutz und überall trugen die Klöster ihres Ordens seinen Namen unter das Volk. Darum feierte der Orden ein besonderes Schutzfest des heiligen Joseph schon fast 200 Jahre, bevor es für die ganze Kirche eingeführt wurde.

5. Mai

## • Hl. Angelus

[Märtyrer, †1220]

Angelus führte ein engelgleiches Leben. Durch Predigten und Wunder gewann er viele Seelen für Gott.

Er ist einer der ersten Karmeliten, die von Palästina nach Sizilien kamen. Vermutlich kam er mit dem Auftrag, vom Papst die Bestätigung der Ordensregel zu erlangen. Er starb als Märtyrer in der ersten Hälfte des 13. Jahrhunderts (1200?) zu Licata, denn er fiel einem Racheakt zum Opfer. Sterbend betete er noch für seine Mörder. Bei den Worten: «In deine Hände empfehle ich meinen Geist» entschwebte seine Seele, allen sichtbar, in Gestalt einer Taube zum Himmel.

In Licata bewahrt man seine Reliquien. Seine Verehrung hat Papst Pius II. im Jahre 1459 gebilligt. Seit 1462 ist er im Brevier der Karmeliten bezeugt. Dargestellt wird er gewöhnlich im Karmelhabit, in der Hand eine Palme, dazu bisweilen drei Kronen.

11. Mai

## • Sel. Aloysius Rabata

[Bekenner, †1533]

Er lebte auf der Insel Sizilien. Unermüdlich arbeitete er in der Seelsorge, besonders im Beichtstuhl. Selbst als Prior ging er noch Almosen betteln. Durch den Pfeilschuß eines bösen Menschen fand er den Tod, wahrscheinlich im Jahre 1533.

16. Mai

## • Hl. Simon Stock

[Bekenner, †1265]

Er entstammte einem englischen Adelsgeschlecht. Nach seiner Heimat Kent in England wird er auch Simon Anglus genannt. Geboren in der zweiten Hälfte des 12. Jahrhunderts, lebte er lange Jahre als Einsiedler und schloß sich den Einsiedlern vom Berge Karmel an, als diese 1240 nach England kamen. Die Mitbrüder wählten ihn zu ihrem Generalprior. Durch sein Eintreten für eine Änderung der Regel (1247) trug er viel zur Ausbreitung des Ordens bei. Bei der Leitung des Ordens zeigte er ein kindliches Vertrauen auf die allerseligste Jungfrau Maria. Daran erinnert noch heute sein inniges Gebet «Flos Carmeli». Maria würdigte ihn im Jahre 1251 einer Erscheinung und wies ihn hin auf das Skapulier als Unterpfand des Heiles und ihrer mütterlichen Hilfe. Er starb zu Bordeaux am 16. Mai 1265 auf der Reise zum Generalkapitel. Seine Verehrung als Heiliger ist nachweisbar seit 1435, das Generalkapitel schrieb sie 1564 für den ganzen Orden vor. Offiziell hat die Kirche seinen Kult erst 1616 bestätigt.

Das Kirchengebet für das Fest des heiligen Simon lautet:

«Gott, du hast den Orden vom Berge Karmel auf die Fürbitte und Verdienste deines heiligen Bekenners Simon hin durch die Mutter deines Sohnes, unseres Herrn Jesus Christus, mit einem einmaligen Privileg ausgezeichnet: verleihe uns, daß wir durch seine Fürsprache zur Herrlichkeit gelangen, die du jenen bereitet hast, die dich lieben. Durch denselben Christus unsern Herrn.»

21. Mai

## • Fest der Übertragung des Leibes des Hl. Johannes vom Kreuz

[1592]

Als man den Leib des Heiligen neun Monate nach seinem Tode von Ubeda nach Segovia übertragen wollte, fand man ihn ganz frisch. Durch Übergießen mit Kalk wollte man ihn zur Verwesung bringen. Nach weiteren neun Monaten war er zwar eingetrocknet, aber unversehrt und beweglich. Auch bei der Übertragung selbst ereigneten sich wunderbare Dinge.

25. Mai

## • Hl. (Katharina) Maria Magdalena von Pazzis

[Jungfrau, †1607]

Aus dem florentinischen Adelsgeschlecht der Pazzi stammend, wurde sie am 2. April 1566 zu Florenz geboren. Sie trat 1582 bei den Karmelitinnen ihrer Vaterstadt ein und wurde dann viel bei der Erziehung der Ordensjugend eingesetzt. Qualvolle körperliche und seelische Leiden ließen sie zu einer begnadeten Mystikerin heranreifen. Einer ihrer Wahlsprüche hieß: «Pati et non mori – Leiden und nicht sterben!»

Sie starb am 25. Mai 1607 zu Florenz. Am 8. Mai 1626 wurde sie selig- und am 28. April 1669 heiliggesprochen. Dargestellt wird sie mit einem brennenden Herzen und mit einer Dornenkrone. Ihr Leib ruht unversehrt zu Florenz. Siehe auch das Fest der Übertragung am 9. Dezember.

7. Juni

## • Sel. Anna vom Hl. Bartholomäus

[Jungfrau, †1626]

Als Laienschwester machte sie im Kloster zu Avila unter Führung der heiligen Teresia solche Fortschritte in der Tugend, daß alle von Bewunderung erfüllt waren. Nach dem Tod der heiligen Mutter, die in ihren Armen verschieden war, wurde sie nach Frankreich zur Gründung neuer Klöster geschickt. Da sie hier unentbehrlich war, mußte sie auf Befehl der Oberen den weißen Schleier der Laienschwester mit dem schwarzen der Chorschwester vertauschen. Ihre letzte Stiftung war das Kloster zu Antwerpen. Nach ihrem Tod geschahen dort an ihrem Grab viele Wunder.

14. Juni

## • Hl. Vater Elisäus

[Prophet, um †790 v. Chr.]

Der Prophet Elisäus, auch Elisa genannt, wirkte in der zweiten Hälfte des 9. Jahrhunderts vor Christus. Von Elias zum Propheten berufen, bekämpfte er in Israel den Baalskult und griff nachhaltig in die Zeitereignisse ein. Auch in vielen persönlichen Anliegen seiner Jünger und des Volkes war er Helfer und Wundertäter. Das Generalkapitel von 1399 schrieb das Fest zu Ehren des Propheten für den ganzen Orden vor. Offiziell wurde sein Kult 1584 von der Kirche bestätigt. Seine Kennzeichen sind Grabscheit und Ölkrug.

Das Kirchengebet lautet an seinem Fest:

«Allmächtiger, ewiger Gott, der du in deinem auserwählten Propheten wunderbar gepriesen wirst, gewähre, wir bitten dich, wie du deinen Propheten Elisäus mit des Elias Geist erfüllt hast, in uns die Gnade des Heiligen Geistes zur Übung tugendhafter Werke. Durch Christus unsern Herrn.»

9. Juli

## • Sel. Johanna Scopelli

[Jungfrau, †1491]

Schon in zarter Jugend diente sie Gott in Reinheit und Frömmigkeit. Später gründete sie ein Karmelitinnen Kloster, in dem sie ihren Mitschwestern als leuchtendes, aber unerreichbares Vorbild der Bußstrenge und des Gebetsgeistes vorstand. Ihr Leib ist heute noch unversehrt.

16. Juli

## • Jungfrau Maria vom Berge Karmel

[† um 46 (Dormitio und Aufnahme)]

Den Karmeliten, den Brüdern der allerseligsten Jungfrau Maria, war es immer schon ein Bedürfnis, der Gottesmutter ob ihrer Gunst und Gnaden zu gedenken und zu danken. So kam es nach 1300 zu einer eigenen «Commemoratio sollemnis». Sie wurde ursprünglich am 17. Juli gehalten. Ende des 16. Jahrhunderts wird sie das Hauptfest des Ordens. Im Hinblick auf die Verleihung des Skapulieres an Simon Stock durch Maria (1251) wurde dieses Marienfest auch Skapulierfest genannt. Papst Benedikt XIII. schrieb es 1726 der ganzen Kirche vor, Leo XIII. gewährte 1892 den Besuchern der Karmelkirchen an diesem Hochfest den Toties-Quoties-Ablaß. Pius X. billigte 1913 eine eigene Vigil-Fest- und Votivmesse, Benedikt XV. 1919 eine eignene Präfation. Unter Johannes XXIII. verlor 1960 dieses Fest für die Kirche wieder seinen allgemeinen Charakter. Das Kirchengebet lautet:

«O Gott, du hast den Orden vom Karmel mit dem besonderen Titel der allerseligsten Jungfrau Maria, deiner Mutter, geziert; uns, die wir heute ihr Gedächtnis feierlich begehen, verleihe nun gnädig, daß wir verdienen, unter ihrem Schutz zu den ewigen Freuden zu gelangen. Der du lebst und regierst von Ewigkeit zu Ewigkeit ...».

20. Juli

## • Hl. Vater Elias

[† 9. Jahrhundert v. Chr.]

Er ist der größte Prophet des Nordreiches Israel. Sein Name bedeutet so viel wie: Mein Gott ist Jahwe. Elias stammt aus Thisbe im Ostjordanland. Zeit seines Wirkens ist das 9. Jahrhundert vor Christus. Um die Gegend am Berge Karmel für den wahren Gott zurückzuerobern, hat Elias auf dem Karmel das Gottesurteil über die Baalspriester vollzogen. Auch sonst mag ihm der Karmel eine willkommene Zuflucht geboten haben. Gott hat seinen Propheten auf wunderbare Weise aus dem Leben genommen; das führte zur Ansicht, daß Elias zur Erde wiederkommen werde. Das Kirchengebet lautet:

«Verleihe uns, allmächtiger Gott, so bitten wir, daß du uns, so wie du den heiligen Elias, deinen Propheten und unseren Vater vor dem allgemeinen Tod auf einem Feuerwagen gen Himmel erhoben hast, auch uns, auf seine Fürsprache, so lange wir noch leben, im Geiste immer von dem Irdischen zum Himmlischen erheben und bei der Auferstehung der Gerechten zugleich mit ihm freuen läßt. Durch Christus unsern Herrn.»

*Hl. Theresia von Avila; sie war die berühmte Reformatorin des Karmels im 16. Jahrhundert.*

*Hl. Theresia vom Jesuskind und vom heiligsten Antlitz. Papst Pius X. nannte sie «die größte Heilige der Neuzeit».*

24. Juli

## • Sel. Teresia vom Hl. Augustinus und Gefährtinnen

[Jungfrauen und Märtyrerinnen, † 1794]

Während der Schreckensherrschaft der französischen Revolution wurden die Märtyrinnen von Compiegne, 16 an der Zahl, «wegen Anhänglichkeit an den Glauben, sowie an ihrer Religionsübungen» zu Paris aufs Schafott geschleppt, wo sie den Psalm «Laudate Dominum omnes gentes» auf den Lippen unter dem Fallbeil verbluteten. Todesjahr: 1794.

24. Juli

## • Sel. Maria Pilar vom Hl. Franz Borgia (Jacoba Martínez García)

[Karmelitin, Märtyrin; † 24. Juli 1936]

Jacoba Martínez wurde am 30. Dezember 1877 in Spanien geboren und wählte, dem Beispiel ihrer älteren Schwester folgend, den geistlichen Beruf. Als Ordensnamen erhielt sie Maria Pilar vom heiligen Franz Borgia. Ihr Leitspruch für das Ordensleben war: «Verbunden mit Jesus will ich alles tun aus Liebe zu ihm ... Ich bin Karmelitin, um mit Gott ganz verbunden, eine große Heilige zu werden ...» Als Guadalajara am 22. Juli 1936 in die Hände der roten Milizsoldaten fiel, mußten auch die Unbeschuhten Karmelitinnen fliehen. Um den Häschern zu entkommen, mußten die Schwestern immer wieder ein neues Versteck finden. Auf der Suche nach einem solchen, wurde Schwester Maria, zusammen mit ihren Schwestern Sr. Maria Angeles vom Hl. Joseph und Schwester Maria Theresia vom Jesuskind, schon zwei Tage später entdeckt und erkannt. Die beiden Nonnen Maria Pilar und Maria Angeles wurden von Milizsoldaten mit einer Schußwunde sofort getötet, während Maria Theresia vor dem tödlichen Schuß noch vieles zu erdulden hatte. Die Seligsprechung erfolgte am 29. März 1987.

24. Juli

## • Sel. Maria Theresia vom Kinde Jesus und vom Hl. Johannes vom Kreuz (Eusebia García y García)

[Karmelitin, Märtyrerin; † 24. Juli 1936]

Sie wurde am 5. März 1909 geboren. Mit sieben Jahren wurde Eusebia zu einem Priesteronkel gebracht, der ihre Erziehung den Ursulinen anvertraute. Schon als Kind begeisterte sie sich für die heilige Theresia vom Kinde Jesus. Ihr Leben begeisterte Eusebia sosehr, daß sie dieser Heiligen nachfolgen wollte. Mit 26 Jahren trat sie in den Karmel des Hl. Joseph in Guadalajara ein und erhielt dort den Ordensnamen Schwester Maria Theresia vom Jesuskind und vom Hl. Johannes vom Kreuz. Ihr Wahlspruch «Liebe bezahlt man mit Liebe» wurde auf ihrem Weg der Vollkommenheit all zu schnell erfüllt, als sie am 24. Juli den revolutionären Milizsoldaten in die Hände fiel. Ihr sehnlichster Wunsch, für Christus zu sterben, ging in Erfüllung, als sie die tötliche Kugel traf. Ihre letzten Worte waren: «Es lebe Christus der König!» Die Seligsprechung erfolgte am 29. März 1987.

24. Juli

## • Sel. Maria Angeles vom Hl. Joseph (Marciana Valtiera Tordesillas)

[Karmelitin, Märtyrerin; † 24. Juli 1936]

Sie feiert im Himmel den gleichen Festtag, wie ihre Leidensgenossinnen Schwester Maria Pilar und Schwester Maria Theresia vom Kinde Jesus. Am 6. März 1905 ebenfalls in Spanien geboren, trat sie am 14. Juli 1929 in den Karmel von Guadalajara ein. Sie war schon als Kind eine große Verehrerin der Kleinen Theresia und machte wie sie die Ganzhingabe. Als Ordensschwester war sie eine bescheidene, fröhliche und arbeitsame Karmelitin. Wie die Hl. Theresia vom Kinde Jesus zeigte sie die besondere Treue in den kleinen Dingen.

Am 24. Juli, wenige Stunden vor ihrem Tod, äußerte sie gegenüber der Priorin den Wunsch, für Christus ihr Blut zu vergießen.

26. Juli

## • Sel. Titus Brandsma

[Karmelit, Professor, Redakteur, Märtyrer; † 26. Juli 1942]

Titus Brandsma wurde am 23. Februar 1881 im niederländischen Friesland geboren und trat 1898 dem Karmelitenorden bei. 1905 erhielt er die Priesterweihe und wurde 1909 zum Dr. phil. promoviert. Er gründete eine marianische Zeitschrift, war Chefredakteur einer örtlichen Zeitung und schuf viele Bücher. Trotz schlechter Gesundheit, war Pater Titus immer gut gelaunt und besaß große Herzensgüte.

Schon früh erkannte er die Gefahr des Nationalsozialismus in Deutschland. Er war ein unerschrockener Verteidiger der katholischen Seite. Die Folgen für diesen unermüdlichen Einsatz zeigten sich aber bald: Am 19. Januar 1942 wurde Titus Brandsma von der Gestapo verhaftet und ins Gefängnis gebracht. Schließlich überführte man ihn ins Konzentrationslager nach Auschwitz, wo er härtester Zwangsarbeit unterworfen war. Nachdem man ihm am 26. Juli 1942 eine tödliche Carbolsäure-Spritze verabreichte, wurde sein Leichman eingeäschert. Seligsprechung am 3. November 1985.

30. Juli

## • Sel. Johannes Soreth

[Bekenner, †1471]

Der Selige, ein Sohn der Normandie, hob als General in vielen Konventen die zerfallene Ordenszucht. Er war es auch, der den 3. Orden bestätigte. Die ihm angetragene Bischofs- und Kardinalswürde schlug er in seiner Demut aus.

7. August

## • Hl. Albertus von Trapani

[Bekenner, †1307]

Er wurde in der zweiten Hälfte des 13. Jahrhunderts zu Trapani (Sizilien) geboren. In den Karmelitenorden trat er in seiner Heimatstadt ein. Hier wirkte er besonders als erfolgreicher Prediger. Um 1296 war er Provinzial der Provinz Sizilien. Gestorben ist er am 7. August, wahrscheinlich im Jahre 1307. Sein Grab fand er in Messina.

*Theresia von Avila und Johannes von Kreuz vor dem Hl. Joseph. Bild aus Indien (Heiligtum des Sel. Kuriakos).*

*Teresia Benedicta a cruce hieß mit dem bürgerlichen namen Edith Stein. Abbildung aus ihrer Zeit in Speyer.*

Sein Haupt wird in Trapani verehrt.

Der Heilige war schon bei Lebzeiten ein großer Wohltäter und wurde allenthalben als Heiliger verehrt. Bei seinem Leichenbegräbnis entstand zwischen der Geistlichkeit und dem Volk ein Streit, da dieses verlangte, man solle statt eines Requiems die Messe eines heiligen Bekenners singen. Als man darüber noch nicht schlüssig war, siehe da erschienen in den Lüften zwei Engel und stimmten den Eingang der Messe eines heiligen Bekenners an: «Os justi meditabitur sapientiam». (Der Mund des Gerechten spricht weise.) So hatte der Himmel selbst den Streit geschlichtet.

Am heutigen Tag wird in den Karmelitenkirchen das Albertuswasser geweiht, das schon vielen Fieberkranken auffallend schnelle Hilfe brachte.

Von einem Fest für Albertus von Trapani spricht schon das Generalkapitel vom Jahre 1411, im Brevier der Karmeliten erscheint er 1462. Sixtus IV. hat seinen Kult am 31. Mai 1476 approbiert.

Dargestellt wird Albertus mit der Madonna, die ihm das Jesuskind überreicht (auch mit einem Madonnenbild) mit einer Lilie oder einem Dämon an der Kette.

9. August

## • Hl. Teresia Benedicta a cruce (Edith Stein)

[Jungfrau, Konvertitin, Karmelitin, Märtyrerin; † 9. August 1942]

Edith Stein wurde am 12. Oktober 1891 geboren. Im jüdischen Glauben erzogen, kümmerte sich Edith schon mit 13 Jahren nicht mehr um diese Glaubenslehren. Sie suchte nach der Wahrheit, die sie in diesem Glauben nicht fand ... Nach dem Abitur beschäftigte sie sich mit Phänomenologie und stieß dabei durch die Konfrontation mit den verschiedenen Religionen auf den christlichen Glauben. Auf die Frage nach dem Ewigen konnte sie sich der Existenzmöglichkeit Gottes nicht mehr verschließen.

Im Ersten Weltkrieg entschied sich Edith, im Lazarett ihren Dienst zu erweisen. Zwei Jahre später erhielt sie an der Universität in Freiburg das Doktorat für Philosophie. Dem

Suchen nach dem wahren Glauben wurde aber erst 1921 ein Ende gesetzt, als sie eines Abends bei Freunden die Selbstbiographie der Kirchenlehrerin und Mystikerin Teresia von Avila las. Ein Jahr später war sie nicht nur eine echte Christin, denn fast gleichzeitig vernahm sie den Ruf, ihr Leben ganz Gott zu weihen und der heiligen Teresia in den Karmel zu folgen. Bisweilen wollte ihr Seelenführer aber durchaus verhindern, daß eine Person mit solch hoher Intelligenz sich all zu schnell in ein Kloster zurückzog. In dieser Zeit führte Edith mit viel Geschick manch jüdischen Freund zur katholischen Religion.

Der immer mehr anwachsende Antisemitismus und der Beginn der Judenverfolgung wurde auch Edith bald vor Augen geführt. Sie erkannte, daß auch sie dieses «Holocaustum» erwartete, denn sie war sich voll bewußt, trotz des christlichen Glaubens nicht nur eine geistige Tochter des auserwählten Volkes zu sein, sondern auch blutmäßig. In dieser schweren Zeit der Verfolgung bekam sie die Erlaubnis zum Eintritt in den Karmel und erhielt auf eigenen Wunsch den Namen «Teresia Benedicta a cruce», dem sie alle Ehre brachte: Sie wurde ein Opfer der Judenverfolgung und starb als Märtyrerin in Auschwitz. Am 1. Oktober 1998 wurde sie heiliggesprochen.

18. August

## • Sel. Angelus Augustinus Mazzinghi

[Bekenner, †1433]

Angelus war zeitlebens ein treuer Verehrer Mariens. Die seligste Jungfrau ermunterte ihn auch zum Eintritt in den Karmeliterorden. Als Priester wirkte er viel durch seine Predigten, die durch sein unermüdliches Gebet und durch seine strengen Bußwerke noch an Kraft gewannen. Sein heiliger Leib ruht in der Kirche der Beschuhten Karmeliten zu Florenz gegenüber dem Leib des heiligen Andreas Corsini.

18. August

## • Sel. Mirjam vom gekreuzigten Jesus (Baouardy)

[Karmelitin, † 26. August 1878]

Mirjams Vorfahren stammten aus dem Libanon. Mirjam wurde am 5. Januar 1846 als dreizehntes Kind geboren. Mit drei Jahren Vollwaise, wurde sie von einem Onkel adoptiert. Ihre spätere Kindheit verbringt sie in Ägypten. Kurz vor ihrem 13. Altersjahr wurde Mirjam mit einem jungen Mann verlobt. Die Nacht vor der Vermählung hörte Mirjam die folgenden Worte: «Alles vergeht. Wenn du mir dein Herz schenkst, werde ich immer bei dir bleiben.» Mirjam bleibt Jungfrau und wird fortan als Sklavin behandelt.

Mit einem Diener reist sie nach Nazareth, in der Hoffnung, ihren einzigen leiblichen Bruder Paul zu finden. Der Diener verlangte jedoch bald, daß sie ihrem Glauben abschwöre. Mirjam widersetzte sich, so daß dieser Diener aus Haß sie umbringen wollte. Er durchschnitt ihr die Kehle und verschleppte sie in eine dunkle Gasse Alexandriens (September 1858). Wie Mirjam später erzählte, starb sie an den Folgen des Blutverlustes. In derselben Nacht kam eine schöne Frau in hellen Kleidern zu ihr, die laut Aussagen Mirjams nur die heiligste Jungfrau Maria gewesen sein kann, und erweckte sie wieder zum Leben.

Als obdachloses Mädchen fand sie Zuflucht bei den Franziskanern und fand schließlich eine Arbeitsstelle in einer christlichen Familie. Der Wunsch, ihren Bruder Paul wiederzusehen, wurde so stark, daß sie von neuem nach Jerusalem ziehen wollte. Auf vielen Umwegen gelang sie nach Jerusalem, Beirut und schließlich nach Marseille. Dort trat sie bei den St.-Joseph-Schwestern ein, später bei den Karmelschwestern von Pau (Westfrankreich) und empfing dort als «Schwester Maria vom gekreuzigten Jesus» das Ordenskleid einer Karmelitin am 27. Juli 1867. 1870 kam sie nach Indien, wo sie am 21. November 1871 die Ordensprofeß ablegte. Kurze Zeit später wurde sie aber wieder nach Frankreich zurückgesandt.

Schon vor ihrer Profeß besaß Mirjam die Wundmale des Herrn an ihrem Leib. Nach Frankreich zurückgekehrt, kam es zu übernatürlichen Ereignissen, wie Ekstase und

Entrückungen. Mirjam erhält die Weisung vom Himmel, in Bethlehem einen Karmel zu errichten. 1875 konnte sie dann tatsächlich in ihre Heimat Palästina zurückkehren und nach einem provisorischen Gebäude 1876 einen endgültigen Sitz in Bethlehem beziehen, wo sie am 26. August 1878 eines heiligmäßigen Todes starb.

2. September

## • Hl. Brokard

[Bekenner †1233]

Der heilige Brokard war der zweite General des Karmelitenordens. Als solcher bat er den heiligen Albert, Patriarchen von Jerusalem, um eine geschriebene Regel. Diese ist heute noch die Grundlage des gesamten Karmelitenordens.

25. September

## • Hl. Albert von Jerusalem

[Bischof von Jerusalem, Bek., †1214]

Als Oberhirt der Kirche von Jerusalem war Albertus auch der Vorgesetze der Einsiedler auf dem Karmel. Diese wandelten würdig und fromm in den Fußstapfen des heiligen Propheten Elias. Die menschliche Natur ist indes stets geneigt, das leichtere zu wählen. Um diesem Übel vorzubeugen, bat der damalige Ordensgeneral, der heilige Brokard, den heiligen Patriarchen, eine Ordensregel zu verfassen. Dieser willfahrte dem Wunsch und ist so zum Gesetzgeber des Karmelitenordens geworden (um 1210).

3. Oktober (1. Oktober)

## • Hl. Theresia vom Kinde Jesus und vom Hl. Antlitz, von Lisieux

[Jungfrau, Kirchenlehrerin, †1897]

Die kleine weiße Blume, geboren 1873 zu Alençon in Frankreich, trat schon im Alter von 15 Jahren den Töchtern der heiligen Theresia bei. Ob ihrer Anmut und Frömmigkeit wurde sie der Liebling aller, ohne jedoch bei ihren Mitschwestern im Rufe der Heiligkeit zu stehen. Sie konnte ja wegen ihrer Kränklichkeit keine außerordentlichen Bußwerke üben. Aber sie blieb kindlich fromm, wie sie es als Kind gewesen war, erfüllte ihre Pflichten aufs genauste und benützte eifrig jede Gelegenheit, die sich ihr bot, Tugenden zu üben. So wurde sie in kurzer Zeit so losgeschält von aller Anhänglichkeit an das Irdische, daß nur einzig und allein Gott der Grund und das Ziel ihres Denkens, Strebens und Handelns war. Im Blütenalter von nur 24 Jahren flog ihre reine Seele ihrem himmlischen Bräutigam entgegen. Ihrem Wahlspruch: «Meinen Himmel will ich damit zubringen, Gutes zu tun auf Erden», befolgte die Heilige nach ihrem Tod in freigebigster Weise. Denn nach ihrem Hinscheiden ergoß sich ein wahrer Gnadenregen auf jene, die vertrauensvoll ihre Fürbitte anriefen. So ist diese Heilige für unsere Zeit zur Lieblingsheiligen des ganzen katholischen Volkes geworden. Am 29. April 1923 wurde sie von Papst Pius XI. unter die Zahl der Seligen aufgenommen und im Jubeljahr, am 17. Mai 1925, heilig gesprochen. Im Jahre 1927 wurde die kleine Theresia zur Patronin der Weltmissionen erklärt. 1997 wurde sie zur Kirchenlehrerin proklamiert.

15. Oktober

## • Hl. Teresia von Avila

[Jungfrau, Reformatorin †1582]

Diese heilige Mutter, neben Isabella die größte Tochter der iberischen Halbinsel und ein glänzender Stern am Himmel der heiligen Kirche, war von Gott ausersehen, den altehrwürdigen Karmelitenorden zu reformieren. Aller Mittel bar gründete sie im Verlauf von 20 Jahren unter den größten Schwierigkeiten 17 Nonnen- und 15 Männerklöster der Reform. Als mystische Schriftstellerin steht sie einzigartig da und mit Recht wird in der Festoration ihre Lehre eine himmlische Speise genannt. Wegen der Schönheit ihrer Sprache nimmt sie einen Ehrenplatz unter den Klassikern ihres Landes ein. Ein Leibniz zollte der philosophischen Tiefe ihrer Schriften Lob und Anerkennung. «Wer wird mir gewähren, eine solche Frau zu sehen!» rief eines Tages der große König Philipp II. von Spanien aus. Im Jahre 1814 war sie durch die weltlichen und geistlichen Behörden feierlich zur Patronin ihres Vaterlandes erwählt worden.

Teresia wurde am 28. März 1515 zu Avila (Spanien) geboren. Am 2. November 1535 trat sie in ihrer Heimatstadt in das Karmeliterinnenkloster der Menschwerdung ein. Nach ihrer Profeß kam sie durch eine schwere Nervenkrankheit dem Tode nahe. Sie machte im Jahre 1553 mit dem Zug zur Beschaulichkeit und Hingabe an Gott Ernst. Gott belohnte sie dafür mit vielen außerordentlichen Gnaden. Über ihr mystisches Leben unterrichten ihre eigenen Schriften, besonders «Der Weg zur Vollkommenheit» und «Die Seelenburg». Sie starb am 4. Oktober 1582 zu Alba de Tormes. Hier in der Karmelitinnenkirche ruht auch ihr Leib und ihr von einem Seraph durchbohrtes Herz. Am 24. April 1614 wurde Teresia selig- und am 12. März 1622 heiliggesprochen. Sie wird oft mit einem Herzen oder einem Buch (auch mit Doktorhut) dargestellt.

21. Oktober

## • Hl. Hilarion

[Abt, †371]

Der Heilige, ein Sohn heidnischer Eltern, nahm zu Alexandria den christlichen Glauben an. Vom Ruf des heiligen Einsiedlers Antonius angezogen, ging er in die Wüste, um hier ein strenges Bußleben zu führen. Tausende von Schülern schlossen sich ihm an.

26. Oktober

## • Fest der Übertragung des Leibes des Hl. Andreas Corsini

[1683]

Als Papst Urban VIII. den Seligen in das Verzeichnis der Heiligen aufnahm, ließ die Familie der Fürsten Corsini eine Kapelle der Karmelitenkirche zu Florenz prächtig herrichten, um sie zu einer würdigen Ruhestätte für den heiligen Leib zu gestalten. Damals – 310 Jahre nach dem Tode – wurde derselbe noch unversehrt gefunden.

30. Oktober

## • Hl. Serapion

[Bischof und Bekenner, †213]

Serapion, ein Heiliger aus der Entwicklungszeit des Ordens, Bischof von Antiochien, war ein gotterleuchteter Eiferer gegen die Irrlehrer, die sich zu seiner Zeit gegen die Kirche erhoben. Die Wahrheit ging ihm über alles. Als er einmal eine Schrift empfohlen hatte, die, wie sich später herausstellte, Glaubensirrtümer enthielt, nahm er sofort seine Aussage öffentlich zurück.

6. November

## • Sel. Nonius

[Bekenner, †1430]

Einer hochadeligen spanischen Familie entsprossen, wählte er schon in früher Jugend den Soldatenstand zu seinem Beruf. Nachdem er sich in mehreren Schlachten ausgezeichnet hatte, verließ er den Kriegsdienst und wurde ein einfacher Karmelitenlaienbruder. In seiner tiefen Demut konnte man ihn nicht dazu bewegen, die Priesterwürde anzunehmen. Papst Benedikt XV. hieß seine Verehrung gut und gestattete seine Festfeier.

7. November

## • Sel. Franziska Amboise

[Witwe, †1485]

Die Selige, Herzogin der Bretagne, führte schon in der Welt ein äußerst strenges Leben. Sie fastete überaus streng, geißelte sich oft und trug unter dem Hermelin ein Bußgewand. Die Ehren und Vergnügungen des Hoflebens waren ihr eine unerträgliche Last. Sie ließ sich vom Seligen Johannes Soreth in den Karmel einkleiden. Nach ihrem Tod im Kloster zu Coneto bei Nancy geschahen an ihrem Grab viele Wunder.

7. November

## • Hl. Raphael vom Hl. Joseph Kalinowski

[Karmelit, † 15. November 1907]

Der Selige Raphael vom Hl. Joseph Kalinowski wurde am 1. September 1835 als Sohn eines Professors geboren. Als Student zeichnete er sich durch hohe Intelligenz und Frömmigkeit aus. Bevor er aber den geistlichen Beruf wählte, führte er als Oberst die Genietruppe im Generabstab der zaristischen Armee an. In dieser Zeit reifte er zu einem vorbildlichen Gottesmann heran. Seine Ansprüche reduzierte er auf ein Minimum und mobilisierte seine ganzen Kräfte für seine Mitmenschen.

Als er die Aufgabe als Anführer der Volkserhebung für Litau übernahm, stellte er die Bedingung, niemals ein Todesurteil fällen oder vollstrecken zu müssen. Am 25. März 1864 wurde er verhaftet und zum Tode verurteilt. Weil aber die russische Behörde fürchtete, aus ihm mit dieser Strafe einen Märtyrer und Heiligen zu machen, milderten sie das Urteil und gaben ihm 10 Jahre Kerkerstrafe. So ging er einer qualvollen Zeit entgegen, die ihn als Arbeiter in Bergwerke von Sibirien brachte. Dorthin wurde er am 29. Juni 1864 verschleppt. Stattdessen über seine Leiden zu klagen, war er derjenige, der seine Leidensgenossen tröstete und ermutigte. So versprach er – so ihm ein normales Leben wieder geschenkt werde – einem Orden beizutreten. Im Frühjahr 1873 erfolgte seine Freilassung.

Nachdem er einige Jahre als Erzieher bei den Salesianern in Frankreich gewirkt, begann er am 16. Juli 1877 in Graz sein Noviziat im Karmel. Fünf Jahre später wurde er zum Priester geweiht.

Seinen Mitbrüdern galt er als Beispiel der Bußstrenge. Sein besonderes Anliegen war die Bekehrung Rußlands. Als Karmelit verbrachte er viele Stunden im Beichtstuhl, so daß er von seinen Zeitgenossen «Märtyrer des Beichtstuhls» genannt wurde.

Raphael vom Hl. Joseph Kalinowski starb am 15. November 1907. Seligsprechung am 22. Juni 1983; Heiligsprechung am 17. November 1991.

9. November

## • Sel. Elisabeth Catez von der heiligsten Dreifaltigkeit

[Karmelitin, † 9. November 1906]

Die Selige ist bekannter unter dem Namen «Elisabeth von Dijon». Am 18. Juli 1880 in Frankreich geboren, wurde Elisabeth schon als Kind mit dem Karmel vertraut, weil sie regelmäßig bei der damaligen Priorin Rat für den Fortschritt im geistlichen Leben holte. Am 2. August 1901 trat sie selbst in den Karmel ein und erhielt den Ordensnamen Elisabeth von der Hl. Dreifaltigkeit. Dieser Name gab ihrem Ordensleben den ganzen Inhalt. Ihr Wunsch, die Hl. Dreifaltigkeit schleierlos zu betrachten war so groß, daß ihre Gedanken sich nur noch mit dem beschäftigten bis zu ihrem Tod am 9. November 1906. Seligsprechung am 25. November 1984.

14. November

## • Allerheiligen des Ordens

[...]

Mit der Einführung eines eigenen Allerheiligenfestes folgte der Karmel dem Brauch anderer Orden. So ist es zu verstehen, daß sich im Karmel-Brevier der Hymnus «Avete, solitudinis» findet, der schon im 16. Jahrhundert, wenn nicht noch früher entstand. An der Einführung des Festes war wohl S. E. Johannes Kardinal Bona beteiligt, der sich 1672 für neue Offizien im Brevier der Karmeliten einsetzte. Zum ersten Mal begegnet unser Fest im Supplementum dieses Kardinals zum karmelitanischen Brevier von 1672.

16. November

## • Sel. Ludwig Morbioli

[Bekenner, †1495]

Ludwig Morbioli aus Bologna führte in seiner Jugend ein lockeres Leben, wurde aber durch eine Krankheit zur Einsicht gebracht. Ein neues Leben begann er mit dem Eintritt in den 3. Orden unserer Lieben Frau vom Berge Karmel, dort wurde er nun ein Muster der Tugend und Selbstverleugnung.

24. November (14. Dezember)

## • Hl. Johannes vom Kreuz

[Bekenner, Kirchenlehrer, †1591]

Sprosse einer verarmten spanischen Adelsfamilie, zeichnete er sich schon in seiner Jugend durch Neigung zum Gebetsleben und zur tätigen Nächstenliebe aus. Er trat dem altehrwürdigen Karmelitenorden bei. Da ihm die Lebensweise dieses Ordens wegen der Milderungen nicht streng genug schien, trug er sich mit der Absicht, Kartäuser zu werden. Nach Gottes weisem Ratschluß trat er aber mit der heiligen Theresia zusammen, die ihn für die Reform des Ordens gewann. Im armen Kloster zu Durvelo, dessen einzigen Schmuck Kreuze aus Baumrinde und Totenschädel bildeten, legte er die Profeß auf die ursprüngliche Regel ab. Aber nur zu bald zogen sich trübe Gewitterwolken über seinem Haupt zusammen. Seine eigenen Mitgründer feindeten ihn als den hervorragendsten Vertreter der Reform an und nahmen ihn sogar in Haft. Auf die Frage des Heilandes, welchen Lohn er für sein opfer- und tatenreiches Leben verlange, gab er zur Antwort: «Herr, leiden und verachtet werden!» Von den Härten der Nachstellungen und der Strenge seines Bußlebens aufgerieben, gab er schon im Alter von 49 Jahren seine jungfräuliche Seele ihrem Schöpfer zurück. Noch mehr, als durch die Heiligkeit seines Lebens wirkt er durch seine mystischen Schriften auf die Nachwelt ein. «Voll der himmlischen Weisheit ist die mystische Theologie des heiligen Johannes», heißt es in der Heiligsprechungsbulle. Im Jahre 1927 wurde er zum Kirchenlehrer ernannt.

29. November

## • Sel. Dionysius; Sel. Redemptus

[Märtyrer, †1638]

Der selige Dionysius, ein Franzose, war vor seinem Eintritt in den Karmel Oberlotse der indischen Meere in portugiesischen Diensten. In den Orden eingetreten, oblag er den theologischen Studien und wurde zum Priester geweiht.

Der selige Redemptus, ein Portugiese, diente zuerst als Hauptmann der vaterländischen Schutztruppe, dann trat er als Laienbruder in den Karmelorden ein. Beide mußten sich an einer Gesandtschaft nach Sumatra beteiligen. Hier wurden sie wegen ihres Glaubens von den fanatischen Mohammedanern gefangen genommen und grausam hingemordet.

5. Dezember

## • Sel. Bartholomäus Fanti

[Bekenner, † 1495]

Bartholomäus, zu Mantua geboren, zeichnete sich schon in der Jugend durch hervorragende Bildung und noch mehr durch ein herrliches Tugendbeispiel aus. Über seinen Beruf klar geworden, trat er in das Karmelkloster seiner Vaterstadt ein, das durch seine besonders strenge Klosterzucht in Ansehen stand. Rasch schritt er auf dem Weg der Vollkommenheit voran. Besonders war er von einer glühenden Andacht zum allerheiligsten Altarssakrament erfüllt, vor dem er nicht selten Tag und Nacht kniete. Oft heilte er Kranke, indem er sie nur mit dem Öl des ewigen Lichtes bestrich. Sein heiliger Leib ruht im Dom zu Mantua.

9. Dezember

## • Fest der Übertragung des Leibes der heiligen Maria Magdalena von Pazzis

[1628]

Der heilige Leib Magdalenas, dieses Engels im Fleische, ruhte seit ihrem Tode in der ehemaligen Karmelitinnenkirche zu Florenz. Beim Umzug in ein neues Kloster nahmen die Schwestern den heiligen Leib mit sich. Er ist heute noch unverwesen und liegt unter der Mensa des Hochaltares der neuen Kirche.

11. Dezember

## • Hl. Maravillas von Jesus

[Jungfrau, † 1974]

Die heilige Maravillas von Jesus hieß mit dem bürgerlichen Namen Maria Maravillas Pidal y Chico de Guzmán. Für Ihren Bräutigam Jesus, dem sie im zarten Alter von fünf Jahren bereits die Jungfrauschaft gelobte, war ihr keine Mühe zu gering. Sie trat in das Kloster der Unbeschuhten Karmelitinnen in Madrid ein. Sie gründete zahlreiche Klöster in Indien und Spanien. Während des Spanischen Bürgerkrieges rettete sie viele Schwestern vor dem Tod. Sie starb am 11. Dezember 1974, tiefbetrauert von all den Ihren. Seligsprechung am 10. Mai 1998; Heiligsprechung am 4. Mai 2003.

11. Dezember

## • Sel. Francus

[Bekenner, † 1291]

Der selige Francus führte als junger Mann ein sehr ausschweifendes Leben, so daß ihn Gott mit Blindheit schlug. Blind dem Leibe, aber nun sehend dem Geiste nach, bereute er seine Sünden. Auf einer Wallfahrt nach Compostella, erhielt er am Grab des heiligen Apostels Jakobus das Augenlicht wieder. Nach seiner Heimatstadt Siena zurückgekehrt, erbaute er seine Mitbürger ebenso durch frommen Eifer, wie er ihnen vorher Ärgernis gegeben hatte. Auf göttliche Mahnung hin nahm er das Ordenskleid vom Berge Karmel. Im Orden erfüllte sein bußfertiges Leben alle mit Bewunderung. Reich an Verdiensten und Werken der strengsten Buße starb er im Alter von 89 Jahren.

14. Dezember

## • Hl. Spiridion

[Bischof und Bekenner, † um 348]

Zuerst verheiratet, wurde Spiridion später Bischof. Rufinus erzählt, daß er ein Mann aus dem Orden der Propheten sei. Die eine Hälfte seiner Einkünfte verschenkte er sofort an die Armen, die andere Hälfte behielt er nur, um sie zu guten Zwecken zu verwenden. Er starb auf Zypern, von wo sein Leib nach Korfu gebracht wurde.

16. Dezember

## • Sel. Maria von den Engeln

[Jungfrau, † 1717]

Die Selige, eine Blutsverwandte des heiligen Aloysius, begann schon im zarten Mädchenalter ein Leben der Vollkommenheit zu führen. Nach Überwindung vieler und großer Schwierigkeiten Karmelitin geworden, mußte sie sechs Jahre lang alles geistigen Trostes entbehren. Danach aber belohnte sie Gott um so reichlicher mit himmlischem Licht und Trost. Mit prophetischem Geist erfüllt und mit der Gabe der Wunder beglückt, verschied sie, fromm und rein, wie sie gelebt hatte. Papst Pius IX. nahm sie in die Zahl der Seligen auf.

30. Dezember

## • Hl. Dionysius

[Papst und Bekenner, † 269]

Der Heilige gehörte vor seiner Erwählung zum Papst den Einsiedlern an, die nach dem Beispiel des Hl. Elias am Jordan lebten. Im Jahre 259 bestieg er den päpstlichen Stuhl. Einen großen Teil seines Pontifikates verbrachte er mit der Abwehr der Irrlehren, die damals die Reinheit des Glaubens bedrohten. Zu diesem Zweck berief er auch im Jahre 262 ein Konzil nach Rom. Nach einem Leben voll Arbeit und Mühe ging der verdienstvolle Mann durch einen heiligen Tod zur ewigen Vergeltung ein.

*Das Karmelkloster auf dem Karmelberg.*

## Das Karmelskapulier: ABLÄSSE nach der alten Ablaßordnung

### *Vollkommene Ablässe*

1. Am Tag der Aufnahme (Beicht, Kommunion und Ablaßgebet).

2. Am Skapulierfest den 16. Juli oder am folgenden Sonntag oder an einem anderen Tag in der Oktav (Beicht, Kommunion und Ablaßgebet).

3. Am Fest der unbefleckten Empfängnis, Geburt, Opferung, Lichtmeß, Verkündigung, Heimsuchung und Himmelfahrt Mariä (Beicht, Kommunion, Kirchenbesuch und Ablaßgebet).

4. An den Festen des Hl. Joseph, des Hl. Simon Stock (16. Mai), der Hl. Anna, des Hl. Michael, der Hl. Teresia von Avila (Beicht, Kommunion, Kirchenbesuch und Ablaßgebet).

5. An allen Mittwochen des Jahres (Beicht, Kommunion, Kirchenbesuch und Ablaßgebet).

*Kirchenbesuch: Man muß eine Kirche des Karmeliterordens oder in Ermangelung derselben die Pfarrkirche besuchen; ist der Besuch einer Kirche nicht möglich, so kann der Beichtvater stattdessen andere fromme Werke auflegen.)*

6. Einmal monatlich (Beicht, Kommunion, Kirchenbesuch und Ablaßgebet) – auch muß man der Prozession der Skapulierbruderschaft beiwohnen oder im Verhinderungsfall die Kirche oder Kapelle der Bruderschaft besuchen. Reisende, Kranke, Gefangene usw. gewinnen den Ablaß, wenn sie an diesem Sonntag die kleinen Tagzeiten von der allerseligsten Jungfrau, oder wenigstens fünfzig Vaterunser und Ave Maria beten sowie Reu und Leid mit dem festen Vorsatz erwecken, so bald als möglich die heiligen Sakramente zu empfangen.

7. In der Todesstunde.

8. Ablaß des privilegierten Altars für alle heiligen Messen, welche für verstorbene Mitglieder gelesen werden.

### *Unvollkommene Ablässe*

1. Ablaß von 100 Tagen für das andächtige Beten der Tagzeiten.

2. Ablaß von 300 Tagen für die Enthaltung von Fleischspeisen an den Mittwochen, Freitagen und Samstagen.

3. Ablaß von 40 Tagen, wenn man täglich 7 Vaterunser und Gegrüßt seist du Maria zu Ehren der sieben Freuden der allerseligsten Jungfrau betet.

4. Ablaß von 5 Jahren und 5 Quadragenen, wenn man die heilige Wegzehrung zu den Kranken begleitet.

5. Ablaß von 100 Tagen für jedes Werk der Frömmigkeit oder Nächstenliebe, wenn man zum Beispiel die Leiche eines Verstorbenen zu Grabe geleitet und für ihn betet, oder die Not der Armen lindert, oder Feinde aussöhnt, oder Unwissende in den Heilswahrheiten unterrichtet.

Die Kirchen der Karmeliter haben an den im Römischen Meßbuch angezeigten Tagen die Ablässe der Stationen von Rom. Wo es keine Ordens- oder Bruderschaftskirche gibt, können die Mitglieder die Stationsablässe durch den Besuch ihrer Pfarrkirche und Ablaßgebet daselbst gewinnen.

Von Papst Paul V., Benedikt XIV., Clemens X. Sie sind zuwendbar. (Summarium indulgentiarum et gratiarum etc. Romæ 1866).

Für die Gewinnung dieser Ablässe ist kein tägliches Bruderschaftsgebet vorgeschrieben. «Es besteht zur Gewinnung der Ablässe des Skapuliers kein Gesetz, daß man täglich 7 Vaterunser und Gegrüßt seist du Maria bete.» (Antwort des Generals der Karmeliter vom 7. Mai 1838). Werden aber die Tagzeiten für das «samstägliche Privilegium» in ein anderes Gebet umgewandelt, so muß man dasselbe treu verrichten, falls man auf jenes Privilegium Anspruch machen will.

Anmerkung zum «Samstagsprivilegium»:

Nach wahrem Bedürfnis der betreffenden Personen kann vom Beichtvater oder vom Priester, der die Auflegung des Skapulieres vornimmt, die Verpflichtung der Tagzeiten in ein anderes Werk umgewandelt werden, zum Beispiel das Beten des täglichen Rosenkranzes.

# Karmelskapulier SEGNUNG/AUFLEGUNG

Dem römischen Rituale entlehnt: Approbata a S.R.C., die 24 Iulii 1888

V. (Priester): Erzeige, Herr, uns deine Huld.
R. (Volk): Und schenke uns dein Heil.
V. Herr, erhöre mein Gebet.
R. Und laß mein Rufen zu dir kommen.
V. Der Herr sei mit euch.
R. Und mit deinem Geiste.

V. Ostende nobis, Domine, misericordiam tuam.
R. Et salutare tuum da nobis.
V. Domine, exaudi orationem meam.
R. Et clamor meus ad te veniat.
V. Dominus vobiscum.
R. Et cum spiritu tuo.

Herr Jesus Christus, Erlöser des Menschengeschlechts, hei ✠ lige durch deine Rechte dieses Kleid, das dein(e) Diener(in) aus Liebe zu dir und zu deiner Mutter, der Jungfrau Maria vom Berge Karmel tragen wird, damit durch ihre Fürbitte, geschützt gegen den bösen Feind, er (sie) bis zum Tode in deiner Gnade verharrt; der Du lebst und herrschest in alle Ewigkeit.
R. Amen.

Dómine Iesu Christe, humáni generis Salvátor, hunc hábitum, quem propter tuum tuǽque Genitricis Vírginis Maríæ de Monte Carmélo amórem servus tuus (vel ancílla tua) devóte est delatúrus (-a), déxtera tua sanctífi ✠ ca, ut eádem Genitríce tua intercedénte, ab hoste malígno defensus (-a) in tua grátia usque ad mortem persevéret: Qui vivis et regnas in sǽcula sæculórum.
R. Amen.

*Der Priester besprengt nun das (die) Skapulier(e).*

*FINDET KEINE AUFLEGUNG, SONDERN LEDIGLICH EIN SEGNEN VON SKAPULIEREN ODER MEDAILLEN STATT, IST DIE SEGNUNG HIERMIT ABGESCHLOSSEN!*

*Wenn eine Auflegung des Skapulieres stattfindet, bekleidet der Priester nun die Person(en), indem er folgende Gebete spricht (das Gebet «Accipe hunc» wird für jede Person einzeln gesprochen, das folgende «Ego ex» aber nur einmal für die Gruppe).*

Nimm dieses geweihte Skapulier an und bete zur seligsten Jungfrau, du mögest es durch ihre Verdienste ohne Makel tragen, daß es dich gegen jedes Mißgeschick verteidigt und dich zum ewigen Leben führt.
R. Amen.

Accipe hunc habitum benedictum precans sanctissimam Virginem, ut eius meritis illum perferas sine macula, et te ab omni adversitate defendat, atque ad vitam perducat æternam.
R. Amen.

Ich, mittels der mir verliehenen Gewalt, empfange dich (euch) zur Teilnahme an allen geistlichen Gütern, die durch die Barmherzigkeit Jesu Christi von den Ordensleuten vom Berge Karmel verrichtet

Ego, ex potéstate mihi concéssa, recipio te (vos) ad participatiónem ómnium bonórum spirituálium, quæ, cooperánte misericórdia Iesu Christi, a Religiósis de Monte Carmélo peragúntur.

werden. Im Namen des Vaters, des Sohnes, ✠ und des Heiligen Geistes. Amen.

In nómine Patris, et Fílii, ✠ et Spíritus Sáncti.
R. Amen.

Es segne dich (euch) ✠ der allmächtige Gott, Schöpfer des Himmels und der Erde, der es geruht hat, dich (euch) der Bruderschaft der seligen Jungfrau Maria vom Berge Karmel anzuschließen; sie bitten wir, sie möge in der Stunde deines (euren) Todes das Haupt der alten Schlange zertreten, damit du (ihr) zuletzt die Palme und die Krone des ewigen Erbes erlang(s)t. Durch Christus unseren Herrn.
R. Amen.

Bene ✠ dícat te (vos) Cónditor cœli et terræ, Deus omnipotens, qui te (vos) cooptáre dignátus est in Confraternitátem beátæ Mariæ Virginis de Monte Carmélo : quam exorámus, ut in hora óbitus tui (vestri) cónterat caput serpéntis antíqui, atque palmam et corónam sempitérnæ hereditátis tandem consequáris (consequámini). Per Christum, Dominum nostrum.
R. Amen.

*Der Priester besprengt hierauf die Person(en) mit Weihwasser.*

*Die im roten Rahmen angegebene Weiheformel gilt für die Segnung des Skapuliers. Priester, die für die Gläubigen eine Skapuliermedaille (Karmelskapulier) weihen wollen, können sich dieser Weiheformel bedienen.*

**«Unsere Liebe Frau wünscht, daß alle Gläubigen das heilige Skapulier tragen!»**

*Sr. Lucia von Fatima*

LITERATUR:


- Brockhoff, D. E. L.: «Die Klosterorden der hl. katholischen Kirche». Münster in Westfalen 1901.
- Franz Beringer: «Die Ablässe, ihr Wesen und Gebrauch». Handbuch für Geistliche und Laien. Dreizehnte, von der Hl. Ritenkongregation approbierte und als authentisch anerkannte Auflage. Paderborn 1906.
- Deckert, P. Dr. Adalbert, OCarm: «Hymnen des Karmel-Breviers an den Festtagen von Ordensheiligen». Volkach vor Würzburg 1963.
- Enrique F. Steve: «Espiritualidad del Escapulario del Carmen». Madrid 1964.
- Pater Thaddäus Ballsieper O.Carm.: Das Schutzkleid Mariä oder das Skapulier vom Berge Karmel, Fürth (Bayern) 1946.
- Das fünffache Skapulier: Verein Maria vom Sieg e.V., D-Wigratzbad 1980.
- John Mathias Haffert: Sign of Her Heart (formerly: Mary in Her Scapular Promise), Ave Maria Institute, Washington, New Jersey 1971.
- Andreas Johannes Fuhs: Fatima und der Friede, Steyler Verlag, 1983.
- Zeitschrift «Philomena»: Ausgabe Nr. 8 (2/1992), Theresia-Verlag, Schwyz 1992.
- Josef Fattinger: «Der Katechet erzählt. Beispielsammlung für Schule, Haus, Kanzel und Beichtstuhl in Anlehnung an den neuen österreichischen Katechismus.» Bd I, II, III. Ried im Innkreis (Österreich) 1934.
- «Ablaßbuch». Neue amtliche Sammlung der von der Kirche mit Ablässen versehenen Gebete und frommen Werke. Regensburg [3]1952.
- Weninger, Redemptus vom Kreuz OCD: «Geschichte des Karmelordens». [Aus dem Französischen übersetzt und ergänzt von P. Redemptus]. Linz a. d. Donau 1914.

# Karmelskapulier

## *Drei Auflegungszeremonien im Vergleich*

Dem römischen Rituale entlehnt.

**FORMULA BREVIOR**
*Kurzformel*

**FORMULA BREVIOR benedicendi et imponendi scapulare Beatæ Mariæ Vírginis de monte Carmélo**

QUÆ ADHIBERI POTEST, PRÆSERTIM IN PRIVATIS RECEPTIONIBUS, VEL OCCASIONE MAGNI CONCURSUS, AD MAIOREM SACERDOTIS RECIPIENTIS COMMODITATEM. (Approbata a S.R.C., die 24 Iulii 1888)

Persona recipienda ad Habitum genuflexa, Sacerdos, superpelliceo et stola albi coloris, aut saltem stola, indutus, dicat:

V. Ostende nobis, Domine, misericordiam tuam.
R. Et salutare tuum da nobis.
V. Domine, exaudi orationem meam.
R. Et clamor meus ad te veniat.
V. Dominus vobiscum.
R. Et cum spiritu tuo.

Dómine Iesu Christe, humáni generis Salvátor, hunc hábitum, quem propter tuum tuǽque Genitricis Vírginis Maríæ de Monte Carmélo amórem servus tuus (vel ancílla tua) devóte est delatúrus (-a), déxtera

**FORMULA I**
*Weiheformel I*

**BENEDICTIO et IMPOSITIO SCAPULARIS Beatæ Mariæ Vírginis de monte Carmélo**

Persona recipienda ad Habitum genuflexa, Sacerdos, superpelliceo et stola albi coloris, aut saltem stola, indutus, dicat:

Ant. Suscepimus, Deus, misericórdiam tuam in médio templi tui : secundum nomen tuum, Deus, sic et laus tua in fines terræ, iustitia plena est déxtera tua.
Kyrie, eléison.
Christe eléison.
Kyrie eléison.
Pater noster secreto usque ad
V. Et ne nos indúcas in tentationem.
R. Sed líbera nos a malo.

**Pro uno vel una**

V. Salvum (-am) fac servum tuum (ancillam tuam)
R. Deus meus, sperántem in te.
V. Mitte ei, Dómine, auxílium de sancto.
R. Et de Sion tuére eum (eam).
V. Nihil profíciat inimícus in eo (ea).
R. Et fílius iniquitatis non appónat nocére ei.

**FORMULA II (Solemnis)**
*Feierliche Formel (II)*

**Alia BENEDICTIO et IMPOSITIO SCAPULARIS Beatæ Maríæ Virginis de monte Carmélo**

Persona recipienda ad Habitum genuflexa, Sacerdos, superpelliceo et stola albi indutus, dicat:

Ant. Suscépimus, Deus, misericórdiam tuam in médio templi tui : secúndum nomen tuum, Deus, sic et laus tua in fines terræ, iustítia plena est déxtera tua.

**Psalmus 47**

Magnus Dóminus et laudábilis valde, * in civitáte Dei nostri.
Mons sanctus eius, collis præclárus, * gáudium est univérsæ terræ ;
Mons Sion, áquilo extrémus, * cívitas est Regis magni.
Deus, in árcibus eius * sese probácit munímen tutum.
Ecce enim reges congregáti sunt, * irruérunt simul.
Vixdum víderant, obstupuérunt, * conturbáti sunt, diffugérunt.
Tremor invásit eos ibídem, * dolor velut parturiéntis.
Ut cum ventus Oriéntis * confríngit naves Tharsis.
Sicut audívimus, sic vídimus, * in civitáte Dómini exercítuum,
In Civitáte Dei nostri : * Deus confírmat eam in ætérnum.
Recólimus, Deus, misericórdiam tuam * intra templum tuum.
Sicut nomen tuum, Deus, sicut et

**FORMULA BREVIOR**
*Kurzformel*

tua sanctífi ✠ ca, ut eádem Genitríce tua intercedénte, ab hoste malígno defensus (-a) in tua grátia usque ad mortem persevéret: Qui vivis et regnas in sǽcula sæculórum.
R. Amen.

Deinde aspergat Habitum aqua benedicta, et postea illum imponat personæ vel personis (cuilibet separatim), dicens:

Accipe hunc habitum benedictum precans sanctissimam Virginem, ut eius meritis illum perferas sine macula, et te ab omni adversitate defendat, atque ad vitam perducat æternam.
R. Amen.

Postea subiungat:
Ego, ex potéstate mihi concéssa, recipio te (vos) ad participatiónem ómnium bonórum spirituálium, quæ, cooperánte misericórdia Iesu Christi, a Religiósis de Monte Carmélo peragúntur.
In nómine Patris, et Fílii, ✠ et Spíritus Sáncti.
R. Amen.

Bene ✠ dícat te (vos) Cónditor cœli et terræ, Deus omnipotens, qui te (vos) cooptáre dignátus est in Confraternitátem beátæ Mariæ Virginis de Monte Carmélo : quam exorámus, ut in hora óbitus tui (vestri) cónterat caput serpéntis antíqui, atque palmam et corónam sempiternæ hereditátis tandem conse-

**FORMULA I**
*Weiheformel I*

V. Domine, exaudi orationem meam.
R. Et clamor meus ad te veniat.
V. Dominus vobiscum.
R. Et cum spiritu tuo.

Orémus Oratio
Suscípiat te (vos) Christus in número fidélium suórum, et nos, licet indígni, te (vos) suscípimus in orationibus nostris. Concédat tibi (vobis) Deus per Unigénitum suum, mediatórem Dei et hóminum, tempus bene vivéndi, locum bene agéndi, constántiam bene perseverándi, et ad ætérnæ vitæ hereditátem felíciter perveniéndi : et sicut nos hódie fratérna cáritas spirituáliter iungit in terris, ita divína píetas, quæ dilectiónis est auctrix et amátrix, nos cum fidélibus suis coniúngere dignétur in cælis. Per eúmdem Christum Dóminum nostrum.
R. Amen.
V. Adiutórium nostrum in nómine Dómini.
R. Qui fecit cælum et terram.
V. Sit nomen Dómini benedíctum.
R. Ex hoc nunc, et usque in sǽculum.
V. Dómine, exáudi oratiónem meam.
R. Et clamor meus ad te véniat.
V. Dóminus vobíscum.
R. Et cum spíritu tuo.

Orémus Oratio
Ætérne Pater et omnípotens Deus, qui Unigéni-

**FORMULA II (SOLEMNIS)**
*Feierliche Formel (II)*

laus tua * pertíngit ad fines terræ.
Iustítia plena est déxtera tua : * lætétur mons Sion,
Exsúltent civitátes Iuda * propter iudícia tua.
Perlustráte Sion, et circuíte eam, * numeráte turres eius.
Consideráte propugnácula eius, * percúrrite arces eius,
Ut enarrétis generatióni futúræ : * «Tantus est Deus, Deus noster in ætérnum et semper : * ipse nos ducet».
Gloria Patri.

### Psalmus 132
Ecce quam bonum et quam iucúndum, * habitáre fratres in unum :
Sicut óleum óptimum in cápite, † quod défluit in barbam, barbam Aaron, * quod défluit in oram vestiméntis eius ;
Sicut ros Hermon, * qui descéndit super montem Sion : Nam illic largítur Dóminus benedictiónem, * vitam usque in sǽculum.
Glória Patri.

Ant. Suscépimus, Deus, misericórdiam tuam, in médio templi tui : secúndum nomen tuum, Deus, sic et laus tua in fines terræ : iustítia plena est déxtera tua.
Kyrie, eléison.
Christe eléison.
Kyrie eléison.
Pater noster secreto usque ad
V. Et ne nos indúcas in tentatiónem.
R. Sed líbera nos a malo.

**Pro uno vel una**
V. Salvum (-am) fac servum tuum (ancillam tuam)
R. Deus meus, sperántem in te.
V. Mitte ei, Dómine, auxílium de sancto.
R. Et de Sion tuére eum (eam).
V. Nihil profíciat inimícus in eo (ea).

**FORMULA BREVIOR**
*Kurzformel*

quáris (consequámini). Per Christum, Dominum nostrum.
R. Amen.

Aspergatur persona aqua benedicta. Si plures simul recipiendi sint, mutetur numerus.

**FORMULA I**
*Weiheformel I*

tum tuum vestem nostræ mortalitátis indúere voluísti : obsecrámus imménsam tuæ largitátis bene ✠ dictiónem in hoc genus efflúere vestiménti, quod sancti Patres ad innocéntiæ et humilitátis indícium a renuntiántibus sæculo gestári sanxérunt ; et sic ipsum bene ✠ dicere dignéris, ut, quicúmque eo usus fúerit, indúere mereátur ipsum Dóminum nostrum Iesum Christum Fílium tuum : Qui tecum vivit et regnat in unitáte Spíritus Sancti Deus, per ómnia sæcula sæculórum.
R. Amen.

**Pro uno vel una**

Orémus Oratio
Supplíciter te, Dómine, rogámus, ut super hunc hábitum servo tuo (ancíllæ tuæ) imponéndum bene ✠ díctio tua benígna descéndat, ut sit bene ✠ díctus, atque divína virtúte procul pellántur hóstium nostrórum visibílium et invisibílium tela nequíssima.
R. Amen.
Aspergat Habitum aqua benedicta.
Si autem Habitus solum sit benedicendus, incipit a V. Adiutórium nostrum usque ad Orationem Supplíciter, inclusive.
Imponens ei Habitum, dicat :

**Pro uno vel una**

Orémus Oratio
Accipe, vir devóte (múlier devóta), hunc hábitum

**FORMULA II (SOLEMNIS)**
*Feierliche Formel (II)*

R. Et fílius iniquitatis non appónat nocére ei.
V. Domine, exaudi orationem meam.
R. Et clamor meus ad te veniat.
V. Dominus vobiscum.
R. Et cum spiritu tuo.

Orémus Oratio
Suscípiat te (vos) Christus in número fidélium suórum, et nos, licet indígni, te (vos) suscípimus in oratiónibus nostris. Concédat tibi (vobis) Deus per Unigénitum suum, mediatórem Dei et hóminum, tempus bene vivéndi, locum bene agéndi, constántiam bene perseverándi, et ad ætérnæ vitæ hereditátem felíciter perveniéndi : et sicut nos hódie fratérna cáritas spirituáliter iungit in terris, ita divína píetas, quæ dilectiónis est auctrix et amátrix, nos cum fidélibus suis coniúngere dignétur in cælis. Per eúmdem Christum Dóminum nostrum.
R. Amen.

**Pro uno vel una**

Orémus Oratio
Adésto, Dómine, supplicatiónibus nostris et hunc fámulum tuum, quem (hanc fámulam tuam quam) in tuo sancto nómine ad participatiónem ómnium bonórum spirituálium et fraternitátem recípimus huius sacræ Religiónis, beátæ Genitríci tuæ Vírgini et Matri Maríæ speciáliter dedicátæ, bene ✠ dícere dignéris : et præsta ; ut te largiénte devótus (-a) in Ecclésia persístere váleat cum augménto virtútum : atque suffrágiis huiúsmodi sacri Ordinis adiútus (-a) vitam percípere mereátur ætérnam : Qui vivis et regnas in sæcula sæculórum.
R. Amen.
Deinde, conversus ad Habitum, dicat :

**FORMULA BREVIOR**
*Kurzformel*

**FORMULA I**
*Weiheformel I*

benedíctum : precans sanctíssimam Vírginem, ut eius méritis illum pérferas sine mácula, et te ab omni adversitáte deféndat, atque ad vitam perdúcat ætérnam.
R. Amen.
Adésto, Dómine, supplicatiónibus nostris et hunc fámulum tuum, quem (hanc fámulam tuam quam) Sodalitáti sanctæ Religiónis Carmelitárum sociámus, perpétua tríbue firmitáte corroborári, ut, perseveránti propósito, in omni sanctitáte tibi váleat famulári.
Prótege, Dómine, fámulum tuum (fámulam tuam) subsídiis pacis, et beátæ Maríæ semper Virginis patrocíniis confidéntem, a cunctis hóstibus redde secúrum (-am).
Bene ✠ dicat te Cónditor cæli et terræ, Deus omnípotens, qui te elígere dignátus est ad beatíssimæ Virginis Maríæ de Monte Carmélo Societátem : quam precámur, ut in hora óbitus tui cónterat caput serpéntis, qui tibi est adversárius, et tandem tamquam victor (victrix) palmam, et corónam sempitérnæ hereditátis consequáris. Per Christum Dóminum nostrum.
R. Amen.

Deinde aspergat Confratrem aqua benedicta et subiungat :

Ego auctoritáte, qua fungor, et mihi concéssa, recípio te (vos) ad Conf-

**FORMULA II (SOLEMNIS)**
*Feierliche Formel (II)*

V. Osténde nobis, Dómine, misericórdiam tuam.
R. Et salutáre tuum da nobis.
V. Dómine, Deus virtútum, convérte nos.
R. Et osténde fáciem tuam, et salvi érimus.
V. Dómine, exáudi oratiónem meam.
R. Et clamor meus ad te véniat.

**Pro uno vel una**

Orémus Oratio

Supplíciter te, Dómine, rogámus, ut super hunc hábitum servo tuo (ancíllæ tuæ) imponéndum bene ✠ díctio tua benígna descéndat, ut sit bene ✠ díctus, atque divína virtúte procul pellántur hóstium nostrórum visibílium et invisibílium tela nequíssima.
R. Amen.

Orémus Oratio

Caput ómnium fidélium Deus, et humáni géneris Salvátor, hunc hábitum, quem propter tuum, tuǽque Genitrícis Vírginis Mariæ de Monte Carmélo amórem, atque devotiónem servus tuus est delatúrus (ancílla tua est delatúra) déxtera tua sanctí ✠ fica ; et hoc, quod per illud mýstice datur intélligi, tua semper custódia, córpore et ánimo servétur : et ad remuneratiónem perpétuam cum Sanctis ómnibus felicíssime perducátur ... Qui vivis et regnas in sǽcula sæculórum.
R. Amen.

Orémus Oratio

Creátor, Conservátor et Salvátor ómnium, largítor humánæ salútis Deus, et dator grátiæ spirituális, bene ✠ dictiónem tuam super hunc hábitum immítte : ut, qui (quæ) eum gestáverit, cæléstí virtúte munítus (-a) fidem íntegram, spem firmam et caritátem desiderátam téneat, et a te numquam separári permíttas ...

**FORMULA BREVIOR**
*Kurzformel*

**FORMULA I**
*Weiheformel I*

raternitátem sacræ Religiónis Carmelitárum, et invéstio, ac partícipem (-s) te (vos) fácio ómnium bonórum spirituálium eiúsdem Ordinis. In nómine Patris et Fílii, ✠ et Spíritus Sancti.
R. Amen.
His expletis, Sacerdos Confratrem paucis sed efficacioribus verbis adhortetur ad caute, pie sancteque vivendum ad onera omnia adimplenda, tum generalia pro omnibus Confratribus, tum specialia pro iis, qui gaudere volunt privilegio, vulgo nuncupato «Sabbatino» (circa quæ eumdem sufficienter instruat), atque ad Virginem Deiparam in posterum peculiaribus devotionis obsequiis assidue colendam, eamque veluti singularem ac dulcissimam Matrem filiali et sincero affectu prosequendam.

**FORMULA II (SOLEMNIS)**
*Feierliche Formel (II)*

Si plures simul recipiendi sint, mutetur numerus. Quando Habitus solummodo benedicendus erit, tunc benedictio incipit a V. Osténde nobis, Dómine, et concluditur cum Oratione Creátor, etc.
Omnibus expletis, Sacerdos Confratrem paucis sed efficacioribus verbis adhortetur ad caute, pie sancteque vivendum, ad onera omnia adimplenda, tum generalia pro omnibus Confratribus, tum specialia pro iis, qui gaudere volunt privilegio, vulgo nuncupato «Sabbatino» (circa quæ eumdem sufficienter instruat), atque ad Virginem Deiparam in posterum peculiaribus devotionis obsequiis assidue colendam, eamque veluti singularum ac dulcissimam Matrem filiali et sincero affectu prosequendam.

**FORMULA II (SOLEMNIS)**
*Feierliche Formel (II)*

Qui vivis et regnas in sæcula sæculórum.
R. Amen.
Deinde aspergat Habitum aqua benedicta, et postea illum imponat personæ vel personis (cuilibet separatim), dicens:

Accipe, vir devóte (múlier devóta), hunc hábitum benedíctum : precans sanctíssimam Vírginem, ut eius méritis illum pérferas sine mácula, et te ab omni adversitáte defendat, atque ad vitam perdúcat ætérnam.
R. Amen.
Deinde dicat :
Ego, ex postetáte mihi trádita et concéssa, suscípio ac recípio te (vos) ad participatiónem ómnium oratiónum, disciplinárum, precum, suffragiórum, eleemosynárum, ieiuniórum, vigiliárum, Missárum, Horárum canonicárum ac ceterórumque, cooperánte misericórdia Jesu Christi, a Religiósis totíus nostræ sacræ Religiónis peragúntur. In nómine Patris, et Fílii, ✠ et Spíritus Sancti.
R. Amen.
Postea, signo crucis benedicens personam receptam, dicat :

**Pro uno vel una**

Bene ✠ dícat te Cónditor cæli et terræ, Deus omnípotens, qui te elígere dignátus est ad beatissimæ Vírginis Maríæ de Monte Carmélo Societátem et Confraternitátem : quam precámur, ut in hora óbitus tui cónterat caput serpéntis, qui tibi est adversárius, et tandem tamquam victor (victrix) palmam et corónam sempitérnæ hereditátis consequáris. Per Christum Dóminum nostrum.
R. Amen.
Deinde aspergatur persona aqua benedicta.

Die seligste Jungfrau Maria vom Berge Karmel. Saragossa (Spanien) [Foto TVA]

# Die seligste Jungfrau Maria vom Berge Karmel

# Wahrlich eine große Gnade!

**Wahrlich, eine große Gnade des Skapulieres, teilhaftig zu werden aller Gebete, Nachtwachen, Almosen, Fasten, heiligen Messen, Wallfahrten, Abtötungen, Bußwerke, aller Mühsale, die ertragen werden, bis zur Vergießung des Blutes wie des Verlustes des Lebens unter den Ungläubigen für die Verbreitung des Glaubens, überhaupt alles Guten, das in der ganzen Welt in so vielen Karmelitenklöstern durch Vermittlung der seligsten Jungfrau geschieht.**

Pater Grossi
[Verfasser des römischen Bruderschaftsbüchleins]

Giornico (Tessin, Schweiz), Prozessionsfahne. [TVA]

III

# Der lichte Stern

Maria, lichter Stern des Karmel,
Zu kosten heil'gen Lichtes Strahl
Steh'n nachts wir auf und singen Lobpreis
Nach altem Brauch mit Jubelschall

Als heil'ger Sturm gar weithin tobte
Und unserm Orden bracht' Gefahr,
Sah Simon Anglus dich ganz nahe,
Den Toten bringen Heil fürwahr.

«Nimm dieses Kleid vom hohen Himmel,
Es sei dir Schild und Schwert», sprachst du.
Sieht es der böse Feind, er flüchtet
Und läßt die Seelen gleich in Ruh'.

Wer dieses Kleid trägt, wird sein Leben
Entweihen nie durch Sündenschmutz.
«Ihn hol' ich bald aus Sühne-Flammen,
Gewähr ihm gnädig meinen Schutz.»

Wie können wir dir würdig danken,
O Mutter Christi, lieb und rein?
Ja, dieser Tag, er soll in Zukunft
Von Jahr zu Jahr uns Festtag sein!

O Gott, dreieinig auf dem Throne,
Es sei Dir Lob, es sei Dir Ehr'!
Schütz durch die milde Hand der Jungfrau
Die treuen Diener wie bisher!
Amen.

Hymnus zur Matutin, Karmelfest, 16. Juli

Die allerseligste Jungfrau Maria vom Berge Karmel, Kirche ai Monti, Rom. [TVA]

# Feierliche Karmelprozessionen

Lodrino (Tessin, Schweiz), Prozessionsfahne. [TVA]

Giornico (Tessin, Schweiz), Prozession mit der Karmelstatue. [TVA] ➧

Die heilige Teresia von Avila, Rom. [TVA]

## Im Handel erhältliche Statue und Abbildungen:

Lodrino (Tessin, Schweiz), Karmelstatue. Die Statue dient auch zur Prozession. [TVA]

IX

# Die Krönung der Karmelmuttergottes

**Karmelmuttergottes, Rom.** [TVA]

# Die Karmelkönigin

**Karmelmuttergottes, Insel Malta.** [Foto TVA]

Ponto San Valentino. Prozessionsfahne. [TVA]

# Das Versprechen an die Karmelmuttergottes

Das kleine Dörfchen Ponte Valentino im Kanton Tessin (Schweiz) darf sich rühmen, die Liebe zur Karmelmuttergottes nicht nur in Worten, sondern auch in Taten ausgedrückt zu haben:

Seit der wunderbaren Errettung der Soldaten aus dem Großen Rußlandfeldzug im Jahre 1812 wird regelmäßig eine Prozession mit der Karmelmuttergottesstatue abgehalten. Damals wurden auch Männer aus dem kleinen Dörflein für den Rußlandfeldzug rekrutiert. Groß war die Angst, diese Männer würden niemals mehr zurückkehren. So versprach man der Muttergottes vom Berge Karmel, jedes Jahr ihr zu Ehren eine Prozession abzuhalten, wenn sie es mit ihrer Fürbittemacht ermöglicht, daß alle Soldaten von Ponte Valentino wohlbehalten aus dem Krieg zurückkehren. Die Muttergottes vom Berge Karmel hat das außergewöhnliche Geschehen ermöglicht: Sämtliche Soldaten kehrten wohlbehalten heim.

Angesichts des ungeheuren Desasters der Grande Armée von Napoleon darf man ruhig von einem außergewöhnlichen Ereignis, von einer wunderbaren Errettung sprechen. Wenn das Versprechen erfüllt wird, rüsten sich für den feierlichen Umzug die wehrfähigen Männer mit den altehrwürdigen Kostümen von damals und geben damit Zeugnis von der Fürbittemacht der Muttergottes vom Berge Karmel.

Kirche von Ponto San Valentino. Statue am Seitenaltar. [TVA]

Prozession der Karmelitinnen [TVA]

Die Muttergottes übergibt dem heiligen Stimon Stock das Skapulier. [TVA]

Die Karmelmuttergottes erfreut sich einer großen Beliebtheit auf der Insel Malta.
Ædiculæ, Insel Malta. [TVA]

# III Gebete und Novene

***Die folgenden Gebete sind vornehmlich der Karmelkönigin (Karmelskapulier) gewidmet. Besondere Gebete (Ablaßgebete), die im Zusammenhang mit den übrigen vier Skapulieren (Trinitarier/Serviten/Unbefleckte Empfängnis/ Passionsskapulier) stehen, finden sich am Schluß dieses Kapitels***

## Ablaßgebete

aus der amtlichen Sammlung[1], für Träger des fünffachen Skapulieres besonders geeignet.

### Gebet zur Karmelkönigin

I

Gebenedeite Jungfrau, du bist voll der Gnaden, die Königin der Heiligen. Gerne verehre ich dich unter dem Titel «Unsere Liebe Frau vom Berge Karmel». Er erinnert mich an die Zeit des Propheten Elias. Damals wurdest du über dem Karmel vorgebildet durch die kleine Wolke, die immer größer wurde und einen wohltuenden Regen brachte. Es war ein Sinnbild der Gnaden, die du uns gebracht, die uns Menschen heiligen. Seit den Zeiten der Apostel wirst du verehrt unter diesem geheimnisvollen Titel.

II

Eine Freude ist es mir, wenn ich daran denke, daß wir deinen ältesten Verehrern uns anschließen und mit ihnen dich grüßen dürfen: Du Zierde des Karmels, du Ruhm des Libanon, du reinste Lilie, du geheimnisvolle Rose im blühenden Garten der Kirche.

Doch denke an mich Armen, du Jungfrau der Jungfrauen, und zeige, daß du meine Mutter bist! Gieße über mich immer wirkungsvoller das Licht des Glaubens aus, der dich selig machte! Entzünde in mir die himmlische Liebe, mit der du deinen Sohn Jesus Christus geliebt hast!

Ich bin voll geistiger und leiblicher Not. Seelische und körperliche Leiden kommen von allen Seiten in großer Zahl über mich. Darum berge ich mich wie ein Kind unter deinem mütterlichen Schutz.

III

Mutter Gottes, du vermagst so viel. Erflehe mir von Jesus, dem hochgebenedeiten, die himmlischen Tugenden der Demut, Reinheit und

[1] Ablaßbuch, neue amtliche Sammlung der von der Kirche mit Ablässen versehenen Gebete und frommen Werke. Verlag Friedrich Pustet, Regensburg. Regensburg 1952.

**«Versprecht mir täglich eine Viertelstunde Betrachtung, und ich verspreche euch den Himmel.»**

**«Wir im Himmel und ihr auf Erden sollen untereinander eins sein in der Reinheit und in der Liebe: wir in Freuden und ihr in Leiden. Und was wir im Himmel tun vor der wesentlichen Gottheit, das sollt ihr auf Erden tun vor dem allerheiligsten Sakramente des Altares.»**

Hl. Theresia von Avila

Sanftmut! Sie waren der schönste Schmuck deiner makellosen Seele. Gib, daß ich stark bleibe in den Versuchungen und Bitternissen, die so häufig über mich kommen!

Und wenn einst nach Gottes Willen meine irdische Pilgerfahrt zu Ende geht, dann gib, daß meine Seele durch die Verdienste Jesu Christi und deine Fürsprache eingehen darf in die himmlische Herrlichkeit. Amen.

Teilablaß [500 Tage Ablaß, Päpstl. Breve vom 12. April 1927; Pönit. 29. April 1935]. Der Beginn des Gebetes findet sich auf der Rückseite der Bildchen Nr. 856 (Beginn) und Nr. 857 (Mittelteil).

## Gebet zur Jungfrau vom Berge Karmel

Von Papst Leo XIII.

O allerseligste, unbefleckte Jungfrau, Zierde und Glanz des Berges Karmel, die du mit ganz besonders gnädigem Antlitz auf jene herabsiehst, welche mit deinem verehrungswürdigen Gewand bekleidet sind, blicke auch gütig auf mich und nimm mich unter den Mantel deines mütterlichen Schutzes. Stärke doch meine Schwäche mit deiner Macht; erleuchte die Finsternis meines Herzens mit deiner Weisheit; vermehre in mir den Glauben, die Hoffnung und die Liebe. Schmücke meine Seele so sehr mit Gnaden und Tugenden, daß sie stets deinem göttlichen Sohne und dir teuer sei. Stehe mir im Leben bei, tröste mich im Tode mit deiner süßesten Gegenwart und stelle mich der allerheiligsten Dreifaltigkeit als dein Kind und deinen treuen Diener vor, auf daß ich dich dann ewig im Himmel loben und preisen könne. Amen.

*Dreimal Ave Maria und einmal Gloria Patri.*

Teilablaß [200 Tage, einmal täglich, Leo XIII., 16. Jan. 1886]

## Kürzestes Gebet zur Karmelkönigin

«Du Königin des Karmels, bitte für uns!»

Teilablaß (300 Tage Ablaß, Pönit. 8. November 1921)

# Novene zur seligsten Jungfrau Maria vom Berge Karmel

## *Erster Tag*

### Himmlischer Ursprung des Skapuliers

1. Demütig niedergeworfen vor dem Throne deiner himmlischen Herrlichkeit, o Maria, bitten wir dich in tiefster Ehrfurcht, du wollest doch deine barmherzigen Augen zu uns wenden und unsere Herzen mit dem Feuer deiner Liebe entzünden, damit wir diese Novene gut beginnen, auf daß sie dir zur Ehre und uns zum Nutzen gereichen möge.

*Gegrüßt seist du, Maria; Ehre sei.*

2. O Mutter der göttlichen Gnade, wie groß war doch die Zärtlichkeit deiner Liebe, mit der du dem heiligen Simon Stock erschienen bist, um ihm das Skapulier zu geben als ein Zeichen, daß du den Orden vom Karmel unter allen anderen zu deinem Orden auserwählt hast. Oh, daß wir doch die Größe dieses Geschenkes besser erkennen möchten, damit wir es mit mehr Ehrfurcht und mit größerer Andacht verehren.

*Gegrüßt seist du, Maria; Ehre sei.*

3. Hätten wir auch die Zungen aller Engel und Menschen, nimmer würden wir imstande sein, dieses erhabene Geschenk zu preisen, womit du, o Maria, uns ausgezeichnet hast. Verleihe uns, o gütigste Mutter, die du uns dein heiliges Kleid als ein Unterpfand deiner Liebe gegeben hast, daß wir dasselbe stets tragen als ein Zeichen unserer Liebe und Dankbarkeit gegen dich.

*Gegrüßt seist du, Maria; Ehre sei.*

4. Mit eigener Hand hast du, o Maria, hier auf Erden das Kleid deines göttlichen Sohnes gewoben, und mit eigener Hand hast du auch uns vom Himmel her dieses Kleid gebracht, das unsere Hoffnung und unsere Zierde ist. O welch eine Aufmunterung für

uns, o Maria, daß wir dieses heilige Kleid hochschätzen, das uns Jesus so gleichförmig macht! Wer sollte dieses Geschenk nicht allen anderen Schätzen der Welt vorziehen?

*Gegrüßt seist du, Maria; Ehre sei.*

5. Kaum hatte sich die frohe Kunde vom Gnadengeschenk des Skapuliers über die Welt verbreitet, als alle Völker sich beeilten, sich mit demselben bekleiden zu lassen. Sie bewunderten es als ein außerordentliches Geschenk vom Himmel. O wie sehr beschämen diese Zeichen der Andacht von seiten unserer ersten Mitbrüder unsere Gleichgültigkeit gegen deine himmlische Gunst, o Maria!

*Gegrüßt seist du, Maria; Ehre sei.*

6. Mit welcher Freude rühmten sich zu allen Zeiten selbst Fürsten, Könige und Päpste, daß sie dein heiliges Kleid tragen, o Maria! Mit heiligem Stolz nannten sie dasselbe ihr schönstes Ehrenzeichen und ihren vornehmsten Schmuck. O schönes und erhabenes Kleid Mariens, wie kostbar würdest du uns erscheinen, wenn wir manchmal über den hohen Wert desselben nachdächten!

*Gegrüßt seist du, Maria; Ehre sei.*

7. Ein Unterpfand besonderer Liebe hast du dein heiliges Kleid genannt, o Maria, und einen ewigen Vertrag zwischen dir und allen denen, die es andächtig tragen. O welch ein süßer Trost für uns, daß wir uns stets sagen können: «Maria ist uns mit besonderer Liebe zugetan.» Da du uns so sehr liebst, o Maria, so verleihe uns auch, daß wir dir eine besondere Gegenliebe erweisen mögen.

*Gegrüßt seist du, Maria; Ehre sei.*

*Am Schluß bete man die Lauretanische Litanei.*

## *Zweiter Tag*

### Das Skapulier macht uns zu Lieblingen Mariens

1. O süßeste Mutter, durch die Übergabe des Skapuliers hast du uns einen Beweis deiner Liebe gegeben, aber einen noch größeren gabst du uns, da du uns zu gleicher Zeit als deine bevorzugten Kinder erklärtest. Wie sehr hast du uns dadurch ausgezeichnet! Was könnte uns auch auf Erden für ein größeres Glück zuteil werden, o Maria, als zu der auserkorenen Zahl deiner Kinder zu gehören?

*Gegrüßt seist du, Maria; Ehre sei.*

2. Als du dem heiligen Simon Stock das Skapulier überreichtest, sprachst du zu ihm: «Nimm hin, geliebtester Sohn, dieses Skapulier deines Ordens als ein Zeichen meiner Bruderschaft, als ein Vorrecht für dich und alle Karmeliten.» Mit diesen Worten wolltest du gleichsam sagen: «Dieses Kleid sei ein Unterpfand meiner Liebe. Es soll für dich und alle damit Bekleideten ein Zeichen sein, daß ihr meine Kinder seid.» Welch süße und tröstliche Worte: Du unsere Mutter und wir deine Kinder!

*Gegrüßt seist du, Maria; Ehre sei.*

3. Alle Gläubigen können sich zwar rühmen, daß sie deine Kinder sind, o Maria, weil du sie in der Person des heiligen Johannes am Fuße des Kreuzes an Kindes Statt angenommen hast. Doch damit war deine große Liebe gegen die Brüder und Schwestern vom Berge Karmel nicht zufrieden, und du hast sie neuerdings vom Himmel her zu deinen Kindern angenommen. O liebe Mutter, wie zärtlich und erfinderisch war stets deine Liebe, um uns mit Gnaden und Wohltaten zu überhäufen!

*Gegrüßt seist du, Maria; Ehre sei.*

4. Um uns desto mehr zu überzeugen, daß wir dir von allen anderen lieb und teuer sind, o Maria, sah man einst, als eine Prozession an deinem Bilde vorüberzog, wie du vor denen, die dein heiliges Kleid trugen, auf wunderbare Weise dein Haupt neigtest und, den Zeigefinder der rechten Hand erhebend,

dreimal ausriefst: «Dies sind meine Brüder!» O seliges Los, nicht nur deine Kinder, sondern sogar deine Brüder zu sein!

*Gegrüßt seist du, Maria; Ehre sei.*

5. Die Engel bewundern die überaus große Güte ihrer Königin, die aus Übermaß von Liebe und ohne irgend welche Verdienste von unserer Seite sich herabläßt, alle, die ihr heiliges Kleid annehmen, zu ihren würdigen Kindern zu machen. Weil du nun auch uns zu diesem hohen Glück erhoben hast, o Maria, so hilf uns, daß wir mit allen Kräften dahin trachten, als deine würdigen Kinder zu leben und zu sterben.

*Gegrüßt seist du, Maria; Ehre sei.*

6. Obwohl wir arm und elend waren in den Augen Gottes, ehe wir von Maria das Skapulier empfingen, so sind wir doch durch andächtiges Tragen dieses verehrungswürdigen Kleides reich geworden in den Augen Mariens, und sie will uns als ihre zärtlich geliebten Kinder annehmen. Diese herrliche Änderung bewirkt die mächtige Hand der Gottesmutter. O liebreiche Mutter Maria, gieße deine Gnaden immer mehr über uns aus!

*Gegrüßt seist du, Maria; Ehre sei.*

7. O Maria, keine Größe und keine Würde kommt in Vergleich mit dem glücklichen Zustand derjenigen, die du als deine Diener annimmst. Wie groß ist nun das Glück der Brüder und Schwestern vom Karmel, die du als deine geliebten Kinder betrachtest! Wohlan denn, o süße Mutter, dein Andenken wohne immerdar in unseren Herzen, auf daß wir mit kindlicher Liebe dir zugetan seien und mit allem Eifer dir dienen!

*Gegrüßt seist du, Maria; Ehre sei.*

*Am Schluß bete man die Lauretanische Litanei.*

## *Dritter Tag*

### Das Skapulier verpflichtet uns, Maria zu lieben

1. O Mutter der schönen Liebe, wer kann je deine unvergleichliche Güte gegen die Brüder und Schwestern vom Berge Karmel begreifen, da du sie zu der hohen Würde deiner Kinder erhoben hast? Niemals können wir dir dafür genug danken. Doch da es dir gefällt, so mild und freigebig gegen uns zu sein, so verleihe uns auch, daß der glorreiche Titel «Kinder Mariens» uns mehr und mehr ansporne, unsere Gegenliebe dir zu schenken.

*Gegrüßt seist du, Maria; Ehre sei.*

2. Mit Recht kannst du von uns fordern, daß, je mehr deine mütterliche Liebe sich uns zuwendet, um uns wohlzutun, desto mehr unsere kindliche Dankbarkeit zu dir emporsteige, um deiner Liebe gleichzukommen. Doch da dies nicht möglich ist für unser kleines, unempfindliches Herz, so würdige dich, es zu verweigern und mit dem Feuer deiner heiligen Liebe zu entzünden, auf daß wir wenigstens jene Liebe dir erweisen, zu der wir nur immer imstande sind.

*Gegrüßt seist du, Maria; Ehre sei.*

3. Allein deswegen hast du uns dein heiliges Kleid geschenkt, o Maria, und uns zu deinen Kindern angenommen, auf daß wir, die wir durch deine mütterliche Güte vor anderen ausgezeichnet sind, auch vor allen anderen uns hervortun sollen durch eine innige Liebe zu dir. Welch eine Beschämung wäre es für uns, unter dem Kleid Mariens ein Herz zu verbergen, das durch viele ungeordnete Neigungen und Leidenschaften zerrissen ist, während es doch ganz und ungeteilt dir, o Maria, geweiht sein soll!

*Gegrüßt seist du, Maria; Ehre sei.*

4. Du, o geliebteste Mutter, solltest nach Gott der vorzüglichste Gegenstand unserer Liebe sein. Tief sollte dein heiliger Name in unsere Herzen geschrieben sein, und mit neuen Liebesbeweisen sollten wir dich öfters tagsüber verehren. Und doch, obwohl wir dein heiliges Kleid tragen, denken wir leider so häufig an etwas

ganz anderes als an dich, o Maria. Wir finden kein Wort für dich, und auch unser Benehmen und unsere Handlungen deuten nicht immer darauf hin, daß wir deine getreuen Kinder sind.

*Gegrüßt seist du, Maria; Ehre sei.*

5. Ein wahres Kind muß stets die Ehre der Muttergottes im Auge haben, eifrig dieselbe fördern und bereit sein, selbst mit der Hingabe von Blut und Leben für diese einzustehen. Doch wie armselig sind wir, die wir unsere Pflichten als Kinder Mariens vernachlässigen und nicht einmal imstande sind, ihre Kirchen zu besuchen und ein Gebet zu ihr zu verrichten, ohne uns dabei eines Fehlers schuldig zu machen! Befleißen wir uns doch, Maria besser zu verehren, sofern wir sie als unsere Mutter anerkennen.

*Gegrüßt seist du, Maria; Ehre sei.*

6. Wie es die seligste Jungfrau erfreut, zu sehen, wie ihre Kinder sie eifrig verehren, so gereicht es ihr zu noch größerer Freude, wenn wir ihren göttlichen Sohn lieben und ehren. Wer Jesus nicht liebt, wer Jesus beleidigt, kann niemals ein echtes Marienkind sein. Und wie oft haben wir Jesus durch unsere Sünden mißfallen! O Maria, erlange uns die Gnade, daß wir uns alle Mühe geben, unsere begangenen Fehltritte mit größerer Liebe und Ergebenheit gegen Jesus wieder gutzumachen.

*Gegrüßt seist du, Maria; Ehre sei.*

7. Welch schnöde Undankbarkeit würden die Brüder und Schwestern vom Berge Karmel begehen, wenn sie, die Maria so liebevoll zu ihren Kindern angenommen hat, sich erkühnten, fernerhin ihre Mutter noch durch eine einzige Sünde zu beleidigen! Möchten wir doch niemals, o Maria, diese Unehre dir antun! Wir geloben feierlich, daß wir dich lieben, daß wir dich ewig lieben wollen. Wir werden nicht ruhen, bis wir eine wahrhaft zärtliche und kindliche Liebe gegen dich, o Maria, erlangt haben, die du die Mutter der schönen Liebe bist.

*Gegrüßt seist du, Maria; Ehre sei.*

*Am Schluß bete man die Lauretanische Litanei.*

## *Vierter Tag*

### Das Skapulier verpflichtet uns zur Nachfolge Mariens

1. O erhabene Muttergottes, die du durch die Größe deiner Verdienste alles Erschaffene übertriffst, wie ist es doch möglich, daß wir dich unsere Mutter nennen dürfen, wenn wir erwägen, wie armselig wir sind im Vergleich mit dir. Und trotz dieser unserer Armseligkeit hast du bei der Übergabe des Skapuliers erklärt, daß du unsere Mutter sein wollest. Wohlan denn, o Maria, erzeige dich als unsere Mutter und verleihe uns die Gnade, daß wir unsere Würde erkennen und unseren Pflichten getreu nachkommen, die unsere Kindschaft gegen dich uns auferlegt.

*Gegrüßt seist du, Maria; Ehre sei.*

2. Die Kindespflicht fordert von uns, daß wir stets eifrig und getreu sind in der Nachfolge deiner erhabenen Tugenden. Wir wollen danach trachten, in all unserem Tun und Lassen dir gleichförmig zu werden. Doch wie haben wir bis jetzt unsere Pflicht erfüllt? Wir rechnen es uns zur Ehre, das Kleid deiner Kinder zu tragen, doch der Tugendschmuck ist nicht an uns zu finden.

*Gegrüßt seist du, Maria; Ehre sei.*

3. Wie rein und unbefleckt sollen die Kinder Mariens sein, die ihre Jungfrauschaft so sehr liebte, daß sie, um sie zu bewahren, auf die höchste Ehre, Muttergottes zu werden, verzichtet hätte. Wie armselig sind wir doch, die wir, obwohl ausgezeichnet mit dem hehren Titel von Kindern Mariens, so wenig Sorge tragen für die Reinheit unseres Herzens! O reinste Jungfrau, bewirke, daß wir unsere begangenen Sünden mit unseren Tränen auslöschen und lieber sterben, als den Glanz unserer Seele zu trüben.

*Gegrüßt seist du, Maria; Ehre sei.*

4. Unter deinen unermeßlichen Verdiensten leuchtete stets die tiefste Demut hervor. Obwohl du an Würde alle himmlischen Geister übertrafst, hast du doch auf Erden keinen anderen Ruhm gesucht, als eine demütige Magd des Herrn zu sein. O glorreiche Jungfrau, du warst voll von Gnade und dennoch so demütig! Wir

sind armselige Sünder und dennoch so ehrgeizig und hoffärtig! O habe Mitleid mit uns. Demütige unseren Stolz und verleihe uns, daß wir von dir lernen, demütig von Herzen zu sein.

*Gegrüßt seist du, Maria; Ehre sei.*

5. O Schmerzensmutter, welch unüberwindliche Standhaftigkeit hast du während deines ganzen Lebens im Leiden gezeigt! Du bist die Königin der Märtyrer, weil du in deinem Herzen unermeßliche Schmerzen ausgestanden hast. Wir hingegen können keine Krankheit, keine Widerwärtigkeiten, ja selbst kein unfreundliches Wort ertragen. Dein Beispiel, o Maria, stärke unsere Schwachheit, auf daß wir als getreue Kinder durch Teilnahme an deinen Leiden deiner Liebe immer mehr würdig werden.

*Gegrüßt seist du, Maria; Ehre sei.*

6. Der Eifer Mariens für die Ehre Gottes war so groß, daß sie schon im Alter von drei Jahren die Welt verließ, um sich im Tempel Gott ganz zum Opfer zu bringen und ihr ganzes Leben lang keinen Gedanken, kein Verlangen und keine Neigung besaß, die nicht auf das vollkommenste mit dem Willen Gottes übereinstimmten. Wie sind wir hingegen so träge und nachlässig im göttlichen Dienst. Wie tun wir so viel für die Welt und so wenig für Gott! Schenke uns, o gütigste Jungfrau, ein recht kindliches Herz, auf daß mit unserem Herzen auch unser Leben umgewandelt werde.

*Gegrüßt seist du, Maria; Ehre sei.*

7. Der Eifer, der Maria beseelte, um stets mehr und mehr Gott zu gefallen, brachte in ihrem Herzen ein zartes Mitleid gegen ihren Nächsten hervor, so daß sie ihn aufrichtig liebte, ihm stets gerne zu Hilfe kam und, soviel sie nur konnte, ihn mit Wohltaten überhäufte. O wie weit stehen wir in dieser Hinsicht hinter Maria zurück! O liebreichste Mutter, verleihe uns, daß wir, dein schönes Beispiel getreu nachahmend, uns befleißen, deine Kinder zu sein, nicht allein durch unser Kleid und unsere Worte, sondern vor allem durch unsere Werke.

*Gegrüßt seist du, Maria; Ehre sei.*

*Am Schluß bete man die Lauretanische Litanei.*

## *Fünfter Tag*

### Das Skapulier als Schutzwehr in Gefahren des Leibes

1. O Königin des Himmels, du bist nicht damit zufrieden, auf die Kinder vom Karmel mit mütterlichen Augen zu blicken, sondern du bist überdies beflissen, sie auf besondere Weise zu beschützen gegen alle Gefahren, die von allen Seiten unser Leben umgeben. Wie tröstlich ist es nun, zu wissen, daß du als eine zärtlich liebende Mutter stets über uns wachst.

*Gegrüßt seist du, Maria; Ehre sei.*

2. Schon der Name, den du deinem Kleid gegeben, da du es ein Zeichen des Heiles, eine Schutzwehr in Gefahren genannt, ist uns ein Unterpfand deiner Verheißung. Was sollten nun die Brüder und Schwestern vom Karmel noch fürchten, nachdem du ihnen in deinem heiligen Kleid eine so mächtige Schutzwehr verheißen hast?

*Gegrüßt seist du, Maria; Ehre sei.*

3. Niemals werden wir die wunderbare Kraft begreifen können, die du, o Maria, dem Skapulier verliehen hast, um unzählige Wunder zu wirken. Himmel, Erden und alle Elemente wichen der Wunderkraft dieses Kleides, und die Gesetze der Natur änderten zeitweilig ihren Lauf zugunsten derjenigen, die es andächtig trugen. Ja, glücklich sind die Brüder und Schwestern vom Karmel, da ihnen versichert ist, allzeit durch dich, o Maria, gnädige Hilfe zu erlangen.

*Gegrüßt seist du, Maria; Ehre sei.*

4. Von wie viel Wunderwerken des Skapuliers ist nicht die Erde Zeugin gewesen, o Maria! Die einen wurden ohne Verletzung aus schrecklichen Abgründen gerettet, andere wurden unter Schutt und Trümmern am Leben erhalten, wieder anderen waren die Dolchstöße und Geschoße ihrer Feinde unschädlich. O möchten wir doch ebenso eifrig unsere Zuflucht zu dir nehmen, wie du, o liebe Mutter, besorgt bist, uns Hilfe und Beistand zu bringen!

*Gegrüßt seist du, Maria; Ehre sei.*

5. Welch erstaunliche Wunder hat das marianische Kleid nicht auf dem Meer gewirkt? Es verwandelte die heftigsten Stürme in die größte Ruhe, es führte die verirrten Schiffer den rechten Weg, es rettete Schiffbrüchige vor dem Tode und erhielt selbst jenen das Leben, die bereits eine Beute der Wellen und Fluten geworden waren. Wie groß ist doch die Kraft des Skapuliers vom Karmel, o Maria, und wie sehr müssen deine Kinder, die es tragen, im Vertrauen auf dasselbe sich erfreuen und neuen Mut fassen!

*Gegrüßt seist du, Maria; Ehre sei.*

6. Noch mehr zeigte sich die Kraft dieses heiligen Gnadenkleides in der Luft und im Feuer, denn es gereichte denen zum Schutz, die von Türmen, Häusern und Bäumen herabfielen, die vom Blitz getroffen oder durch Feuersbrünste in Gefahr gekommen waren. Ja, mitten in den größten Gefahren bist du, o Maria, die treue Beschützerin deiner Pflegebefohlenen.

*Gegrüßt seist du, Maria; Ehre sei.*

7. Durch die Berührung mit diesem heiligen Kleid wurden viele plötzlich von ansteckenden und unheilbaren Krankheiten geheilt, ja selbst Verstorbene wurden dadurch wieder zum Leben erweckt. Das Skapulier bewirkt alles Wunderbare, erlangt alle Gnaden, hilft in allen Nöten. Wie glücklich sind daher diejenigen, die ein so wundertätiges Kleid tragen! Verleihe uns, o Maria, daß wir es niemals durch die Sünde verunehren, auf daß es immerdar zu unserem Schutz und Schirm seine volle Kraft behalte.

*Gegrüßt seist du, Maria; Ehre sei.*

*Am Schluß bete man die Lauretanische Litanei.*

## *Sechster Tag*

### Das Skapulier als Schutzwehr in Gefahren der Seele

1. Das heilige Kleid, das uns Maria zu Geschenk gegeben, ist eine Schutzwehr nicht nur für den Leib, sondern noch mehr für die Seele, so daß es uns kräftigen Beistand und Hilfe verleiht gegen den allgemeinen Feind unserer Seele. O Maria, wie deutlich beweist uns deine Sorgfalt, uns in allen Nöten beizustehen, daß du uns eine gute Mutter bist. Wie sehr muß uns dies mit Vertrauen erfüllen auf deinen mächtigen Schutz und Beistand.

*Gegrüßt seist du, Maria; Ehre sei.*

2. Wenn die Untertanen am liebsten bei ihrer Königin und die Kinder bei ihrer Mutter Hilfe suchen, zu wem sollen dann die Kinder vom Karmel in ihren Seelenangelegenheiten lieber ihre Zuflucht nehmen als zu dir, und von wem können sie mit mehr Vertrauen Hilfe erwarten, um die Anschläge des Feindes ihrer Seele zurückzuweisen, als von dir, o Maria, und von deinem heiligen Kleid?

*Gegrüßt seist du, Maria; Ehre sei.*

3. Zahlreich und gewaltig sind die Feinde, die uns unaufhörlich von innen und außen bekämpfen. Wir sind in steter Unruhe und Verwirrung, und alles zielt darauf hin, uns den süßen Frieden des Herzens zu rauben. Doch die Brüder und Schwestern Mariens dürfen nur ihre Augen erheben zum heilbringenden Stern vom Karmel. Wenn sie Maria anrufen, dann wird alle Seelennot schnell verschwinden.

*Gegrüßt seist du, Maria; Ehre sei.*

4. Wer kann besser die Heftigkeit unserer bösen Neigungen bezwingen und ihre ungeordneten Regungen zügeln, daß sie der Vernunft untergeordnet seien, wer kann am ehesten verhindern, daß wir durch die eitlen Schmeicheleien der trügerischen Welt nicht überwunden werden, und unser Herz sich nicht hänge an die Scheingüter dieser Erde, als deine liebreiche und mächtige Hand, o Maria?

*Gegrüßt seist du, Maria; Ehre sei.*

5. In liebreicher Vorsicht hast du, o Mutter, gewollt, daß dein Skapulier wie ein starker Schild unser Herz bedecke gegen unsere Feinde, die auf allerlei Weise uns ins Verderben zu stürzen trachten. Ach, unsere mildreichste Beschützerin, entziehe uns niemals deine Hilfe und deinen Beistand, auf daß unsere Herzen allezeit unseren Feinden verschlossen bleiben und nur deiner Liebe und deinen Eingebungen offenstehen.

*Gegrüßt seist du, Maria; Ehre sei.*

6. O wie viele Kinder Unserer Lieben Frau vom Berge Karmel haben, beschützt durch ihr heiliges Gnadenkleid, die heftigsten Versuchungen überwunden und sind, indem sie es an ihr Herz drückten, Gott treu geblieben mitten in den drohensten Gefahren, selbst dann, wenn sie bereits daran waren, die Gnade Gottes zu verlieren. O reinste Jungfrau, komm auch uns in allen Versuchungen liebreich zu Hilfe, auf daß wir eher sterben, als Gott beleidigen.

*Gegrüßt seist du, Maria; Ehre sei.*

7. Viele arme Sünder, die in einen Abgrund von Sünden und Lastern versunken waren, und die schon lange, der Seele nach, im Schatten des Todes begraben lagen, bereuten plötzlich ihre Missetaten und bekehrten sich zu wahrer Buße, sobald sie mit dem Skapulier bekleidet wurden. O süße Zuflucht der Sünder, beschirme auch uns zu jeder Zeit und überlasse uns nicht unserer eigenen Schwäche in den zahllosen Gefahren, die uns umringen.

*Gegrüßt seist du, Maria; Ehre sei.*

*Am Schluß bete man die Lauretanische Litanei.*

## *Siebter Tag*

### Das Skapulier als trostreiches Sterbekleid

1. Die größte Gefahr, die unserer Seele droht, bringt unser Sterbestündlein mit sich, wo wir deshalb der Hilfe Mariens am meisten bedürfen. Da hast nun du, o Maria, versprochen, daß du allen, die während ihres Lebens das heilige Skapulier andächtig[2] getragen haben, in der Stunde ihres Todes die Zärtlichkeit deiner Liebe und deinen Beistand zuwenden werdest.

*Gegrüßt seist du, Maria; Ehre sei.*

2. Du hast uns, o Maria, dein heiliges Kleid geschenkt, um uns durch dasselbe in allen Gefahren des Lebens zu beschützen. Da du also die treue Behüterin deiner Kinder während ihres Lebens sein willst, um wie viel mehr dürfen wir da auf deinen Schutz rechnen in der furchtbaren und gefahrvollen Stunde unseres Todes!

*Gegrüßt seist du, Maria; Ehre sei.*

3. Wie eine gute Mutter, die ihr Kind in Gefahr sieht, augenblicklich herbeieilt, um es derselben zu entreißen, so wirst auch du, o Maria, die du dich rühmst, unsere liebreiche Mutter zu sein, dich wirklich als eine gute Mutter erzeigen in jenem Augenblick, von dem unsere ganze Ewigkeit abhängt, und in dem wir am meisten deiner mütterlichen Hilfe bedürfen.

*Gegrüßt seist du, Maria; Ehre sei.*

4. Möge auch der höllische Löwe all seine Wut und Macht aufbieten, um unsere Seele zu rauben und mit sich in den

---

[2] Der Karmelitenpater Daniel a Virgine Maria erklärt in seinem Werk «Speculum Carmelitanum» (tom. II. pag. 433), die allerseligste Jungfrau habe hiermit gewiß nur versprochen, daß derjenige vor der Hölle werde bewahrt werden, der das Skapulier andächtig trage, und, das Skapulier andächtig tragend, die vorgeschriebenen Werke, wie es billig sei, verrichte. Die vorliegende Novene trägt dieser Meinung Rechnung. – Dem gegenüber steht jedoch der schlichte Satz der Muttergottes an Simon Stock: «Wer mit diesem Gewande bekleidet stirbt, wird vor den ewigen Flammen verschont bleiben.» Wie viele Beispiele zählen wir, wo das Skapulier die Endgnade bewirkt hat (siehe Beispiele), daß aufgrund des Skapuliers auf wunderbare Art und Weise ein Priester zur Stelle war, der die Beichte abnahm und der skapuliertragenden Person zu einem seligen Tod verhalf. Auffallende Skapulierwunder dürfen uns jedoch nie zu einem vermessentlichen Handeln gegenüber Gottes Barmherzigkeit verleiten lassen.

Abgrund zu schleppen, so werden wir doch, o Maria, beschützt durch dein gnadenreiches Kleid, mutig seinen schrecklichen Angriffen begegnen und, des Sieges gewiß, in deinem Namen gegen ihn ankämpfen.

*Gegrüßt seist du, Maria; Ehre sei.*

5. Das Skapulier ist ein Schrecken der bösen Geister, und wie die wilden Tiere beim Aufgehen der Sonne sich in ihre Höhle zurückziehen, so werden auch die Feinde unserer Seele beim Anblick dieses heiligen Gewandes überwunden, in ihrer eigenen Bosheit beschämt und müssen in die Tiefe der Hölle sich flüchten. Verbirg uns denn unter dein heilbringendes Kleid, o barmherzigste Mutter, jetzt und in der Stunde unseres Todes, auf daß wir als Sieger über unsere Feinde ins selige Vaterland einziehen dürfen.

*Gegrüßt seist du, Maria; Ehre sei.*

6. Das Kleid Mariens wird uns die Gnade erlangen, unser Herz für die Sterbestunde gut vorzubereiten und den letzten Streit glücklich durchzukämpfen. Es wird uns dazu verhelfen, feurige Akte eines lebendigen Glaubens, einer festen Hoffnung und inniger Liebe zu erwecken. Es wird uns das vollste Vertrauen auf unsere künftige Seligkeit einflößen. Oh, wie süß es ist zu sterben im heiligen Kleid Mariens! Welchen Trost, welche Freude verkosten deine Diener, o Maria, in der letzten Stunde ihres Lebens!

*Gegrüßt seist du, Maria; Ehre sei.*

7. Wie rührend ist es zu sehen, wie so viele Marienkinder in ihren letzten Augenblicken süße Zwiegespräche führen mit der seligsten Jungfrau, wie sie ihr danken, daß sie von ihr als Kind angenommen wurden, wie sie wiederholt mit glühender Andacht das Skapulier küssen und voll seligen Friedens von hinnen ziehen! Verleihe uns, o Maria, Treue in deiner Liebe und in deinem Dienst, damit auch uns ein so schöner und seliger Tod zuteil werde.

Gegrüßt seist du, Maria; Ehre sei.

*Am Schluß bete man die Lauretanische Litanei.*

## *Achter Tag*

### Das Skapulier kürzt die Pein des Fegfeuers ab

1. O mildreichste Jungfrau, wie sehr übersteigt die Zärtlichkeit deiner Liebe zu deinen Kindern all unser Begreifen! Deine mütterliche Liebe beschränkt sich nicht darauf, deinen Lieblingen stets beizustehen im Leben und im Tode, sondern selbst nach ihrem Hinscheiden willst du ihnen noch ganz besondere Hilfe zukommen lassen, wenn sie im Fegfeuer zurückgehalten werden. Diese Gnade, o Maria, setzt all deinen Gunsterweisungen die Krone auf und berechtigt dich zum Titel einer Mutter der Barmherzigkeit.

*Gegrüßt seist du, Maria; Ehre sei.*

2. Unsere Freunde werden uns vielleicht nach dem Tode schnell vergessen und uns hilflos im Fegfeuer schmachten lassen. Maria hingegen wird mit um so größerer Liebe auf uns herniedersehen, und mit vollstem Vertrauen dürfen wir in den Flammen des Fegfeuers von ihr Hilfe und Linderung erwarten. Tausendmal gepriesen sei darum dein Skapulier, durch das wir Kinder einer so liebreichen Mutter werden.

*Gegrüßt seist du, Maria; Ehre sei.*

3. Wenn auch der Gedanke an unsere Sünden, deren wir vor Gott uns schuldig gemacht haben, unsere Seele mit Angst und Schrekken erfüllt, weil wir wissen, daß wir die Sündenstrafen bis auf den letzten Heller im Fegfeuer bezahlen müssen, so dürfen die Mitglieder der Skapulierbruderschaft sich nichtsdestoweniger freuen und auf Mariens Hilfe bauen. Sie wird diese Seelen im Glutofen des Reinigungsortes trösten, sie wird alsbald ihre Banden und Ketten zerbrechen und sie frei und geläutert aus diesem Kerker zur ewigen Seligkeit hinüberführen.

*Gegrüßt seist du, Maria; Ehre sei.*

4. Als eine zärtliche Mutter, die mit den Schmerzen ihrer Kinder Mitleid trägt, hast du uns, o Maria, die Versicherung gegeben, daß du uns bereitwilligst in der Pein des Fegfeuers zu Hilfe

kommen und bei deinem göttlichen Sohn mächtige Fürsprache einlegen wollest, auf daß er uns verzeihe und uns in den Schoß seiner göttlichen Barmherzigkeit aufnehme. O Maria, du bist wahrhaftig eine Mutter der schönen Liebe und würdig, daß auch wir dich ewig lieben.

*Gegrüßt seist du, Maria; Ehre sei.*

5. Um unsere Hoffnung noch mehr aufzurichten, hat die allerseligste Jungfrau Maria versprochen, sie werde am Samstag nach dem Tod der Skapuliermitglieder ins Fegfeuer hinabsteigen, um sie alle zu befreien und auf den heiligen Berg der ewigen Seligkeit hinüberzuführen. O Maria, unsere Hoffnung, verleihe uns, daß wir den dir geweihten Tag durch eine besondere Andacht heiligen, auf daß er auch der Tag unserer Erlösung und ewigen Ruhe werde.

*Gegrüßt seist du, Maria; Ehre sei.*

6. Wie trostreich wird für die Brüder und Schwestern Mariens vom Berge Karmel im Fegfeuer der Samstag sein, wie werden sie sich erfreuen durch die süße Hoffnung, daß dieser frohe Tag ihre Trauer in ewige Wonne verwandeln wird. O gütigste Fürsprecherin, hilf uns, allen Bedingungen, an welche du dieses außerordentliche Vorrecht geknüpft hast, getreu nachzukommen, auf daß wir deiner Verheißung würdig werden!

*Gegrüßt seist du, Maria; Ehre sei.*

7. O wie viele Karmelkinder, die eine zarte Andacht zu Maria hegten, werden schon, dank der Gnaden und Ablässe des Skapuliers, an einem Samstag geraden Weges von der Erde zum Himmel emporgestiegen sein! Wenn wir auch eine so große Gnade nicht verdienen, o Maria, so verleihe uns doch, daß wir darauf hoffen und in dieser seligen Hoffnung leben und sterben.

*Gegrüßt seist du, Maria; Ehre sei.*

*Am Schluß bete man die Lauretanische Litanei.*

# Neunter Tag

## Das Skapulier als Zeichen der ewigen Auserwählung

1. Die größte Gnade, o Maria, die du mit dem Skapulier verbunden hast, ist wohl die, daß es uns ein Zeichen der Auserwählung für die ewige Seligkeit ist. O gütigste Mutter, wie sehr hast du die Bruderschaft vom Berge Karmel mit Wohltaten überhäuft! Deine Mutterliebe übersteigt hier alle Grenzen. Du hättest nicht mehr geben und wir nicht mehr verlangen können.

*Gegrüßt seist du, Maria; Ehre sei.*

2. Maria hat versprochen, daß diejenigen, die ihr Skapulier in der rechten Gesinnung tragen, die Gnade erlangen, ein christliches Leben zu führen. Sollten sie das Unglück haben, in eine Sünde zu fallen, so wolle sie ihnen wieder zur Buße und Besserung verhelfen, so daß sie durch ihre Fürbitte in der Liebe und Gnade Gottes aus dieser Welt scheiden und zur ewigen Seligkeit gelangen. Welch großes Vorrecht deines heiligen Gnadenkleides ist dies doch, o Maria! Wie sehr dürfen wir uns freuen, daß du mit einem Gewand uns geschmückt hast, das für uns ein Zeichen der Seligkeit ist!

*Gegrüßt seist du, Maria; Ehre sei.*

3. Da es nicht möglich ist, daß ein wahrer Diener Mariens verloren geht, um wie viel weniger haben wir für unser ewiges Heil zu fürchten, wenn wir dir treu bleiben, o Maria, da du selber versprochen hast, daß alle, die in deinem heiligen Kleide sterben, das ewige Feuer nicht erleiden werden. Wir danken dir für deine so unermeßliche Liebe, o Mutter der Barmherzigkeit, und bitten dich, du wollest es doch nicht geschehen lassen, daß wir dir und deinem göttlichen Sohn jemals durch eine schwere Sünde untreu werden.

*Gegrüßt seist du, Maria; Ehre sei.*

4. Selbst die bösen Geister mußten bekennen, daß du, o Maria, deinen wahren Kindern in besonderer Weise beistehst: denn schon zu wiederholten Malen riefen sie aus: «O Kleid, wie viele

Seelen raubst du uns und der Hölle!» Wie glücklich sind wir also, wenn wir gottselig leben und die Andacht zu Maria stets üben! Ja, dann werden wir auch zur glücklichen Zahl jener gehören, die durch das Skapulier auf immer den Klauen des höllischen Wolfes entgangen sind.

*Gegrüßt seist du, Maria; Ehre sei.*

5. Wie schlimm wäre es um uns bestellt, hätten wir keine Andacht zu dir und deinem heiligen Kleid, o Maria! Wie oft schon standen wir am Rande des höllischen Abgrundes. Während die Geister der Finsternis schon bereit waren, unsere Seele ins Verderben zu stürzen, hast du, o Maria, für uns bei Gott um Gnade und Erbarmen gefleht. Deshalb übergeben wir uns dir ganz und gar, o liebreichste Mutter, da wir überzeugt sind, daß du viel inniger nach unserer Seligkeit verlangst, als die bösen Geister nach unserem Verderben trachten.

*Gegrüßt seist du, Maria; Ehre sei.*

6. Du hast, o Maria, die Blüten und Blumen der Heiligkeit, die auf Erden deine Bruderschaft hervorbringt und die auf den Gefilden des Himmels prangen, in den geliebten Lustgarten des Karmels verpflanzt und unter dem Schatten deines heiligen Kleides so herrlich erblühen lassen, um deinen Kindern ein Zeichen ihrer ewigen Gnadenwahl zu geben. O du Ursache unserer Freude, stehe uns bei, auf daß wir dir einst zur Krone gereichen!

*Gegrüßt seist du, Maria; Ehre sei.*

7. Um uns unserer Seligkeit zu versichern, hast du uns, o Maria, in deine gnadenreiche Bruderschaft aufgenommen. Nun stehst du vor dem Thron deines göttlichen Sohnes, um unsere Fürsprecherin zu sein. Wenn wir auch bisher viel zu undankbar waren für deine so große Liebe, so vertrauen wir dennoch auf dein mütterliches Herz. Siehe uns immer an als deine Kinder und nimm uns allzeit unter deinen mächtigen Schutz, auf daß wir einst mit all unseren seligen Brüdern und Schwestern dich und dein heiliges Gnadenkleid ewig im Himmel lobpreisen. Amen.

*Gegrüßt seist du, Maria; Ehre sei.*

*Am Schluß bete man die Lauretanische Litanei.*

# IV Skapulier-Katechismus

***Die folgenden Auszüge – dargestellt in Katechismus-Form – entsprechen den altehrwürdigen Bestimmungen über das Skapulier, die in einer bewunderungswürdigen Genauigkeit und Abgrenzung erfolgten. Die Aufstellung entspricht dem Standardbuch über Ablässe, die im Buch von Pater Franz Beringer SJ[1] beschrieben sind.***

## 1. Was ist das Skapulier?

*Das Skapulier oder Schulterkleid – von scapula, Skapulier – ist ursprünglich die Bezeichnung jenes Kleidungsstückes, das von einigen religiösen Orden, z.B. den Benediktinern, Karmelitern, Dominikanern, über dem gewöhnlichen Ordenskleid getragen wird. Es bedeckt beide Schultern und hängt auf der Brust und über dem Rücken in längerer oder kürzerer Form herab.*

Als die religiösen Orden anfingen, die übrigen Gläubigen in Kongregationen oder Bruderschaften sich näher anzuschließen, teilten sie denselben ein äußeres Abzeichen ihres Ordens mit, wie einen Gürtel, Strick und dergleichen. So entstanden auch die verschiedenen kleinen Skapuliere; sie sollten das Ordensgewand, zumal das Schulterkleid vorstellen, und je nach ihrer verschiedenen Farbe eine gewisse engere Verbindung mit der betreffenden religiösen Ordensgemeinschaft bezeichnen.

## 2. Wie müssen die Skapuliere beschaffen sein?

*Jedes dieser kleinen Skapuliere besteht aus zwei Stücklein wollenen Tuches, die durch zwei Schnüre oder Bänder so miteinander verbunden sind, daß der eine Tuchstreifen vorn auf der Brust, der andere, der oft etwas kleiner ist, hinten zwischen den Schultern herabhängt, während die beiden Bänder über beide Schultern herabhängen.*

Anmerkung des Herausgebers: Oft glauben die Gläubigen, daß das Skapulier in der Westentasche oder im Geldbeutel aufbewahrt werden kann. Das Skapulier ersetzt jedoch ein Kleid. Darum die Bestimmung, daß ein Teil des Skapuliers vorn und hinten herabhängen muß.

---

[1] Das Werk von Franz Beringer SJ (Paderborn 1914) erschien in mehreren Auflagen. Wir berufen uns in diesem Kapitel auf die Auflage vom Jahre 1914 sowie auf die österreiche Zeitschrift «Skapulier» (siehe Quellenangabe). Die hier behandelten Fragen und Antworten wiedergeben die kirchliche Lehre über das Skapulier, wie sie vor dem Zweiten Vatikanischen Konzil Gültigkeit hatte.

## 3. Müssen Skapuliere gewebt und aus echter Wolle sein?

*Die Skapuliere müssen gewebt und aus echter Wolle sein.*

Der Stoff der Skapuliere, d.h. der beiden Tuchstücklein, welche den Hauptbestandteil bilden, muß Wollenzeug sein, nicht aber Baumwolle, Leinwand oder Seide, noch viel weniger Papier, Metall u.a.; – und zwar ist gewebter Wollenstoff erforderlich, nicht gestrickte, gestickte oder in ähnlicher Weise gefertigte Stoffe; diese würden nicht hinreichen zur gültigen Weihe des Skapulieres. (Decr. auth. n. 423 ad 1 et 2.) Ebenso wenig dürfen sie aus gepreßter Wolle oder Filz angefertigt werden, wie das Dekret vom 6. Mai 1895 verordnet.» (siehe auch lateinischer Erklärungstext im Kasten)

Anmerkung des Herausgebers: In letzter Zeit findet man immer mehr Skapuliere, die aus sogenanntem Wollfilz (100% Wolle, jedoch nicht gewebt) angefertigt werden. Laut untenstehendem Text ist jedoch Wollfilz der nichtgewebten Wolle zugehörig und somit nicht zulässig.

Das Dekret vom 6. Mai 1895:

ORDINIS CARMELITARUM EXCALCEATORUM. – Fr. Bernardinus a S. Theresia Præpositus Generalis Ord. Carmelit. excalceat. huic S. Congregationi Indulgentiarum et Sac. Reliquarum humiliter exponit, morem molevisse conficiendi impondendique Christifidelibus scapularia ex lana subcoacta (feutre, feltro) et non contexta (tissée, tessuta). Nonnullis ergo dubium obortum est, quod huic S. Congregationi solvendum proponitur, videlicet:

> An scapularia confecta non ex lana contexta des subcoacta Christifidelibus imponi possint, quin ipsi amittant Indulgentias gestantibus scapularia concessas?

Porro S. Congregatio, audito etiam unius ex Consultoribus voto, proposito dubio respondendum censuit:

> Negative, juxta Decretum in una Urbis d.d. 18. Augusti 1868 ad dubium 2um, quod in originali textu ita legitur:

«Utrum vox pannus, panniculos ab auctoribus communiter usurpata sumi debeat in senso stricto i.e. de sola lanea textura proprie dicta (tessuto), vel utrum etiam intelligi possit de lanea textura reticulata (lavoro di maglia, tricotage) et de quocumque laneo opere acu picto (ricamo, broderie), adhibito tamen semper colore præscripto? – Resp. Affirmative ad primam partem; Negative ad secundam.»

*Datum Romæ ex Secretaria ejusdem Sac. Congregationis die 6. Maii 1895.*

## 4. Dürfen Bilder auf dem Skapulier angebracht werden?

*Ja, unter gewissen Bedingungen.*

Gestattet ist es, das wollene Skapulier in irgend einer Weise, z.B. durch ein eingewobenes, aufgesticktes oder aufgenähtes Bild und dergleichen zu verzieren, wenn auch der zu dieser Verzierung verwendete Stoff nicht Wolle, noch auch von der vorgeschriebenen Farbe ist, nur dürfen diese Zieraten nicht übermäßig sein; denn das Skapulier selbst mit der vorgeschriebenen Farbe muß den vorherrschenden Bestandteil bilden. [Decr. auth. n. 423 ad 3 et 4.]

Darum wurde am 18. Juni 1898 von der heiligen Ablaßkongregation erklärt:

1. Daß Skapuliere, die zwar aus Wolle gefertigt, aber auf der einen Seite mit Baumwolle oder Seide, auf der anderen mit einem Bilde ganz verdeckt sind, nicht gebraucht werden dürfen, weil der eigentliche Bestandteil kaum erkenntlich ist. (Damit ist keineswegs verboten, die Skapuliere mit einer – nicht mit den Skapulieren zusammengenähten – Umhüllung zu umgeben oder in einem Säckchen zu verwahren, um sie vor den Folgen der Ausdünstung zu schützen. Wenn die Skapuliere sonst den Vorschriften entsprechen, so ist gegen diesen Gebrauch nichts einzuwenden. P. Ulrich, 1.c.p.121; Revue théol. française, IV, 56)

2. Daß ganz wohl selbst beide Teile mit verschiedenen Bildern verziert sein dürfen, wenn nur die wesentlichen Bestandteile des Skapuliers, Stoff, Gestalt und Farbe, sichtbar hervortreten; denn die Bilder sind unwesentlich, ausgenommen bei einzelnen, von denen noch die Rede sein wird. (Acta S. Sed. XXX, 748, I, II.)

## 5. Dürfen Medaillen an die Skapuliere gehängt werden?

*Ja, unter gewissen Bedingungen.*

Man kann ein Bild oder eine Medaille an das Skapulier befestigen. Doch ein Skapulier, an dessen Schnüren nur auf der einen Seite der vorgeschriebene Tuchstreifen, auf der anderen aber statt jenes Streifens ein Bild der Muttergottes oder eine Medaille angebracht wäre, würde zum Gewinn der Ablässe ebensowenig genügen, als wenn beide Tuchstreifen nur vorne oder und hinten an den Schnüren angenäht wären. Das vorgeschriebene Tuch muß vielmehr auf beiden Seiten angebracht sein. Wäre bei der Weihe und Einkleidung dem Gläubigen eines dieser genannten mangelhaften Skapuliere angelegt (aufgelegt) worden, so müßte die Weihe und Anlegung des Skapulieres wiederholt werden, (Decr. auth. n. 394, ad 1 et 2), – es sei denn, daß unterdessen eine genügende Sanation eingetreten wäre.

## 6. Dürfen die Schnüre von beliebigem Stoff sein?

*Ja, mit Ausnahme des Passionsskapulieres und solchen Mehrfach-Skapulieren, die ein solches enthalten. Eine solche Ausnahme bildet auch das sogenannte fünffache Skapulier.*

Die Schnüre oder Bänder, welche die beiden Tuchstreifen der Skapuliere verbinden, machen nicht einen wesentlichen Bestandteil derselben aus; denn bei den großen Ordensskapulieren, die durch die kleinen vorgestellt werden, finden sie sich ja nicht. Diese Schnüre können darum in der Regel von beliebigem Stoff sein: von Baumwolle, Zwirn, Seide und dergleichen, wie auch von beliebiger Farbe. Ebenso kann man sie nach Wunsch oder Bedürfnis wechseln oder erneuern.

Hiervon bildet das rote Passionsskapulier eine Ausnahme, dessen Bänder gleichfalls von rotem Wollenstoff sein müssen. Trägt man also mehrere Skapuliere, so kann man alle an einer einzigen Doppelschnur befestigen (Decr. auth. n. 408, 428); befindet sich aber das Passionsskapulier darunter, so muß diese Doppelschnur, die dann auch für alle anderen Skapuliere dienen kann, von ROTEM Wollenstoff sein. Ebenso muß das neue Josephskapulier weiße Schnüre haben.

Daß die Bänder der Schnüre nicht wesentlich sind, darf übrigens keineswegs so verstanden werden, als ob man sie ganz weglassen und die zwei Tuchstreifen etwa vorn und hinten auf ein Kleidungsstück annähen könnte; denn alsbald würden die Skapulierablässe nicht gewonnen. (Reserv. auth. n. 29).

## 7. Wie kann ich die Ablässe und Privilegien des Skapuliers gewinnen?

*Ich muß es von einem bevollmächtigten Priester auflegen lassen und das Skapulier ständig in der richtigen Weise tragen.*

1. Weihe und Anlegung des Skapulieres durch einen bevollmächtigten Priester: Was diese Bedingung betrifft, so gilt sie, wie gesagt, nur für den ERSTEN EMPFANG eines jeden Skapulieres, das heißt für die Aufnahme in die betreffende Skapulierbruderschaft (Decr. auth. n. 350, 397); denn nachher kann man, wenn das Skapulier verbraucht ist oder verloren wurde, sich selbst ein neues (ungeweihtes oder geweihtes) anlegen. Das gilt auch für das weiße Skapulier von der allerheiligsten Dreifaltigkeit, das früher jedesmal besonders geweiht sein mußte.

Übrigens kann man selbstverständlich bei der Einkleidung oder später sich mehrere Skapuliere zugleich weihen lassen, um, wenn das eine verbraucht ist, sogleich ein anderes geweihtes anlegen zu können. Das Weiheformular für das

Karmelskapulier zeigt, daß die Weihe neuer Skapuliere auch in solchen Fällen üblich ist, wo eine Einkleidung nicht stattfindet; denn es heißt dort: Si autem habitus solum sit benedicendum ... (Wenn jedoch nur das Kleid geweiht werden soll ...).

## 8. Muß man sich bei der Skapulierauflegung einschreiben lassen?

*Die Verpflichtung zur Einschreibung wurde im 19. Jahrhundert aufgehoben, dann wieder eingeführt. Die Verpflichtung besteht heute nicht mehr.*

Wenn die Weihe und Auflegung des Skapuliers mit der Aufnahme in die betreffende Skapulierbruderschaft verbunden ist, muß(te) der bevollmächtigte Priester die Namen der das Skapulier Empfangenden in das Bruderschaftsbuch einschreiben (lassen) oder, wenn eine solche Bruderschaft in der betreffenden Pfarrei nicht kanonisch errichtet ist, in ein Privatregister, um sie dann an ein Ordenshaus oder an eine Bruderschaft dieser Art einzusenden.

Selbst wenn der Heilige Stuhl direkt die Vollmacht erteilt, Skapuliere zu weihen, schreibt er vor, daß die Priester ein solches Privatverzeichnis halten und die Namen der Aufgenommenen möglichst bald an eine nahegelegene gleichnamige Bruderschaft einsenden, damit dort die Namen in das Bruderschaftsbuch eingetragen werden. (Decr. auth. n. 428 ad 1)[2]

Für die Bruderschaft des Karmelskapuliers war seit 30. April 1838 durch besonderes Indult Papst Gregors XVI. von der Einschreibung der Namen dispensiert; dies galt aber nach Entscheidung der Ablaßkongregation vom 18. August 1868 keineswegs bezüglich der anderen Bruderschaftsskapuliere. (Decr. auth. n. 421 ad 3).

Jetzt ist übrigens durch Dekret derselben Kongregation vom 27. April 1887 auch jenes Indult für das Karmelskapulier zurückgenommen und deshalb die Einschreibung wieder notwendig.[3] Darüber wird bei den allgemeinen Bemerkungen über die Bruderschaften und bei der Bruderschaft des Karmelskapuliers die Rede sein.

Anmerkung des Herausgebers: Aus der zeitweiligen Streichung der Eintragspflicht und der heute ebenfalls nicht mehr bestehenden Pflicht zu Einschreibung ersehen wir, wie die Kirche zugunsten einer einfacheren Handhabung von dieser Pflicht befreien kann.

---

[2] Franz Beringer schreibt diesen Kommentar im Jahre 1914. Zu dieser Zeit bestand diese Verpflichtung noch. Zur Zeit besteht keine Eintragspflicht mehr.

[3] Der Autor, Franz Beringer, schreibt diesen Kommentar im Jahre 1914. Damals galt die Bestimmung, daß seit dem 27. April 1887 wieder die Eintragspflicht besteht.

## 9. Kann jeder Priester, der das Skapulier auflegt, auch solche weihen?

*Ja.*

Wer die Vollmacht hat, Skapuliere zu weihen, hat damit auch jene, sie den Gläubigen anzulegen und dieselben in die betreffenden Bruderschaften einzuschreiben (Decr. Auth. n. 428 ad. 1); ja derselbe Priester, der das Skapulier weiht, muß es in der Regel auch dem Gläubigen anlegen: «ad eodem sacerdote scapularia imponantur, a quo ipsa scapularia benedicuntur» (ibid. n. 430).

## 10. Ist die Skapulierauflegung zur Gewinnung der Ablässe wichtig?

*Ja, nur wer das Skapulier aufgelegt bekommt, gelangt in den Genuß der Ablässe.*

Es genügt also nicht, das geweihte Skapulier dem Gläubigen in die Hand zu geben oder gar zu übersenden (ibid. n. 397), sondern der bevollmächtigte Priester muß es ihm in der üblichen Weise anlegen, das heißt umhängen; dieser darf es sich nicht (bei der ersten Weihe) selbst umhängen, sonst würde er der Ablässe nicht teilhaftig werden (ibid. n. 394).

## 11. Legt der Priester bei der Auflegung das Skapulier um den Hals?

*Ja. Bei Frauen mit einer entsprechenden weiten Kopfbedeckung darf jedoch der Priester dasselbe über die Schulter legen.*

In der Regel soll das geweihte Skapulier der damit zu bekleidenden Person so um den Hals gelegt werden, daß der eine Teil des Skapuliers vorn, der andere über den Rücken herabhängt. Manche Priester dagegen pflegten dasselbe den Gläubigen nicht um den Hals, sondern auf eine Schulter zu legen; namentlich geschah dies vielfach bei Frauen, deren Kopfbedeckung kaum gestattet, das Skapulier in der gewöhnlichen Weise ihnen umzuhängen. – Es war nun behauptet worden, eine solche Auflegung des Skapuliers sei nicht gültig. Um Sicherheit zu erlangen, wurde der Ablaßkongregation die Frage vorgelegt: «Utrum uni tantum humero et non circa collum scapularis impositio valida sit necne?» Die Kongregation antwortete am 26. September 1892: Affirmative. (Acta S. Sed. XXV., 319). Es kann also kein Zweifel mehr bestehen, daß die erwähnte Weise der Auflegung des Skapuliers gültig ist.

Daß sie zumal in den angeführten Fällen, wo triftige Gründe vorliegen, auch erlaubt und angemessen sei, ergibt sich daraus von selbst. Wenn es dagegen wenig oder gar keine Schwierigkeit bietet, das Skapulier den Gläubigen in jener Weise umzulegen, wie diese es nachher zu tragen verpflichtet sind, so soll man selbstverständlich von dieser, auch sonst bei ähnlichen zeremoniellen Einkleidungen üblichen Weise nicht eigenmächtig abgehen.

Ganz besondere Privilegien haben in dieser Beziehung die Redemptoristenpatres: sie können nämlich die vier Skapuliere (das vom Berge Karmel ausgenommen) zusammen durch eine einzige kürzere Formel weihen und die Gläubigen in die betreffenden Bruderschaften aufnehmen, auch an Orten, wo sich Klöster jener Orden befinden, welchen diese Skapuliere eigentümlich sind: bei Missionen oder großem Andrang können sie diese Skapuliere weihen und unter die Gläubigen verteilen, welche sich dann selbst diese Skapuliere umhängen. Ebenso wurden diese Ordensleute dispensiert von der Verpflichtung, die Namen der Gläubigen in das Bruderschaftsregister einschreiben zu lassen. Sie können ebenfalls die Generalabsolution in der Todesstunde geben, und die Beichtväter dürfen die Verpflichtungen für das sabbatinische Privileg umändern (Decr. auth. n. 150; Ulrich, Trésor p. 137; Jules Jacques, Le petit trésor spirituel, Tournai 1878).

Ähnliche Privilegien sind in neuerer Zeit auch anderen Ordensleuten, namentlich den Kapuziner- und Jesuitenpatres verliehen worden.

Anmerkung des Herausgebers: Aus den Ausführungen des Autors (Franz Beringer) erkennen wir die Bedeutung des Skapuliers für die Pastoral. Es ist der Wille der Kirche, daß möglichst viele in den Genuß der Gnaden kommen, die das Tragen des Skapuliers ermöglicht.

## 12. Muß die Person gegenwärtig sein, die das Skapulier empfängt?

*Ja.*

Aus dem Gesagten ergibt sich, daß der Gläubige, welcher das Skapulier empfangen hat, beziehungsweise in die Skapulierbruderschaft aufgenommen werden soll, bei diesem Empfang und bei dieser Aufnahme gegenwärtig sein muß. (Decr. auth. n. 387; 453, II. et III.)

## 13. Darf der Priester nur Erwachsenen das Skapulier auflegen?

*Nein.*

Alle Gläubigen jedes Alters können das Skapulier empfangen. In manchen Ländern pflegen fromme Mütter ihre Kleinen im zartesten Alter schon mit dem Skapulier bekleiden zu lassen, um sie unter den besonderen Schutz der Muttergottes zu stellen. Die Ablaßkongregation hat erklärt, daß es genüge, damit die Kinder, wenn sie zum Gebrauch der Vernunft gelangt sind, der Skapulierablässe teilhaftig werden (Decr. auth. n. 410), vorausgesetzt, daß die Skapuliere nach Form, Farbe usw. der Vorschrift entsprechen.

## 14. Darf der Priester sich selbst das Skapulier auflegen?

*Ja.*

Ein Priester, der bevollmächtigt ist, allen Gläubigen ohne Unterschied und Einschränkung (nicht aber nur zum Beispiel einer bestimmten religiösen Genossenschaft) das Skapulier zu geben, kann sich selbst auch damit bekleiden (ibid. n. 280).

In der Regel hat der Priester mit der Weihevollmacht für die Skapuliere zugleich auch jene, den damit Eingekleideten den Segen mit vollkommenem Ablaß in der Todesstunde zuzuwenden, wie es in der Vollmacht selbst zumeist gesagt ist.

Anmerkung: Franz Beringer schreibt: «Seit den Dekreten der Ablaßkongregation vom 22. März 1879 und der Ritenkongregation vom 7. Mai 1882, welche durch das Breve vom 7. Juli 1882 promulgiert wurden, muß dafür die allgemeine von Benedikt XVI. vorgeschriebene Formel gebraucht werden. (Decr. auth. n. 444 et p. 491).» Wenige Jahre später (1888, siehe auch die Formel auf Seite 124) wurde allerdings eine Kurzformel für die Aufnahme von Rom gebilligt, die vor allem bei großem Personenandrang oder in Notsituationen empfohlen ist.

## 15. Darf der Priester dasselbe Skapulier mehreren Personen auflegen?

*Ja.*

Dasselbe geweihte Skapulier kann, wo es nötig erscheint, mehreren der Reihe nach aufgelegt werden, indem man bei den einzelnen die beim Auflegen übliche Formel wiederholt, wenn nur das erste Skapulier, das der Gläubige nachher umhängen muß, geweiht ist.

Dieser Fall kann bei Missionen vorkommen, wenn nämlich die geweihten Skapuliere nicht ausreichen, um alle einzukleiden, die es wünschen (Decr. auth. n. 421 ad 1).

## 16. Kann man die Weihe und die Auflegung des Skapuliers trennen?

*Ja.*

Daraus ergibt sich, daß die Weihe der Skapuliere nicht immer und notwendig in Gegenwart der damit Einzukleidenden geschehen muß. Wenn zum Beispiel bei der Einkleidung vieler eine gewisse Anzahl von Skapulieren gesegnet wurde und einige davon übrig bleiben, so kann man sie natürlich ohne neue Segnung bei der Einkleidung anderer gebrauchen. Ebenso könnte man in einem dringenden Fall von Krankheit usw. jemand durch das Umhängen eines früher gesegneten Skapuliers einkleiden, respektiv in die betreffende Bruderschaft aufnehmen, indem man sogleich mit den Worten anfängt: Accipe hunc habitum benedictum etc.

## 17. Darf der Priester einem Kranken im Bett das Skapulier auflegen?

*Ja.*

Das Umhängen der Skapuliere kann überall stattfinden. Kranke können also in ihrer Wohnung, im Bett mit dem Skapulier bekleidet und in die betreffende Bruderschaft aufgenommen werden.

## 18. Welche Weiheformel für die Auflegung muß der Priester wählen?

*Der Priester muß die offizielle Weiheformel gebrauchen.*

Für alle eigentlichen Skapuliere ist eine bestimmte längere oder kürzere Formel der Weihe vorgeschrieben. Ein einfaches Kreuzzeichen würde zu dieser Weihe nicht genügen. So hat die Ablaßkongregation am 27. April 1887 entschieden.

Frage und Antwort lauten: An ad validitatem benedictionis sufficiat signum Crucis manu efformatum super scapulare absque ulla verborum pronuntiatione et aquæ benedictæ aspersione? – Negative, sed benedictio danda est juxta formulam præscriptam, ad normam Decreti 18. Augusti 1868. – Acta S. Sed. XIX., 557, ad I.

Zum besseren Verständnis dieser Antwort und des darin zitierten Dekretes sei bemerkt, daß die Kongregation selbst bereits vor 1868 erklärt hatte, in jenen Weiheformeln sei nicht alles und jedes zur Gültigkeit notwendig. Denn auf die Anfrage: An rata sit fidelium adscriptio Confraternitati B.M.V. de Monte Carmelo, quæ fit a sacerdotibus quidem facultatem habentibus, non servata tamen forma in Rituali et Breviario Ordinis

Carmelitarum descripta? (Die Formel des Breviers der Karmeliten, von welcher hier die Rede ist, enthält einige Psalmen, welche in der Weihevollmacht, die man jetzt von den Karmeliten selbst erhält, ausgelassen sind.) – antwortete sie am 24. August 1844: Affirmative, dummodo sacerdotes facultatem. (Decr. auth. n. 329 ad 3). Und als später wiederum angefragt wurde: Utrum huiusmodi formula usurpari solita in actu impositionis scapularium essentialis sit, ut quis scapulare rite accepisse censeatur iusque habeat ad indulgentias illud ferentibus concessas; an vero absque indulgentiarum dispendio possit omitti, præsertim in morbis aliove urgenti casu? – gab die Kongregation am 18. August 1868 die oben erwähnte Entscheidung: Tam ad primam quam ad secundam partem proferenda esse verba, quæ sunt substantialia, ad formam decreti huius S. Congregationis die 24. Augusti 1844, quod sic se habet: An rata sit ... (hier wird dann die unmittelbar vorher angeführte Frage und Antwort ganz wiederholt).

Da aber die beiden Entscheidungen (v. 1844 und 1868), von denen eben die Rede war, ausdrücklich nur vom Karmelskapulier sprachen, so hat eine weitere Frage und Antwort vom 27. April 1887 bestimmt, daß jene Entscheidungen auch bezüglich der anderen Skapuliere und im gleichen Sinn zu verstehen seien: An declaratio S. Congregationis de servandis substantialibus in adscriptione fidelium Confraternitati B.M.V. de Monte Carmelo debeat etiam, atque eodem sensu, intelligi quoad cetera scapularia? – Affirmative. (Acta S. Sed. XIX., 557 ad 3).

## 19. Muß der Priester auch im Notfall die offizielle Weiheformel benützen?

*Nein, aber die wesentlichen Elemente der Auflegung müssen berücksichtigt werden.*

Es ist also dem Priester, der die Weihe und Auflegung der Skapuliere vornimmt, keineswegs freigestellt, irgend einer beliebigen Formel sich zu bedienen. Er muß vielmehr die dafür vorgeschriebene Formel gebrauchen und soll sich in der Regel genau an dieselbe halten. Wenn aber dringende Umstände und Notfälle eine Abkürzung erheischen, so ist darauf zu achten, daß zur Gültigkeit jedenfalls die wesentlichen Worte der Formel «verba substantialia» ausgesprochen werden müssen, jene nämlich, welche die Weihe, die Auflegung des Skapuliers und die Aufnahme in die entsprechende Bruderschaft, wofern es sich wirklich um eine solche handelt, ausdrücken.

## 20. Welche Weiheformel(n) gibt es für das Karmelskapulier?

*Im Römischen Rituale sind drei Aufnahmeformeln genannt.*

Für das Karmelskapulier gibt es zwei längere Weiheformeln und eine kürzere (Die kurze Form wird von den beschuhten Karmeliten verwendet). Der letzteren, erst am 24. Juli 1888 von der Ritenkongregation approbierten Formel, kann sich jeder Priester in allen Fällen bedienen, wenn er die Vollmacht zur Weihe des Karmelskapuliers überhaupt besitzt. Der Vergleich dieser kürzeren Formel mit der längeren zeigt sofort, was in der letzteren zur Gültigkeit notwendig ist, und was in ihr mehr zur Erhöhung der Feierlichkeit und Andacht dient. Denn die kürzere Formel enthält nur das wesentlich Vorgeschriebene, nämlich ein Gebet für die Weihe, eines für die Übergabe des Skapuliers und zwei Schlußgebete, welche offenbar die Aufnahme in die Bruderschaft ausdrücken sollen.

Eben diese kürzere Weiheformel des Karmelskapuliers kann als Norm dienen, um zu erkennen, daß auch in der Weihe des Skapuliers der allerheiligsten Dreifaltigkeit nur die drei Gebete absolut zur Gültigkeit erfordert sind, welche sich direkt auf die Weihe und Auflegung des Skapuliers beziehen und die Aufnahme in die Bruderschaft aussprechen.

Etwas schwieriger ist es zu entscheiden, ob in der Weiheformel des Skapuliers von den sieben Schmerzen etwas unbeschadet der Gültigkeit wegbleiben kann. Einmal weil besondere Worte für die Aufnahme in die Bruderschaft sich in der Formel nicht finden, dann, weil dieselbe außer den Gebeten für die Weihe und Auflegung des Skapuliers auch andere für Weihe und Übergabe des entsprechenden Rosenkranzes enthält, so daß es scheinen könnte, daß die letzterwähnte Weihe und Übergabe als Aufnahme in die Bruderschaft zu gelten habe. Jedenfalls aber scheint das allererste längere Gebet des Formulars nur eine Einleitung und deshalb nicht wesentlich zu sein.

In den Formularen für die anderen Skapuliere kann kaum etwas ausgelassen werden. – Überhaupt ist es, wenn nur eine oder einzelne Personen einzukleiden sind und Zeit und Umstände es gestatten, ratsam und erbaulicher, alle vorgeschriebenen Weiheformulare ohne Abkürzung anzuwenden.

Anmerkung: Der Autor beruft sich auf die Auflegungsformeln, die im Rituale Romanum enthalten sind. Damals waren keine zusätzlichen Formeln bekannt. In der zeitgemäßen Literatur findet man neue (in der Landessprache verfaßte) Auflegungsformeln, die ebenfalls die wesentlichen Teile aufweisen, die zur Gültigkeit erforderlich sind. Als Beispiel diene der Ritus, der in der Schrift «Das Skapulier – Mit Maria im Geist des Karmel leben» (Verlag Christliche Innerlichkeit, Wien 2003) enthalten ist, welche die Kongregation für den Gottesdienst und die Sakramentenordnung am 23. März 2002 (Prot. N. 1895/01/L) gebilligt hat.

## 21. Genügt es, das Skapulier bei sich in der Tasche zu tragen?

*Nein.*

Das Skapulier muß ständig über die Schultern hängend getragen werden. Es genügt nicht, es vielleicht in der Tasche oder in einem Kleidungsstück eingenäht zu tragen. (Decr. auth. n. 394, 408; Ablaßkongr. 12/II. 1840).

## 22. Gewährt das fünffache Skapulier auch die Karmelgnaden?

*Ja.*

Man muß sich nicht eigens in das braune Karmelitenskapulier aufnehmen lassen, wenn man bereits ins fünffache Skapulier aufgenommen ist, denn beim fünffachen Skapulier ist das braune bereits dabei.

## 23. Ist es gleich, welches Skapulier man trägt?

*Durchaus nicht.*

Das ursprüngliche ist das braune Karmelskapulier. Nur mit diesem sind die erwähnten Gnaden und Privilegien verbunden. Kein anderes Skapulier hat das Samstagsprivileg!

## 24. Können Mitglieder anderer kirchlicher Vereine und Terziaren auch in die Skapulierbruderschaft aufgenommen werden?

*Selbstverständlich.*

Es ist allen Gläubigen anzuraten, sich aufnehmen zu lassen um so großer Gnaden teilhaftig zu werden. Viele marianische Kongregationen tragen als Kongregationsmedaille sogar eine Skapuliermedaille. Den Terziaren der verschiedenen Orden ist gleichfalls zu empfehlen, auch Mitglieder der Skapulierbruderschaft zu werden. Nur die Karmeliterterziaren tragen ohnehin schon das braune Skapulier.

## 25. Muß man sich von neuem aufnehmen lassen, wenn man das Skapulier längere Zeit nicht mehr getragen hat?

*Nein.*

Die Aufnahme gilt fürs ganze Leben. Hätte also jemand das Skapulier längere Zeit nicht mehr getragen, so konnten in der Zwischenzeit die Ablässe und Privilegien nicht gewonnen werden. Eine Neuaufnahme ist jedoch nicht nötig. Es genügt, sich ein Skapulier zu verschaffen und es wieder zu tragen. (Decr. auth. n. 379; Abl.-Kongr. 27/V. 1857.) Nur wer es aus Verachtung abgelegt hätte, müßte neuerdings aufgenommen werden.

## 26. Kann man am Skapulier abgenützte Bänder durch andere ersetzen?

*Ja.*

Die Bänder, welche beide Wollstücke verbinden, können aus beliebigem Stoff hergestellt sein. Nur für das Passionsskapulier sind rote Wollbänder vorgeschrieben. Daher muß das fünffache Skapulier solche haben. Es können auch mehrere Skapuliere an zwei gemeinsamen Bändern getragen werden, wie es zum Beispiel beim fünffachen Skapulier geschieht. Doch dürfen diese Skapuliere nur am oberen Rand zusammengenäht sein, so daß sie deutlich als verschiedene Skapuliere erkennbar sind. (AAS. XIX., 557 ad IV.)

## 27. Welche Gebete hat der Priester den Einzelnen aufzuerlegen?

*Um das Samstagsprivileg zu gewinnen, hätten die Mitglieder der Bruderschaft an und für sich täglich die Kleinen Tagzeiten der Muttergottes zu beten. Wem dies nicht möglich ist, hätte sich Mittwoch, Freitag und Samstag des Fleischgenusses zu enthalten.*

Da den meisten Mitgliedern weder das eine noch das andere gut möglich ist, wird mit Gutheißung des Heiligen Stuhles diese Verpflichtung gleich bei der Aufnahme den einzelnen Mitgliedern in kleinere Gebete umgewandelt. Der Priester bestimmt selbst nach freiem Ermessen. Wer vergessen hat, was ihm seinerzeit auferlegt wurde, dem kann der Beichvater neuerdings etwas bestimmen.

Quellenhinweis:
Frage 1 bis 20: Franz Beringer SJ
Fragen 21 bis 27: «Skapulier», Kath. Familienblatt. Juli 1937. Linz.

*Eine Aufnahmezeremonie aus früheren Zeiten in Bourguillon (Schweiz).*

# V Denkwürdige Zeugnisse

## 1. Das Skapulier in der Todesnacht!

Ein erschütterndes Ereignis mit dem Skapulier

Als in einer Erziehungsanstalt ein Jesuitenpater (Pater Leblanc) des Abends die Schlafsäle musterte, fand er einen Knaben vor seinem Bett knien. Auf die Frage, warum er noch nicht zu Bett gegangen sei, erwiderte der Kleine:

> «Ich habe dem Pförtner mein Skapulier zum Nähen gegeben, und ich habe es noch nicht bekommen; ich wage es nicht, schlafen zu gehen, aus Furcht, ohne mein Skapulier zu sterben.»

«Fürchte Dich nicht, mein Freund!» sagte der Pater, «man wird es Dir morgen geben, geh nur zu Bett und schlafe ruhig.»

> «Mein Vater, ich kann nicht schlafengehen, ich werde vielleicht noch in dieser Nacht sterben.»

Dabei brach das gute Kind in helle Tränen aus. Dadurch bewogen, geht der fromme Pater zum Pförtner und bringt dem lieben Kleinen sein Skapulier. Das Kind war nun froh und beruhigt, küßte es innig und schläft ein.

Am folgenden Morgen sieht der Pater, daß der Kleine noch nicht aufgestanden ist. Er ruft ihn, – keine Antwort. Er nimmt ihn bei der Hand – diese ist kalt und starr. Das gute Kind war in der Nacht gestorben. Es hatte das Skapulier geküßt, bis es eingeschlafen war, und hielt es noch auf die lächelnden Lippen gedrückt.

[Philibert Seeböck OFrMin, «Maria Immaculata, das große Gnadenzeichen am Himmel des 19. Jahrhunderts». Innsbruck 1903. – Imprimatur des Ordinariates Brixen 1902].

## 2. Dem Tode entronnen!

Das Vertrauen in das Skapulier ist nie vergebens

Am 8. Mai 1842 fand bei den Toren von Paris auf der Eisenbahn nach Versailles ein furchtbares Ereignis statt, zu dessen Andenken die Kapelle von «Notre Dame des Flammes» auf Bellevue erbaut wurde. Mehr als 100 Personen verbrannten in den brennenden Eisenbahnwagen zu Asche. Viele hatten zahlreiche und gefährliche Wunden. Vier Tage nach dem schrecklichen Ereignis las man in «Union»:

«Ein junger Student begleitete Necker, einen seiner schwerverwundeten Freunde, ins Spital. Im Saal daselbst angelangt, wo man seinen Kameraden hinlegen mußte, sagte er (Necker) zu einer der Barmherzigen Schwestern: ‹Oh, meine Schwester, mein Skapulier hat mich gerettet! Der allerseligsten Jungfrau Maria verdanke ich mein Leben. Von den im gleichen Wagen befindlichen Personen bin ich allein dem Tode entronnen. Ich habe gar keine Wunden! Oh, wie sehr muß ich Gott danken!›»

[Philibert Seeböck, a.a.O].

## 3. Heilige und das Skapulier

(Karmelskapulier)

Unter den 1934 kanonisierten Heiligen waren auch Verehrer des Skapuliers U. L. Frau vom Berge Karmel. Unter ihnen nimmt die heilige Theresia Margareta Redi den ersten Rang ein, denn es ist selbstverständlich, daß eine heilige Karmelitin ihr Skapulier ehrt, unter seinem Schutze lebt und sich aller Gnaden teilhaftig zu machen sucht, die es auf sie herabzieht.

Von dem Gründer der Schwestern vom heiligen Kreuz, dem heiligen Hubert Fournet, der am 4. Juni 1933 heiliggesprochen wurde, hat man ein Verzeichnis der Mitglieder und das Protokollbuch der Skapulierbruderschaft aufbewahrt. Ein Biograph des Heiligen, Julius Saubat, schreibt in seiner Lebensgeschichte: Hubert Fournet war ein großer Verehrer der allerseligsten Jungfrau. Ein Beweis dafür sind seine Bemühungen, die Schwestern für die Skapulier- und Rosenkranzbruderschaft zu gewinnen.

Auch bei der heiligen Bernadette, heiliggesprochen am 8. Dezember 1933, stand das Skapulier U. L. Frau vom Berge Karmel hoch in Ehren. Ihr Biograph, Estrade, der Augenzeuge ihres Lebens war, schildert die letzte Erscheinung der allerseligsten Jungfrau mit den Worten:

«Am späten Nachmittag des Festes U. L. Frau vom Berge Karmel hörte die Heilige in ihrem Herzen die süße Stimme der unbefleckten Jungfrau, die sie aufforderte, zur Grotte zu kommen. Sofort eilte Bernadette zu ihrer Tante Lucile und bat sie, mit ihr nach

Massabielle zu gehen. Der Zutritt zur Grotte war bereits verboten, darum wollen sich beide am rechten Ufer des Gave gegenüber der Grotte niederknien. Kaum wurde das Kind jedoch des Felsens ansichtig, so war sein Blick wie festgebannt und sein Gesicht erstrahlte in seligem Entzücken.»

Pater Petitot führte diese Stelle in seinem Werke über die heilige Bernadette an und fügt bei:

«Ich kann nicht umhin, diesem Beweis von der Verehrung der heiligen Bernadette für U. L. Frau vom Berge Karmel einiges beizufügen: Ehe es noch die Wallfahrt nach Lourdes gegeben hatte und ehe man noch die allerseligste Jungfrau als U. L. Frau von Lourdes anrief, gab es in der ganzen Christenheit keine gebräuchlichere und beliebtere Anrufung als die U. L. Frau vom Berge Karmel. Zur Zeit, als Bernadette lebte, trugen die meisten Kinder das braune Skapulier auf der Brust. Ist aber nicht eine ganz besondere Verehrung der Schwestern von Nevers und Bernadettes für die allerseligste Jungfrau darin ausgedrückt, daß sie auf ihr Fest, den 16. Juli, ihre dritte heilige Kommunion festsetzten? Sie wählten sich diesen Tag, um ihn durch den Empfang der heiligen Kommunion besonders zu ehren, wie es früher vor der Einführung der öfteren und täglichen Kommunion Brauch war. Die allerseligste Jungfrau ließ Bernadette am Tage ihrer Erstkommunion mit dem lieben Heiland allein, aber am nächsten Tage, wo man einen ihrer bevorzugten Titel kommemorierte, gab die Erscheinung, die sich als die Unbefleckte Empfängnis und als Rosenkranzkönigin zu erkennen gab, Bernadette zu verstehen, daß sie dieselbe sei, die sie unter dem Titel Unsere Liebe Frau vom Karmel kenne. Bernadette sollte in den zwanzig Jahren, die sie noch zu leben hatte, die Unbefleckte Empfängnis mit ihren Augen, wie sie sich ausdrückte, nicht wiedersehen. Sie fühlte sich immer mehr zum Ordensleben hingezogen. Nach einigen Jahren brachte sie ihr schmerzlichstes Opfer: sie wallfahrtete eines Tages nach Lourdes, ohne wiederzukommen, und trat in ein Kloster ein.»

Am Pfingstsonntag 1934 fand die Heiligsprechung des sel. Don Bosco statt. Als im Jahre 1929 die irdischen Überreste Don Boscos in Gegenwart des Kardinals Gamba, Erzbischof von

Turin, exhumiert wurden, berichtete der Corriere d'Italia vom 19. Mai des Jahres:

«Als alle geladenen Persönlichkeiten versammelt waren, gab Msgr. Salotti, dem die Oberen der Salesianer assistierten, in Gegenwart von Ärzten und anderen Amtspersonen den Befehl, den Sarg zu heben. Bald erschien dieser: Das Holz hatte infolge der Feuchtigkeit im Laufe der Jahre eine dunkle Farbe angenommen, aber die Siegel waren vollständig erhalten. Als man nach aufmerksamer Prüfung festgestellt hatte, daß alles in Ordnung sei, hob man vorsichtig den Sargdeckel. Dann öffnete man den Zinksarg und ergriffen sahen die Anwesenden die irdischen Überreste des ehrwürdigen Diener Gottes. Die Hände, die man zuerst erblickte, waren verfallen, der heilige Körper war eingetrocknet, aber ganz erhalten, die Lippen zeigten das Lächeln, das den Diener Gottes zu Lebzeiten charakterisiert hatte. Die Kleider waren auseinandergefallen, doch mit Staunen hefteten sich die Blicke der Umstehenden auf das heilige Skapulier U. L. Frau vom Berge Karmel und auf das Kreuz, das so unbeschädigt und so rein geblieben waren, als hätte man sie eben auf die Brust des Seligen gelegt.»

Die Tatsache, daß Don Bosco das Skapulier getragen hatte, war schon zu seinen Lebzeiten bekannt und viel besprochen worden. Es ist aber wichtig, an diese Tatsache zu erinnern und sie zu unterstreichen, denn Don Bosco starb zur Zeit des Modernismus, wo das Skapulier U. L. Frau vom Berge Karmel ein Gegenstand heftiger wissenschaftlicher Diskussionen war.

Dieser Mann des schlichten und glühenden Glaubens, dieser Johannes Baptist der wahren Demokratie, antwortete klar und deutlich aus der Tiefe seines Grabes auf die Einwände der Gegner des Skapuliers. Wie Gott die Zunge des heiligen Antonius unversehrt erhalten hat, um die Reinheit und Richtigkeit seiner Rede zu beweisen, so wollte er Don Boscos wahre Liebe zu Jesus und Maria durch die Erhaltung seines Kreuzes und seines Skapuliers zeigen. Wir können unser heiliges Skapulier, dieses Unterpfand des Heiles, nie genug verehren und wir würden sehr unrecht tun wenn wir es nach unserem Kruzifix nicht mehr schätzen würden, als alles andere.

[Joseph Fattinger: «Der Katechet erzählt, Bd. II». Beispielsammlung. Ried im Innkreis 1935; S. 389].

## 4. Das Skapulier auf dem Sterbebett

(Karmelskapulier)

Don Francisco Zaldna, ehemaliger Präsident der Republik Columbia, war ein ausgezeichneter Rechtsgelehrter, aber zugleich ein erbitterter Feind der katholischen Kirche. Stets folgte er dem Banner der Liberalen. Er war einer der Hauptagitatoren bei der Austreibung der Jesuiten und der Verfolgung, deren sie ausgesetzt waren. Sein Sohn genoß in Rom eine vorzügliche Erziehung, hatte eine besonders große Andacht zur seligsten Jungfrau, die er beständig um die Bekehrung seines Vaters bat, besonders nachdem er zum Priester geweiht worden war. Don Zaldna wurde gefährlich krank und alles, was der fromme Priester tat, um die Bekehrung seines Vaters zu bewirken, war vergeblich. Er wandte sich an Maria, die Zuflucht der Sünder. Als sich der Zustand seines Vaters so verschlimmerte, daß der Tod unabwendbar schien, verdoppelte er seine Gebete. Dann begab er sich ans Sterbebett des Unglücklichen und sagte zu ihm:

«Vater, alle menschlichen Hilfsmittel sind vergeblich. Willst du nicht die Wirksamkeit einer übernatürlichen Arznei versuchen?»

«Was für eine Medizin?»

«Daß du das Skapulier empfängst und trägst.»

Der Expräsident nahm das Anerbieten an, neigte das Haupt, um das Skapulier zu empfangen und fragte, wozu ihn das Skapulier verpflichte.

«Daß du eine gute Beichte ablegst!»

Da zitterte der arme Sterbende vor Angst, aber nach einer kurzen Weile sagte er:

«Gut, rufet einen Priester!»

Nachdem er eine reumütige Beichte abgelegt hatte, erklärte er mit lauter Stimme, er wolle als wahrer Sohn der hl. katholischen Kirche sterben.

[Joseph Fattinger: «Der Katechet erzählt, Bd. II». Beispielsammlung. Ried im Innkreis 1935; S. 373].

## 5. Das Kleid Mariens schützt vor Unglück

Am 8. Mai 1842 geriet in Frankreich ein dichtbesetzter Eisenbahnwaggon bei schneller Fahrt in Brand. Es dauerte längere Zeit, ehe man vorne auf der Lokomotive auf das schreckliche Unglück aufmerksam wurde und den Zug anhielt. Das Schreien der Insassen war überhört worden. Andere Vorsichtsmaßnahmen kannte man damals noch nicht. Als der Zug zum Stehen gebracht war, wurden die Unglücklichen sofort herausgelassen oder herausgetragen. Alle hatten größere oder leichtere Brandwunden davongetragen und mußten in ein Spital geschafft werden. Nur ein einziger war zum Erstaunen aller ohne jede Verletzung davongekommen. Man fragte ihn nach der Ursache dieser auffälligen, wohl gar wunderbaren Rettung. Er gab zur Antwort: «Ich kann mir keine andere denken als diese.»

Dabei wies er auf das Skapulier hin, das er trug. «Seitdem ich dieses trage», fuhr er fort, «empfehle ich mich täglich ihrem besonderen Schutz.»

Und in der Tat, er war der Einzige unter allen Passagieren, der mit diesem Kleid der Muttergottes gekleidet war.

[Diessel, Marienpredigten, Bd. I., S. 488]

## 6. Das Skapulier war seine Rettung

(Karmelskapulier)

Es war im April 1899. Ich war bei einem größeren Bauern Oberösterreichs als Pferdeknecht bedienstet. Eines Morgens mußte ich vom Wald Blochstämme zum Bahnhof befördern. Ich war allein beim Abladen und mußte, damit die Stämme zum Abrollen kämen, zwischen den Pferden auf die Wagenstange steigen. Die Stämme waren naß. Ein Stamm kam etwas quer gegen mich und streifte mich und die Pferde. Beide Pferde schlugen aus und gingen samt der Fuhre durch, wobei ich zwischen der Pferden unter den Wagen kam. Ich konnte mich aber mit zwei Fingern unter den Pferden an einem Riemen notdürftig halten. Ich befand mich in höchster Todesgefahr. Neun Bloch frei auf dem Wagen liegend, von denen eines allein hätte mich zerquetschen können, die Pferde im Galopp und ich unter dem Wagen. Ich erkannte, daß es jetzt um mein Leben gehe, und rief bei mir selbst:

> «Liebe Himmelsmutter, ich trage doch dein Skapulier! Gedenke meiner!»

Im Augenblick blieben die Pferde stehen, ohne daß sie jemand aufgehalten hätte: sie waren schon bei zweihundert Schritte mit mir dahingesaust. Ich konnte, ohne größeren Schaden gelitten zu haben, unter den Pferden hervorgezogen werden. Heute noch, als 64jähriger Mann, fühle ich mich gedrängt, endlich für diese augenscheinliche Hilfe der lieben Himmelsmutter zu danken und im «Skapulier» zu veröffentlichen.

[Quelle: Joseph Fattinger: «Der Katechet erzählt, Bd. III». Beispielsammlung. Ried im Innkreis 1937; S. 414].

## 7. Das Skapulier vertreibt einen Bösewicht

Eine fromme, sittsame Jungfrau wurde vor mehreren Jahren, als sie in aller Frühe durch einen Wald zum Gotteshaus ging, von einem schlechten Menschen überfallen. Er ergriff sie, um sie zu einer Untat zu verführen. Sie rief um Hilfe und wehrte sich mit aller Kraft. Leider war niemand in der Nähe, der sie hören und ihr zu Hilfe eilen konnte. Bei den Anstrengungen, die sie machte, um sich den Händen des schamlosen Menschen zu entwinden, kam das Skapulier, das sie als treues Marienkind schon seit einigen Jahren trug, zum Vorschein. Der Anblick desselben machte den Bösewicht stutzig. Es überfiel ihn plötzlich eine große Furcht. Auch erinnerte er sich, daß ihm in seiner Kindheit seine Mutter ebenfalls ein Skapulier hatte anlegen lassen, das er leider schon längst weggeworfen. Es wurde ihm so unheimlich zumute, daß er unter den Bäumen entfloh. Wer war dankbarer, als die fromme unschuldige Jungfrau, die nicht müde wurde, ihre himmlische Beschützerin zu preisen? So wacht Maria treu über diejenigen, die in rechter Gesinnung ihr heiliges Kleid tragen.

[Diessel, Marienpredigten, Bd. II., S. 401]

## 8. Der abtrünnige Bischof Talleyrand stirbt als reumütiger Sünder

In der Geschichte der französischen Revolution wird erzählt, daß auch Talleyrand, Bischof von Autun, seinem heiligen Beruf untreu wurde, daß er abfiel und im Jahre 1788 zu den blutdürstigen Revolutionsmännern übertrat. Er setzte sich vollständig über seinen priesterlichen Charakter, seine bischöfliche Würde hinweg, trug die rote Jakobinermütze und lebte fernerhin wie ein Weltmann. Er führte dazu ein furchtbar sittenloses Leben und war allen treuen Kindern der Kirche zum Ärgernis. Im Jahre 1838 erkrankte er ernstlich; und jede Hoffnung auf Besserung schwand, wie er selbst gar bald erkannte. Der böse Feind bot alles auf, um sein Opfer für die Ewigkeit zu behalten. Lange war daher der Kranke allen religiösen Zusprüchen unzugänglich. In seinem Inneren brütete die dumpfe Verzweiflung. Und dennoch – nach vielen furchtbaren Kämpfen, die der böse Feind heraufbeschwor, um den Kranken mit immer festeren Banden zu umschlingen, entschloß sich Talleyrand, mit der Kirche sich auszusöhnen, die heiligen Sterbesakramente zu empfangen und im Frieden mit dem Allgerechten aus dem Leben zu scheiden. Abbé Dupanloup, der spätere Bischof von Orléans, half ihm bei diesem wichtigen Schritt und nahm seine Beicht entgegen. Talleyrand widerrief alles, unterzeichnete eine Schrift, worin er seine volle Unterwürfigkeit unter die Kirche aussprach und um Verzeihung für das gegebene Ärgernis bat. Über eine Bekehrung nach einem solchen Sündenleben war man natürlich allgemein erstaunt; man fragte den Abbé Dupanloup: «Wem schreiben Sie die übergroße Gnade zu, die dem Unglücklichen zuteil geworden ist?»

Abbé Dupanloup erwiderte: «Dieselbe Frage richtete ich an Herrn Talleyrand, als er die heiligen Sakramente empfangen hatte und dem Tode entgegenharrte. Statt einer Antwort zog der Sterbende ein Skapulier aus seinem Busen und zeigte mir das Bild der allerseligsten Jungfrau, das er zärtlich küßte, während Tränen seinen Augen entquollen.»

Wie weit muß die Macht Mariens reichen, wenn sie einem Talleyrand noch die Gnade der Bekehrung erflehte, einem

Mann, der soviel Ärgernis gegeben und soviel Verbrechen aufgehäuft hatte.

[Diessel, Marienpredigten, Bd. I., S. 380]

## 9. Eine wunderbare Bekehrung

Es war am 16. Juli, als Simon Stock sich nach Winchester begab. Ich begleitete ihn auf diesem Wege. Da geschah es, daß Herr Petrus von Hynthon, Dekan der Kirche St. Helena zu Winchester, in großer Eile dahergeritten kam und den Seligen dringend bat, er möge doch schnell zu ihm kommen, um seinem leiblichen Bruder beizustehen, der in Verzweiflung dahinsterbe. Dieser Bruder hieß Walter. Er war ein anmassender, frecher und streitsüchtiger Mensch, ein Verächter der heiligen Sakramente. Als er eines Tages einen Edelmann beleidigt hatte, wurde er zum Zweikampf herausgefordert und erhielt dabei eine tödliche Wunde.

Da er nun bald vor dem Richterstuhl Gottes zu erscheinen hatte, wollte ihn der Teufel in Verzweiflung stürzen, indem er ihm alle – während seines ganzen Lebens begangenen Verbrechen – vor Augen stellte. Demzufolge wollte der Kranke weder von Gott noch von den heiligen Sakramenten etwas hören, sondern rief ohne Unterlaß: «Ich bin verdammt! Du, o Teufel, sollst mich an meinen Mördern rächen!»

Als wir in das Haus eingetreten waren, fanden wir ihn schäumend vor Wut. Er war gewissermaßen wie ein wildes Tier anzusehen und erweckte nicht mehr den Eindruck eines vernünftigen Menschen. Als der selige Vater sah, daß der verzweifelnde Sterbende schon dem Tode nahe sei, machte er das Zeichen des Kreuzes über den Kranken, legte ihm das heilige Skapulier auf, erhob seine Augen zum Himmel und bat Gott für diesen Unglücklichen um die nötige Zeit, um sein Gewissen in Ordnung zu bringen, damit diese mit dem Blute Christi erkaufte Seele nicht ein Raub der Hölle werde. Plötzlich – o Wunder – kam der Sterbende wieder zu sich, erlangte neue Kräfte, bezeichnete sich mit dem heilsamen Zeichen des heiligen Kreuzes und vergoß einen Strom von Tränen. Dann rief er mit lauter Stimme: «Ach ich Armseliger! Welch' großer Schrecken ergreift mich vor der ewigen Verdammnis! Die Zahl meiner Sünden übersteigt die Zahl der Sandkörner am Ufer des Meeres! O Gott, dessen Barmherzigkeit die Gerechtigkeit überragt, erbarme dich meiner... Und Du, o mein Vater, hilf mir, ich will beichten.»

Bei diesen Worten zog ich mich in ein anderes Zimmer zurück. Während der Kranke beichtete, erzählte mir sein Bruder, der Herr Dekan Petrus, daß, als er dessen unbußfertige Hartnäckigkeit wahrnahm, er sich ganz allein in ein Zimmer begab und daselbst betete. Beim Gebete hörte er eine Stimme, die zu ihm sprach: «Petrus, stehe auf, suche meinen geliebten Diener Simon! Er ist soeben auf der Landstraße, führe ihn herbei!» Ich wende mich um und will sehen, woher die Stimme komme, kann aber niemand entdecken. Die Stimme wiederholt zum zweiten und zum dritten Male dieselben Worte. Ich folgte dieser Stimme, stieg eilig auf das Pferd und war der sicheren Überzeugung, daß ich dem ehrwürdigen Vater begegnen müsse. Gott sei Lob und Dank, ich habe ihn gefunden.»

Nach der heiligen Beichte gab der Sterbende große Beweise einer wahren und aufrichtigen Bußgesinnung, machte sein Testament und forderte seinem Bruder einen Eid ab, daß er alles, was und wie er es ihm angegeben, gutmachen und ausgleichen werde. Seinem Feinde verzieh er aufrichtig und edelmütig. Hierauf empfing er die heiligen Sakramente. Gegen acht Uhr abends verschied er im Frieden des Herrn. Nachher erschien er seinem Bruder. Um ihn von der Rettung zu überzeugen, sagte er, daß er sich wohl befinde, indem er durch den mächtigen Schutz der Himmelskönigin und durch das heilige Skapulier gleichsam wie durch einen Schild den Anfechtungen des bösen Feindes entgangen sei. Der Ruf von diesem Wunder verbreitete sich sogleich in der ganzen Stadt. Petrus, der Dekan von St. Helena, ließ zum Dank für dieses durch die allerseligste Jungfrau an seinem Bruder gewirkte Wunder den Karmeliten in Winchester ein großes Kloster bauen.

[Paulus Deusdedit: «Tragt das Skapulier!»; Lauerz 2003]

## 10. Zum Tode verurteilt

Im Jahre 1625 ereignete sich in Italien ein Wunder mit dem Skapulier vom Berge Karmel, das in ganz Italien für höchste Aufregung sorgte und das ausschlaggebend war für eine große Popularität des Skapuliers: Im Jahre 1620 wurde Battista Bosio angeklagt, zwei Edelherren ermordet zu haben. Er hatte diese Schandtat im Auftrage seines Herrn ausgeführt. Nach einer gewissen Zeit im Gefängnis bereute er seine Tat und bekehrte sich. Er rief die Muttergottes vom Berge Karmel an und bereitete sich auf den Empfang des Skapuliers vor, indem er jeden Mittwoch und Samstag im Gefängnis fastete. Während drei Jahren hielt er treu an seinen Vorsätzen fest. Er bat die Muttergottes vom Berge Karmel, ihn doch aus seinem elenden Zustande zu erlösen. Durch einen seiner Freunde hatte er ein Bild der Skapuliermuttergottes erhalten.

Er wurde schließlich zum Tode verurteilt. Als das Todesurteil gesprochen war, bestand Battista Bosio darauf, das Skapulier zu erhalten. Auf sein Verlangen hin kam der Pater des Karmels in Cremona und legte ihm das Skapulier auf. Das Todesurteil durch Erhängen wurde auf den Samstag, 22. März 1625 festgesetzt. Der Henker band mittels zwei starken Stricken den reuigen Übeltäter fest. Das Gerüst war hoch. Doch der erste Strick brach an mehreren Orten. Nachdem der Henker die Leiter weggezogen hatte, brach auch der zweite Strick. Der reuige Sünder fiel auf den harten Steinboden von der Höhe des Gerüsts. Er spürte keinen Schmerz.

Die Umstehenden bestürmten den offensichtlich von der Muttergottes Beschützten; mit Rührung erkannten sie ein Eingreifen des Himmels. Der zum Tode Verurteilte wurde begnadigt. Durch dieses Wunder wurde das Skapulier in ganz Italien bekannt und beliebt.

[Paulus Deusdedit: «Tragt das Skapulier!»; Lauerz 2003]

## 11. Die Musketenkugel in die Brust

Im Jahre 1648, bei der Belagerung der Stadt Ypern durch die Franzosen, erhielt der Hauptmann des Regimentes von Lombay eine Musketenkugel in die Brust. Zum Glück wurde die Kugel an seinem Skapulier plattgedrückt und er wurde nicht im mindesten verletzt. Man fand die flache Kugel in seinen Kleidern. Zur Bewunderung aller Anwesenden trug die abgeflachte Kugel den Abdruck des Bildes der allerseligsten Jungfrau und des Jesus-Kindes.

[Paulus Deusdedit: «Tragt das Skapulier!»; Lauerz 2003]

## 12. Vor dem Tanzen bewahrt

Ein junges Mädchen besuchte vor seinem Eintritt ins Kloster den heilige Pfarrer von Ars. Dieser fragte: «Können Sie sich noch an einen bestimmten Tanzabend erinnern, wo Sie einen jungen, hübschen Mann bewunderten? Sie waren sehr enttäuscht und eifersüchtig, weil dieser Sie nicht zum Tanze aufgefordert hatte!» «Ja, Herr Pfarrer!», antwortete das Mädchen, «ich kann mich noch ganz gut erinnern!» «Erinnern Sie sich auch noch, daß Sie unter den Füßen dieses jungen Mannes, als er den Saal verließ, zwei blaue Flammen sahen, die Sie jedoch für eine Illusion hielten?» «Das ist wahr, Herr Pfarrer.» – «Also gut, meine Tochter: dieser junge Mann war ein Teufel und all die Mädchen, mit denen er getanzt hatte, sind verdammt oder im Zustand der Verdammnis. Und wissen Sie, warum der junge Mann Sie nicht zum Tanze aufgefordert hatte? Weil Sie das Skapulier vom Berge Karmel trugen. Ihre Andacht zur Muttergottes hat Sie gerettet.»

[Paulus Deusdedit: «Tragt das Skapulier!»; Lauerz 2003]

## 13. Dann geh!

... Endlich, vierzehn Tage nach der Trauung, finde ich Zeit, dem lieben «Skapulier», das ich in mein neues Heim mitgenommen habe, einmal zu schreiben ... Im Einverständnis meines Gatten teile ich ihnen das Folgende mit, das sie eventuell auch veröffentlichen können, falls sie glauben, es könne anderen nützen.

Könnte auch nur eine schwankende Seele gefestigt oder nur eine Unschuld bewahrt werden, die sonst verloren ginge, ich müßte springen vor Freude!

Sieben Wochen vor der Trauung wars. Da kam die Stunde, die ich schon seit einiger Zeit fürchtete. Zuerst war es gemütliche Unterhaltung; dann wurde er immer sinnlicher, und schließlich zudringlich. Er verlangte, daß ich ihm meine Unschuld opfere. Es kochte und gärte in mir. Doch der Gedanke an Maria, deren Skapulier ich seit Kindheit trage, gab mir Kraft. Meinen ganzen Einfluß bot ich auf, ihn zur Vernunft zu bringen. Ich sagte ihm, wenn seine Liebe zu mir echt sei, müsse er mich rein bewahren und das Opfer der Entsagung bringen. Ich fragte ihn, was er zur Frau wolle, ein unberührtes Mädchen oder eine Dirne. Es nützte nichts. Im Zorn entgegnete er mir, wenn ich ihn so wenig liebe, müsse er sich eine andere zur Frau nehmen. Maria half mir, daß ich in dieser größten Not stark blieb. Ich gab zur Antwort: «Willst du mich, um den Preis meiner Unschuld, dann geh! Ich will nicht einen Wolf, sondern einen Ritter zum Mann.» Und er ging. Nach drei Tagen kam er wieder. Völlig umgewandelt. Aus ihm war ein Ritter geworden. Tief bedauerte er den Vorfall. Er hatte unterdessen auch gebeichtet und kommuniziert. Es gab sich alles wieder und nach sieben Wochen war unsere Hochzeit.

Jetzt kommt der zweite Akt des Dramas: Am Hochzeitstag kam mein Mann von selbst auf den erzählten Vorfall zu sprechen und dankte mir, daß ich ihm damals nicht nachgab. Dort, meinte er, hätte er mich erst recht schätzen gelernt. Von dort hätte er die volle Gewißheit gehabt, ein reines, unverdorbenes Mädchen zur Frau zu bekommen. Und er eröffnete mir zu meinem großen Trost, das sei seine erste schwache Stunde gewesen, in der er beinahe gefallen wäre. Er meinte, mir allein verdanke er es, daß er als reiner Jüngling zum Traualtar schreiten konnte. Nein, nicht mir, der Gottesmutter verdanken wir es beide, deren Gnadenkleid nun auch mein Mann seit der Trauung trägt …

Wer in die Ehe tritt mit Sünden, wird Gottes Segen nimmer finden!

[Entnommen dem Buch von Josef Fattinger: «Der Katechet erzählt. Beispielsammlung für Schule, Haus, Kanzel und Beichtstuhl in Anlehnung an den neuen österreichischen Katechismus.» Band 1. Ried im Innkreis (Österreich) 1934; S. 584]

## 14. Mit dem Skapulier reumütig gestorben

Die folgende wahre Begebenheit ereignete sich in Wien im Jahre 1930.

Ein stürmischer Dezembernachmittag. Ununterbrochen wirbeln Schneeflocken durch die Luft. Ein junger Priester eilt durch die Hauptstraße einer fabriksreichen Vorstadt Wiens. Nach einer halben Stunde Weges bleibt er vor einem mit einem kleinen Vorgarten versehenenen Haus stehen, schüttelt den Schnee von Mantel und Schuhen und betritt bald mit freundlichem Gruß ein Krankenzimmer. Ein etwa 35jähriger Mann liegt dort an schwerer Tuberkulose darnieder. Nur mehr wenige Tage, dann habe er ausgerungen, hatte der Arzt gesagt. Auch ich merke, daß der Tod schon seine bleiche Hand nach dem von Fieber geschwächten Menschenleben ausgestreckt habe. Mit liebevollem Ernst will ich den Leidenden zum Empfang der heiligen Wegzehrung bewegen. Doch aus dem Gespräch ersehe ich, daß ein großes Hindernis die Ausführung unmöglich macht. Der Kranke ist von seiner rechtmäßigen Gattin geschieden, eine andere Frau, der er in sündiger Liebe sein Herz geschenkt, ja, der er in bedauerlicher Unwissenheit der Sündhaftigkeit vor einem Antoniusbild Treue gelobt hat, weilt täglich stundenlang an seinem Krankenlager. All mein Zureden, Bitten und Mahnen ist umsonst; der Kranke will diese sündhafte Bekanntschaft nicht aufgeben. Im Gegenteil, beide haben sich gegenseitigen Selbstmord durch Gift fest versprochen, falls die Krankheit einen tödlichen Ausgang zu nehmen drohe. Auch von diesen sündhaften Selbstmordgedanken kann ich den Kranken nicht abbringen. Schließlich erreichte ich, daß sich die «Freundin» aus dem Haus entfernte, freilich mit zornigen Blicken gegen mich, den jungen Kaplan. Aber der Kranke änderte auch jetzt seine Gesinnung nicht. Da ziehe ich in höchster Not mein eigenes Skapulier heraus und mit einem innigen Blick auf das Bild der Gottesmutter über dem Krankenbett hänge ich es dem Kranken um, der es zu tragen verspricht.

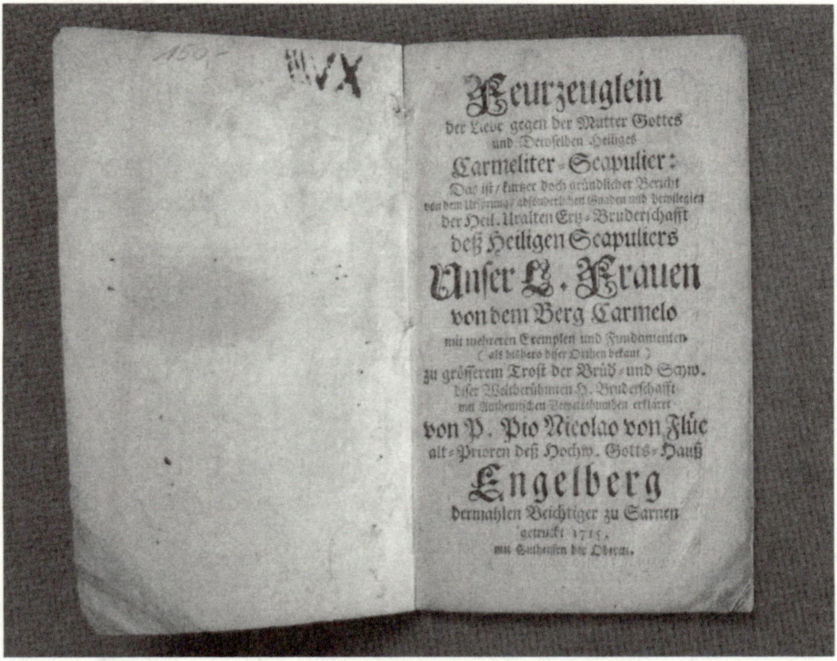
Feurzeuglein
der Liebe gegen der Mutter Gottes
und Derselben Heiliges
Carmeliter-Scapulier:
Das ist / kurtzer doch gründlicher Bericht
der Heil. Uralten Ertz-Bruderschafft
deß Heiligen Scapuliers
Unser L. Frauen
von dem Berg Carmelo
mit mehreren Exemplen und Fundamenten
( als bishero diser Orden bekant )
zu grösserem Trost der Brüd- und Schw.
diser Weltberühmten H. Bruderschafft
von P. Pio Nicolao von Flüe
alt-Prioren deß Hochw. Gotts-Hauß
Engelberg
dermahlen Beichtiger zu Sarnen
getruckt 1715.

*Aus diesem uralten Büchlein (verfaßt von Pater Nikolaus von Flüe, Alt-Prior vom Kloster Engelberg, Schweiz) können wir entnehmen, daß um das Jahr 1700 das Karmelskapulier in der Innerschweiz sehr verbreitet war. Einige denkwürdige Ereignisse aufgrund des Skapuliertragens werden im vorliegenden Buche veröffentlicht.*

Abends bete ich kniend mein Brevier und den Rosenkranz um die Bekehrung des Kranken.

Am nächsten Tag werde ich überhaupt nicht mehr ins Krankenzimmer gelassen. Der Arzt habe jede Aufregung verboten. Zwei Tage vergehen. Da kommt ein Bote, von jenem Kranken geschickt, und ich werde gebeten, eiligst mit der heiligen Wegzehrung zu kommen. Im Krankenzimmer treffe ich die rechtmäßige Frau des Sterbenden, der sich mit ihr bereits ausgesöhnt hat und nun reumütig die heiligen Sakramente empfängt. Dann bete ich die Sterbesakramente, die der Kranke friedlich, mit meinem Skapulier bekleidet, seine im Blut des Lammes gewaschene Seele aushauchte. Was ich mit all meinem Zureden nicht erreichen konnte, bewirkte das braune Skapulier vom Berge Karmel, oder vielmehr Maria durch ihr Gnadenkleid. Das Skapulier, das dem Kranken die ewige Seligkeit erwirkt, wurde ihm mit ins Grab gegeben.

Wie wunderbar hat hier wieder die reinste Jungfrau ihr Versprechen erfüllt: «Wer in diesem Kleide stirbt, wird das Feuer der Hölle nicht schauen!»

[Josef Fattinger, aaO., S. 228]

## 15. Ein bereits Ermordeter beichtet

Im Jahre 1612 wurde ein Bürger von Neapel ermordet. Nach etlichen Tagen reisen zwei Religiosen vorbei; sie hören dreimal eine schreiende Stimme: «Beicht, Beicht!» Die beiden sehen neben der Straße ein frisch blutendes Haupt, das sie mit folgenden Worten anspricht: «Ich gehöre zu Bruderschaft des heiligen Skapuliers. Nun hat mir die Muttergottes die Gnade erlangt, daß ich bei euch die Beichte ablegen kann.»

Nach verrichteter Beichte und Absolution fällt das Haupt wieder in den Brunnen, wohin es neulich von den Mördern geworfen wurde. Den Leib aber fanden die beiden Geistlichen unter einem Baum, mit Erde bedeckt.

[Pius Nikolaus von Flüe: «Feurzeuglein der Liebe gegen die Muttergottes und Deroselben Heiliges Carmeliter-Scapulier: Das ist/kurtzer doch gründlicher Bericht von dem Ursprung/absonderlichen Gnaden und Privilegien der heil. Uralten Ertz-Bruderschafft deß heiligen Scapuliers Unser L. Frauen von dem Berg Carmelo mit mehreren Exemplen und Fundeamenten (als bishero diser Orthen bekant) zu grösserem Trost der Brud. und Schw. diser Weltberühmten H. Bruderschaft mit Authentischen Beweisthumben erkläret.» Engelberg 1715. Mit Gutheißung der Obern]

## 16. Ein weiteres Zeugnis von besonderer Gnade

Ebenfalls im Jahre 1612 wurde ein anderer Bürger von Neapel namens Anniello Tramontano ermordet. Als man den toten Leib zum Begräbnis zurichtete, erhob er sich, rief nach einem Beichtvater und sprach: «Denn ich hätte aus einem gerechten Urteil Gottes bereits verdammt sein sollen. Ich bin aber durch die alles vermögende Fürbitte der Muttergottes der Barmherzigkeit wieder ins Leben gerufen worden, um meine Sünden zu beichten, weil ich der Muttergottes und ihrem heiligen Skapulier sehr zugetan war.» Nach verrichteter Beichte und erhaltener Kommunion wie auch kurz gemachtem Testament verschied er selig in Gott.

[Pius Nikolaus von Flüe: «Feurzeuglein ...» aaO.]

## 17. Verschiedene wunderbare Errettungen

Von denen, die von Dolch- und Degenstichen sowie Pistolenkugeln (außerhalb des Krieges) durch das heilige Skapulier unverletzt und ohne Schaden geblieben waren, seien einige angeführt:
– Ein Soldat erhielt 18 tödliche Wunden. Dennoch blieb er durch das jungfräuliche Kleid des Skapuliers am Leben erhalten.

– Einem anderen Soldaten gab man sieben Pistolenschüsse auf die Brust ab, doch der Leib des Soldaten blieb unverletzt.

– Wiederum ein anderer Soldat erhielt zwei Pistolenschüsse auf die Brust. Er erlitt jedoch keinen Schaden, da die beiden Kugeln auf das heilige Skapulier fielen, durch die Kleider drangen und schließlich in die Unterkleider fielen – ohne Verletzung der Haut.

– Eine ähnliche Gnade widerfuhr einem vornehmen Oberst bei der Belagerung von Montpellier: Als man aus einem Rohr etliche Kugeln auf seine Brust abfeuerte, entstand nicht die geringste Verletzung. Sobald die Kugeln das heilige Skapulier berührten, wurden sie weich – gleich dem schmelzenden Wachs und wurden kraftlos. Als König Ludwig XIII. von Frankreich von diesem Wunder erfuhr, ließ er sich und die ganze Familie in die Skapulierbruderschaft aufnehmen.

[Pius Nikolaus von Flüe: «Feurzeuglein ...» aaO.]

## 18. Wunderbare Bekehrung nach Selbstmordversuch

Pater Nikolaus von Flüe schreibt in seinem «Feurzeuglein»:

«O Trost! O Sicherheit! Denn was die Mutter der ewigen Wahrheit verspricht, das hält sie auch unfehlbar. Die größten Wunder bezeugen das vielfältig und klar! Die größten und verzweifelten Sünder (Hexen und Hexenmeister) gelangten durch das heilige Skapulier zur Bekehrung und wurden dadurch vom ewigen Feuer errettet und in den Himmel gebracht.»

Ein unkeuscher Jüngling von Padua hatte sich in seiner Verzweiflung wegen seines gottlosen Lebens dreimal eine tödliche Stichwunde zugefügt. Das böse Gewissen nagte und plagte ihn unentwegt. Da er nun sah, daß sein gottloses Vorhaben nicht nach Wunsch verlief – er überstand die Verletzungen –, ging er in sich und erkannte seinen Fehler und die Gefahr: Beim Ablegen der Kleider war sein Skapulier um den Hals hängen geblieben und hat so die todbringende Verletzung aufgehalten und in die Bekehrung des Jünglings umgeformt. Der Jüngling bedankte sich bei der Muttergottes für die Errettung aus ewiger Verdammnis.

[Pius Nikolaus von Flüe: «Feurzeuglein ...» aaO.]

## 19. Ein Hausvater springt aus dem Fenster

Ein Hausvater von Köln, dem durch den Krieg alles genommen worden war, wollte sich aus lauter Verzweiflung das Leben nehmen. Aus diesem Grunde ließ er alle seine Hausleute entfernen. Dann ergriff er ein Messer und stieß dasselbe mit voller Kraft in seine Brust. Danach setzte er das Messer an seine Gurgel und wollte diese durchschneiden. Beides mißlang ihm, was sein böser Wille ihm vorgab. Schließlich sprang er aus dem höchsten Fenster in die Tiefe. Doch auch diesen Sturz überlebte er ohne Verletzung. Da endlich ließ er von seinem Vorhaben ab und beichtete reumütig. Er erkannte die große Gnade, die er durch das Tragen des Skapuliers erhalten hatte, denn in seinem bösen Vorhaben trug er das heilige Skapulier vom Berge Karmel. Er dankte für die Gnade, daß er dem höllischen Feuer entronnen war.

[Pius Nikolaus von Flüe: «Feurzeuglein ...» aaO.]

## 20. Skapulier und Wasserflugzeug

Pater Carmelus, unbeschuhter Karmelit in Tocson im Staate Arizona (USA), mußte nach Los Angeles reisen. Bei dieser Gelegenheit kam er auch nach San Pedro, dem Hafen von Los Angeles. Ungefähr 40 Meilen davon liegt im schönen blauen

Ozean die liebliche Insel Santa Catalina, ein sehr besuchter Kurort. Von San Pedro nach Santa Catalina verkehrt ein Wasserflugzeug, das die Strecke in zwanzig Minuten zurücklegt. «2 Uhr nachmittags standen wir amUfer», so berichtet Pater Carmelus in der Zeitschrift «Mount Carmel Magazin», Washington, Juli/August 1932, «ganz nahe der Landestelle des Flugzeuges. Nur wenige Passagiere hatten sich eingefunden. Eine ältere Frau mit ihrer Tochter und ein junger Mann mit seiner Schwester. Der Pater, der mich begleitete, nannte mir ihre Namen. Wir begrüßten einander und sie erzählten uns von ihrem Vorhaben, nach der Insel zu fliegen. Das heißt, das junge Volk hatte den Ausflug vor, die Mutter wollte nicht mit. Diese Frau war nun vor Jahren in der Kirche der Missionspatres zu Los Angeles mit dem Skapulier bekleidet worden und hatte auch Sorge getragen, daß sich ihre Tochter aufnehmen ließ. Als eifrige Verehrerin der seligsten Jungfrau vom Berge Karmel empfahl sie vor dem Einsteigen ihrer Tochter, die Muttergottes anzurufen, wenn sich während des Fluges irgend etwas ereignen sollte, da sie ja das Skapulier trage. Der junge Mann lächelte, als er diese fromme Mahnung hörte, und machte hinter dem Rücken seiner Schwester sarkastische Bemerkungen. Seine Schwester aber war anderer Gesinnung, denn sie zeigte gleich darauf ihrerseits das Skapulier und sagte, als Trägerin des Skapuliers fühle sie sich sicher vor Gefahren. Mutter und Tochter umarmten sich und die drei jungen Leute bestiegen das Wasserflugzeug. Wir gingen dann nach Hause. Nächsten Tag erfuhren wir, bei jenem Flug sei ein Unglück geschehen und das Flugzeug sei ins Meer gestürzt. Als ich nun kurze Zeit darauf in die Kirche kam, ging jene Frau auf mich zu, die ich im Hafen getroffen hatte. «Wissen Hochwürden schon von dem Wunder, das die seligste Jungfrau vom Berge Karmel an meiner Tochter gewirkt hat? Das Wasserflugzeug fiel ins Meer und ging in Trümmer. Menschenleben waren nicht zu beklagen, aber manche wurden schwer verletzt. Meine Tochter und ihre junge Freundin, die beide das Skapulier trugen, erlitten nur ganz leichte Verletzungen und kamen gut davon. Ich bin nun hier, um der seligsten Jungfrau für die Rettung meiner Tochter zu danken.» Ich erkundigte mich nun um den jungen Mann, der über das Skapulier gespottet hatte. «Ja», sagte die Frau, «ein Stück des Flügels verletzte ihn sehr schwer.»

[Josef Fattinger, aaO., S. 373]

## 21. Lebensrettung durch das Bild der Mutter

Als Leser Ihrer Zeitschrift «Skapulier» sehe ich mich veranlaßt, ihnen folgende Zuschrift über meine wunderbare Rettung, die ich dem Tragen des Skapuliers vom Berge Karmel verdanke, zur Veröffentlichung in ihrer Zeitschrift zu übersenden. Es war am 25. September 1915, als die Engländer nach tagelangem Trommelfeuer unter dem Schutz von Gasmasken auf unsere Gräben zum Sturm vorgingen. Stundenlang gelang es uns, sie abzuwehren, aber immer größer wurden die Verluste. Der Wiederstand erlahmte und es gelang den Feinden, in unsere Gräben einzudringen. Wir hielten mit dem Rest von zwei Kampagnien ein Grabenstück von etwa 500 Meter mit 80 Mann, rings vom Feind umgeben. Als wir keine Rettung mehr sahen, mußten wir uns ergeben. Nun hieß es: «Raus aus den Gräben», über Niemandland in die feindliche Gefangenschaft. Als wir aus unseren Gräben raus waren, griffen hunderte von englischen Verwundeten nach ihren Gewehren und ein Kugelregen prasselte auf unsere kleine Abteilung und noch mancher Kamerad brach darunter zusammen. Auch auf mich sprang ein langer Engländer zu und wollte mich mit seinem Bajonet durchbohren. Im selben Augenblick sprang aber ein anderer englischer Soldat hinzu und schlug ihm das Gewehr aus der Hand. Indem er auf mein Skapulier zeigte, das am Hals frei herunterhing, weil ich wegen der Hitze meinen Waffenrock aufgeknöpft hatte, fragte er mich: «Are you a Catholic?» (Sind sie katholisch?) Als ich ihm das bejahte, begleitete er mich bis zur Gefangenensammelstelle. Unterwegs sagte er zu mir, daß er katholischer Irländer sei und mich am Skapulier als Katholik erkannt habe, was ihn bewogen habe, mir zu Hilfe zu springen. Diesem Umstand habe ich damals meine Rettung zu verdanken ... Ich habe gar nichts einzuwenden, wenn Hochwürden meinen Namen mit voller Adresse veröffentlichen, denn ich kann ja doch für alles, was ich angegeben habe, voll und ganz einstehen und brauche mich dessen nicht zu schämen. Es wäre Undank der Muttergottes gegenüber, dies zu tun. Mit innigem Gruß: Wilhelm Sklorz, Gleiwitz, Kreidelstraße 15.

[Josef Fattinger, aaO., S. 373]

## 22. Gerettet

Aus Vorchdorf, Oberösterreich, wird berichtet: War im Weltkrieg an der italienischen Front. Als alter Jahrgang einer Arbeiterkompanie zugeteilt. Hatten auf einem sehr steilen Abhang abzuholzen, eine äußerst schwieriege Arbeit. Eines Abends erhielt einer meiner Kameraden, Verwandter eines Karmeliten, von diesem einen Brief und darin einige Skapuliere. Ich erbat mir eine solche, denn ich hatte das Gefühl, ich brauchte notwendig eine. Die Medaille verwahrte ich gut in der Tasche. Nächsten Tag war ich wieder auf dem steilen Abhang bei der Holzarbeit. Man hatte Mühe, sich zu halten. Eine kleine Unvorsichtigkeit konnte einem das Leben kosten. Plötzlich rutschte ich aus und kollerte den Abhang hinunter, ohne daß ich mich irgendwo hätte halten können. Meine Kameraden waren vor Schrecken wie gelähmt, denn sie sahen, wie ich in einigen Sekunden über tiefen Abgrund hinunterstürzen mußte, der das Ende des Abhanges bildete. Da geschah das Unerwartete, das niemand für möglich gehalten hätte: nur einige Schritte oberhalb der Felswand verfing ich mich mit einem Fuß an einer vorstehenden Baumwurzel und blieb hängen. So konnte ich gerettet werden. Ich kann diese auffallende Lebensrettung nur dem Schutze Mariens zuschreiben, deren Skapulier ich trug.

[Josef Fattinger, aaO., S. 373]

## 23. Das Skapulier rettet zwei Soldaten vor dem Tod

«Der Soldat Alfons Maria Weigl erzählt das Abenteuer, das er in Holland gegen Ende des Zweiten Weltkriegs erlebt hat:

Mein Bataillon gehörte zur Panzerbrigade ‹Irene›. Eines Abends kampierten wir während einer Offensive neben einem Bauernhof bei Nimwegen. In der Nähe des Hauses befand sich eine alte hölzerne Pumpe, die den Soldaten die seltene Gelegenheit bot, nach stundenlangem Kampf im Staub sich ein wenig zu erfrischen. Ich war nicht der Letzte, der davon Gebrauch machte. Ich zog meine Uniformjacke aus und hängte mein Skapulier an die Pumpe, während ich mich wusch. Eine Stunde später erhielten wir den Befehl zum Aufbruch, um einen drei Kilometer weiter gelegenen Schützengraben zu besetzten. Als wir dort angekommen waren, ließen wir uns auf dem Boden des Grabens nieder und machten Anstalten, uns unsere wohlverdiente Ruhe zu gönnen. Als ich meinen Hemdkragen aufknöpfte, merkte ich mit Entsetzten, daß ich mein Skapulier nicht mehr hatte. Es war ein Geschenk meiner Mutter, die mir dringend empfohlen hatte, es immer zu tragen. Ich hatte es während des ganzen Krieges angehabt, und gerade jetzt, wo wir uns der Höhle des Löwen näherten, verlor ich es!

Es war undenkbar, daß ich es holen ging, es war zu gefährlich. Ich versuchte also nicht mehr daran zu denken und streckte mich auf meinem improvisierten Bett aus. Aber solange ich mich auch hin- und herwälzte, ich konnte nicht einschlafen. Meine Kameraden schliefen um mich herum mit geballten Fäusten trotz der Geschosse, die von Zeit zu Zeit ganz in unserer Nähe einschlugen. Von dem unwiderstehlichen Wunsch, mein Skapulier wiederzufinden, gelenkt, schwang ich mich schließlich doch aus dem Schützengraben.

Unter großen Schwierigkeiten versuchte ich, im tiefsten Dunkel den am Vorabend zurückgelegten Weg wiederzufinden. Mit der Hilfe Marias, meines guten Sterns, gelang es mir dann auch, und bald erkannte ich den Bauernhof wieder. Bei der Pumpe angekommen, tastete ich überall nach meinem kostbaren Skapulier herum. Aber nichts! Es war unauffindbar. Im selben Augenblick, als ich mich gerade anschickte, ein Streichholz anzuzünden, hörte ich plötzlich eine heftige Explosion in geringer Entfernung. Was war passiert? War es das Signal zu einem feindlichen Angriff? Ich rannte schnell zum Schützengraben zurück. Ich fand dort Pioniere vor, die fieberhaft in Bergen von Schutt und Stacheldraht herumwühlten. Genau an der Stelle, wo meine

Kameraden geschlafen hatten, sah man nur noch einen riesigen, gähnenden Krater: Bevor der Feind diesen Schützengraben verließ, hatte er dort eine Zeitzünderbombe versteckt, die während meiner Abwesenheit explodiert war. Keiner der Schlafenden hatte überlebt; wenn ich nicht mein Skapulier holen gegangen wäre, läge auch ich unter den Trümmern begraben! ...

Am Morgen ging ich zur Versorgungseinheit und sah zu meiner großen Überraschung einen Kameraden aus meiner Abteilung auf mich zukommen. Auch er war verblüfft: ‹Ich dachte, du wärest im Schützengraben!›

Ich antwortete: ‹Ich lag im Schützengraben und war gerade am Einschlafen, als ich dich plötzlich sehen wollte. Aber ich konnte dich nicht finden. Als ich beim Hauptmann vorbeikam, sah er, daß ich auf war, und bat mich, ihm eine Flasche Wasser aus dem Magazin zu holen. Während ich dorthin unterwegs war, ist die Bombe hochgegangen. Ich bin ihr wirklich gut entkommen!›

‹Ich auch; aber warum wolltest du mich zu solch einer Stunde sehen?›

‹Um dir das hier zurückzugeben!› Und er hielt mir mein Skapulier entgegen, das er am Abend vorher von der Pumpe genommen hatte ...»

[Alfons Maria Weigl]

## 24. Bekehrt

Am 5. Mai 1933 starb in Aigen bei Salzburg der abgefallene Priester Johann Kirchsteiger. Er hatte viel gegen die Kirche gearbeitet, als Schriftsteller, Wanderredner, besonders als Ehereformer. Viele hat er durch seine Dispensen ins Konkubinat getrieben, viele Familien unglücklich gemacht. Eines aber hatte er beibehalten: Auch als abgefallener Priester trug er das Skapulier. In der letzten Zeit war er oft in einer katholischen Kirche in Salzburg zu sehen. Er soll sich geäußert haben, von seiner Wohnung bis zur Kirche reiche die Zeit gerade zu einem Rosenkranz. Maria ließ ihr verlorenes Kind nicht ganz zugrunde gehen. Bevor es mit dem 79jährigen zum Sterben kam, kehrte er reumütig zur Kirche zurück und söhnte sich noch mit Gott aus. Nach Empfang der heiligen Sterbesakramente verschied er. Wieder eine Bestätigung der marianischen Verheißung: «Wer in diesem Kleide stirbt, wird das ewige Feuer nicht schauen.»

[Josef Fattinger, aaO., S. 373]

*Die Muttergottes übergibt dem heiligen Simon Stock das Skapulier.*
TVA

# VI Gütergemeinschaft

«Kraft der Vollmacht, die mir verliehen ist, nehme ich dich auf und verleihe dir Anteil an allen geistlichen Gütern, welche mit Hilfe der Barmherzigkeit Jesu Christi von den Mitgliedern des Karmelitenordens erworben werden. Im Namen des Vaters und des Sohnes und des Heiligen Geistes.» (Aufnahme des Skapuliers, Teil der liturgischen Aufnahmeformel)

## Gnaden über Gnaden

Das Skapulier ist ein Teil des karmelitanischen Ordenskleides und zwar dessen vorzüglichster und wichtigster. Die Skapuliermitglieder werden der großen, karmelitanischen Ordensfamilie angegliedert. Da ist es für die Mitglieder wohl von Interesse, einiges aus der Geschichte des Ordens zu vernehmen.

Der Karmel ist ein imposanter Gebirgszug in Palästina, etwa 30 km lang und 5 bis 8 km breit. Seine Höhe beträgt 500 Meter über Meer. Das Vorgebirge, auf dem das Stammkloster der Karmeliten steht, liegt nur 170 Meter über Meereshöhe. Das Gebirge gab dem Orden den Namen. Schon im 6. Jahrhundert bestand dort ein Kloster und eine dem heiligen Elias geweihte Kirche, deren Ruinen heute noch zu sehen sind.

Als eigentlicher Gründer des Ordens gilt der heilige Berthold von Kalabrien, ein Kreuzfahrer. Er erbaute um 1155 auf den Ruinen des alten Klosters ein neues. Nachfolger des heiligen Berthold als Ordensgeneral war der heilige Brokardus, der 1209 vom heiligen Albert, dem Patriarchen von Jerusalem, die Ordensregel erbat, die 1226 von Papst Honorius III. bestätigt und 1248 von Papst Innozenz IV. verbessert wurde. Von dort an zählen die Karmeliter nicht mehr zu den Einsiedlern, sondern üben auch Seelsorgstätigkeit aus[1]. Große Ausbreitung fand der Orden unter dem heiligen Simon Stock, der 1247 zum Ordensgeneral gewählt wurde. Der Heilige war ein großer Mystiker, und zwar aus eigener, innerer Erfahrung. Berühmt wurde er durch die Vision, in welcher die Gottesmutter ihm das Skapulier mit der Großen Verheißung übergab. Als Hundertzehnjähriger starb er auf einer Visitationsreise 1265 in Bordeaux, wo sein Leib in der Kathedrale beigesetzt wurde[2].

Allgemein bekannt ist der Orden durch die großen Heiligen, die er der Welt schenkte: Angelus, Theresia von Avila, Johannes vom Kreuz, Dionysius und Redemptus, Magdalena von Pazzis, Nonius, die 16

---

1 «Lexikon für Theologie und Kirche» von Dr. M. Buchberger. v.B. 1933, S. 838ff.
2 Benedikt Zimmermann OCD, «De Sacro Scapulari Carmelitano», Romæ 1927, p. 8–13.

*Karmelprozession in Bourgillon (Bürglen) bei Freiburg im Uechtland (Schweiz). Kein Geringerer als der heilige Petrus Canisius wallfahrtete regelmäßig zum Heiligtum in Bourguillon. Heute trägt das Heiligtum noch den Namen der Karmelkönigin, die Prozessionen sind jedoch schon längst verschwunden.*

Karmeliterinnen von Compiègne, welche in der französischen Revolution gemartert wurden, und vor allem durch die heilige Theresia vom Kinde Jesus.

In Österreich haben die unbeschuhten Karmeliten Klöster in Wien, Linz, Graz und St. Pölten, in Deutschland in Reisach, Regensburg, Würzburg, München, Schwandorf und Neumarkt.

Der gesamte Orden vom Berge Karmel gibt den Mitgliedern des braunen Skapuliers Anteil an den Gebeten, Strenge, Bußwerken und Verdiensten, an den geistlichen Gütern der Ordensmitglieder. Ein nahezu dreihundert Jahre altes, lateinisches Werk, die Clavis aurea von P. Paulus ab omnibus Sanctis, 1669 in Wien verlegt, gibt über das Ausmaß der Zuwendungen genaue Auskunft. Man kann seine Ausführungen wie folgt zusammenfassen:

Die Skapuliermitglieder haben Anteil: 1. An allen Ordenskommunakten, das heißt also, dem täglichen Chorgebet, den Betrachtungen, den Gebeten und Bußübungen, welche im ganzen Orden vorgeschrieben oder üblich sind.

2. An jenen Fürbitten, welche der Orden für seine verstorbenen Mitglieder leistet. Dazu gehören die sogenannten Ternarien, das sind jährlich in jedem Kloster (Priorat) der unbeschuhten Karmeliten auf der ganzen Welt neun Totenoffizien und neun Requiemsmessen. Außerdem eine heilige Messe, welche je-

den Montag in jedem Kloster des ganzen Ordens für die verstorbenen Ordensmitglieder dargebracht wird. Das ist weitaus mehr, als in irgendeinem bestehenden «Meßbund» für dessen verstorbene Mitglieder geleistet wird!

3. An allem, was Religiose des Ordens, außerdem privat an Gebeten und guten Werken eigens für sie aufopfern.

Von diesen Werken kommt den lebenden Skapuliermitgliedern einmal der Bittwert zugute und damit eine Menge Güter in natürlicher und übernatürlicher Ordnung. So kann dem einen die Bewahrung oder Wiedererlangung der Gesundheit vermittelt werden, ein anderer kann vor Unglück bewahrt bleiben, ein dritter wird vielleicht in größerem Maß mit Glücksgütern gesegnet, ein vierter erlangt die Gnade der Bekehrung oder größeren Fortschrittes im Tugendleben, Bewahrung vor schwerer Sünde, Hilfe in Versuchungen, eine glückliche Sterbestunde und dergleichen.

Der Vertrag zwischen dem Orden und dem Skapuliermitglied lautet ferner auf Teilnahme am Genugtuungswerk der Gebete, Strenge, Bußübungen und guten Werken des Ordens. So erhält das Skapuliermitglied durch die Zugehörigkeit zur Bruderschaft immer wieder Nachlassung eines Teils seiner Sündenstrafen, wenn es sonst im Gnadenstand lebt.

Was aber, wenn ein Skapuliermitglied im Zustand der schweren Sünde wäre, die noch nicht einmal durch vollkommene Reue getilgt ist? Dann kann ihm allerdings fremde Genugtuung nicht zugewendet werden, denn solange schwere Sündenschuld auf dem Gewissen lastet, ist der Mensch nicht fähig, Nachlaß von Sündenstrafen zu erlangen. Der Bittwert der vom Orden geschenkten Verdienste dagegen, wird sich auch in diesem Fall auswirken. Solch einem Unglücklichen wird wohl vor allem die Gnade der Bekehrung, Aufschub der göttlichen Bestrafung, Zeit zur Buße und dergleichen erwirkt werden, also das, was er am allernötigsten hat für sein Seelenheil.

Viel wertvoller als die Verdienste der noch lebenden Mitglieder sind die Verdienste und Fürbitten der Ordensheiligen, mit denen die Skapulierträger gleichfalls in geistiger Gemeinschaft stehen. Man denke nur an die Heiligen Teresia von Avila und Theresia von Lisieux. Das Skapulier verbindet uns mit den vielen Heiligen außerhalb des Karmeliterordens, welche Mitglieder der Skapulierbruderschaft waren, wie ein heiliger Karl Borromäus, Laurentius Justiniani, Franz von Sales, Robert Bellarmin, Petrus Canisius, Alfonsus, Petrus Claver, Johannes Maria Vianney, André Hubert Fournet, Bernadette Soubirous, Don Bosco usw.

[«Skapulier», Ausgabe Nr. 7/Juli 1937.]

## Abraham a Sancta Clara

Hinter dem Barocknamen «Abraham a Sancta Clara» steht der schlichte badische Geburtsname Johann Ulrich Megerle. Ulrichs Vater war gräflicher Leibeigener und Gastwirt in Kreenheinstetten im Hegau, wo der kleine Ulrich als achtes Kind 1644 geboren wurde. Dank der Hilfe seines Oheims, Abraham Megerle, der ein bekannter Tonkünstler und Kapellmeister war, konnte sich der sehr begabte Knabe dem Studium widmen, bei den Jesuiten in Ingolstadt und bei den Benediktinern in Salzburg. Dem geistlichen Rufe folgend, trat er bei den Augustinerbarfüßern in Wien ein, wo er den Namen Abraham a Sancta Clara erhielt. Bald darauf wurde er von Leopold I. wegen seiner glänzenden Rednergabe und seiner Wahrheitsliebe zum kaiserlichen Hofprediger gemacht. Abrahams Fähigkeiten lagen aber nicht einzig auf diesem Gebiet. Praktischer Sinn, Klugheit, seine immer humorvolle und gewinnende Art, menschliche Güte, Organisationstalent und sein Mut machten ihn in der Verwaltung der Klöster und des Ordens wertvoll.

[Abraham a Sancta Clara: «Etwas für alle». Olten 1947. Aus dem Vorwort]

# VII Die verblümte Wahrheit: eine Skapulierpredigt

Eine kurze Lobrede auf das heilige Marianische Skapulier

*von Abraham a Sancta Clara*

Flores apparuerunt in terra nostra.
Die Blumen lassen sich sehen
in unserem Land. *[Hoh c.2]*

Derjenige Karmelit, dem die Muttergottes das Skapulier angelegt hat, ist der heilige Simon Stock. Man kann ihn vergleichen mit einem Rosenstock, denn wie die Rosen dem Kotkäfer höchst schädlich sind – diese wilden, schwarzen Mistfinken fliehen nichts mehr als eine Rose – so flieht auch der verdammte Feind oder höllische Kotkäfer vor nichts mehr, als dem heiligen Skapulier.

Sandkörner am Meere gibt es viele, der Teufel aber noch mehr. Sonnenstäubchen in der Luft sind viele, der Teufel aber noch mehr. Blätter auf den Bäumen zählt man viele, der Teufel aber mehr. Gräslein am Boden gibt es viele, der Teufel aber noch mehr. Tröpflein aller Wasser sind unzählige, der Teufel noch viel mehr.

Behüt uns Gott: es gibt Feuerteufel, Wasserteufel, Luftteufel, Erdteufel – Leviathan ist ein Teufel, Asmodeus ein Teufel, Mammon ein Teufel, Beelzebub ein Teufel, Belphegor ein Teufel, Baalberith ein Teufel, Astaroth ein Teufel, Rescheph ein Teufel, Bles ein Teufel, Lilith ein Teufel!

Behüt uns Gott! Von all diesen verdammten Geister einziges Ziel und Ende, Wille und Meinung ist es, unserem armen Fleisch zu schaden. Nach Aussagen des Procopus hat Satan, nachdem dieser Fürst der Finsternis unsere ersten Eltern hinters Licht geführt hat, recht laut gelacht, weil er uns einen solchen Schaden zugefügt hat! [«risu et cachinnis dilatus» etc.]

Grob, greulich, grausam und grimmig waren die Tyrannen Diokletian, Domitianus, Maximianus, Vespasianus und Valentin. Aber noch gröber, greulicher, grausamer und grimmiger ist Satan! Seinem Zorn ist auf Erden keiner gleich, wie auch seiner Stärke, Wissenschaft, Neid und Bosheit, aber auch seiner Tyrannei! Darum nennt ihn der heilige Petrus einen brüllenden Löwen [«sicut leo rugiens» etc.]. Ich aber nenne alle bösen Geister zusammen Kotkäfer. Diesen ist nichts so stark zuwider wie der Rosenstock mit dem heiligen Skapulier verglichen, das einer Rose gleicht.

Wie der junge Tobias in Begleitung des Erzengels Raphael auf der Reise: Als er einmal beim Fluß Tigris seine Füße waschen wollte, schwamm ihm ein großmauliger Fisch entgegen, worüber Tobias nicht wenig erschrak. Darum rief er Raphael um Hilfe. «Fürchte dich nicht!», rief Raphael, «ergreife den Fisch und zieh ihn ans Ufer und mache ihn aus. Nimm Herz, Leber und Galle, denn diese Innereien sind überaus gut.» Tobias antwortete: «Wie da, soll man die Galle gebrauchen?» – «Wenn jemand weiße Flecken im Auge hat, bestreiche sie mit der Galle dieses Fisches, und so vergehen sie. Herz und Leber aber, auf der Glut gebraten, vertreiben mit ihrem Rauch den Teufel.»

Den Rat des Raphael wendete Tobias an. So konnte er Sara, der zuvor sieben Männer vom bösen Feind erwürgt worden waren, ohne Schaden als Frau zu sich nehmen, weil ihm der böse Feind wegen Herz und Leber des Fisches nichts anhaben konnte.

Ob nun Herz und Leber dieses Fisches eine natürliche Wirkung gehabt haben, den bösen Feind zu vertreiben, will ich jetzt nicht erörtern. Gewiß ist auf alle Fälle, daß das leberfarbene Skapulier, auf dem Herzen getragen, die Teufel und höllischen Geister vertreibt. Zeugnisse in diesem Sinn wären der Menge beizubringen, die diese Erklärung bestätigen.

### *Das Zeugnis des Petrus Moles*

Im Jahre 1636 führte ein Mann namens Petrus Moles aus Spanien einen gottlosen Wandel. Aus diesem Grund verlor er die Gnaden und Wohltaten seiner eigenen Eltern und wurde ganz mittellos. Es mag sein, daß seine Eltern in der Erziehung zu sehr die Rute gespart haben; denn mit gutem Raten, guten Rueten (Ruten) und guten Retten (Reden) singt man die besten Metten.

Dieser elend verlorene Sohn geriet nun in solche Verzweiflung, daß er bei sich beschloß, sein Leben selbst zu beenden. Wie er nun mit einem Strick am Hals eine Leiter besteigen wollte, um sich von derselben hinunterfallen zu lassen, wurde er von einer unsichtbaren Gewalt zurückgehalten. Weil er aber in seinem gottlosen Vorhaben hartnäckig verharrte, erschien ihm der böse Feind. Dieser riet ihm, er solle doch das Stoffstücklein des Skapuliers auf die Seite legen, ansonsten könne er ihm zu seinem Ende nicht verhelfen, worüber der arme Tropf bestürzt war. Er bereute alle seine Sünden von Herzen und änderte seinen Lebenswandel.

### *Das Skapulier vertreibt die verdammten Kotkäfer ...*

Sosehr also ist der heilige Simon Stock ein Rosenstock, weil das Skapulier gleich einer Rose die verdammten Kotkäfer vertreibt. So mußten viele dieser verfluchten Laster vom Menschen weichen. Sie können jenen Menschen weder durch sich selbst, noch durch Zauberei Schaden zufügen, weil sie durch das Tragen dieses marianischen Kleides am Halse geschützt sind.

Vor vielen Jahren wurde die Stadt Magdeburg vom Kaiser und Römischen Reich abtrünnig. Man gedachte, dieselbe von zwei stattlichen Generälen, Tilly und Pappenheimer belagern zu lassen.

Anbetracht dieses heiligen und heilsamen Skapuliers können wir sagen: allen Teufeln, höllischen Hunden, grausamen Bestien, verruchten Schlangen, verdammter Geister zum Trotz – Samson hat die Philister mit dem Eselkinnhacken überwunden, Rahel hat Sisera mit dem Hammer überwunden, Judith hat den Holofernes mit dem Schwert überwunden, Josue hat die Einwohner von Jericho mit den Archen überwunden – und wir überwinden dich mit dem Skapulier! Der Löwe kann den Gockelhahn nicht leiden; die Bienen verabscheuen das Öl, die Schlangen die Rauten, die Nachteule verabscheut das Licht, der Kotkäfer mag die Rosen nicht, und die Teufel mögen das Skapulier nicht leiden! Für uns heißt das soviel, daß wir das Skapulier gerade zum Trotz tragen!

***Das Skapulier beruhigt das Herzzittern!***

Ich schenke ihnen einen Nelkenstock. Ein Skapulier und eine Nelke haben die gleiche Kraft und Wirkung: die Nelke beruhigt das Herzzittern (Castor Durans: «cordis tremores perleniat»). Eine solche Wirkung hat auch das Skapulier!

O Gott, wem zittert nicht das Herz im Leib, wenn er die kleine Schar der Seligen bedenkt?

Sechs mal hunderttausend Männer ohne Frauen und Kinder. Sechs mal hunderttausend sind unter der Leitung Moses aus Ägypten ins gelobte Land gezogen, das ihnen Gott so oft versprochen hat. Von diesen sechs mal hunderttausend sind aber nur wenige hineingekommen: die bekanntesten Namen sind Josue und Caleb. Das war ein Fingerzeig Gottes und eine Vorbedeutung, daß wenige Menschen das Himmelreich erlangen (Ad fidem multi veniunt, ad Regnum cœlorum pauci perducuntur). Den wahren und allein seligmachenden Glauben besitzen viele, das Reich Gottes aber nur wenige.

Im achten Kapitel des Lukasevangeliums ist die Parabel Christi über den Sämann erzählt: Ein Sämann ging aus, seinen Samen zu säen. Indem er säte, fiel einiges auf den Weg. Dieses wurde von den Menschen zertreten und die Vögel der Luft fraßen es auf. Ein anderer Teil fiel auf felsiges Gestein. Es ging zwar auf, verdorrte aber bald, weil es keine Feuchtigkeit hatte. Ein dritter Teil fiel unter die Dornen, die Dornen aber gingen mit ihnen auf und erstickten sie. Der vierte Teil des Samens kam auf fruchtbaren Boden und brachte vielfältige Frucht. Drei Teile des guten Samens gingen verlustig und nur ein Teil war fruchtbar. Anhand dieses Beispiels kann man annehmen, daß der größere Teil keine Frucht bringt und die Zahl der Verlorenen weit größer sein wird als die der Seligen. O Gott, wem zittert da nicht das Herz?

### *Das Buch des Lebens*

Johannes, der apokalyptische Engel, hat den göttlichen Richter auf seinem Thron gesehen, vor ihm unzählige Tote. Er sah die folgenden Bücher: im einen waren die Toten, oder vielmehr die Verlorenen, die alle mit dem Namen aufgeschrieben waren, das andere enthielt die Namen der Gerechten und wird das Buch des Lebens genannt. Für die Verlorenen müßten mehrere Bücher sein, für die Auserwählten nur eines. Es ist klar ersichtlich, daß die Zahl der Verworfenen weit größer als die Zahl der Seligen ist!

### *Ein Priester fällt ohnmächtig zu Boden*

Im Jahre 1566 war ein Franziskanerpater namens Pacificus de Fano eben daran, andächtig die heilige Messe zu lesen, als er plötzlich zu Boden fiel. Die Anwesenden glaubten, er sei ohnmächtig geworden und wollten ihn in die Sakristei tragen. Doch konnten ihn die stärksten Männer nicht vom Platze rücken, als er plötzlich wieder zu sich kam. Er vollendete das heilige Opfer und begab sich danach geradewegs zum Oberen der Kapuziner. Diesen bat er um den strengen Habit und die Regel dieses Ordens. Die Ursache dieser Handlung war seine Verzückung. Er hatte nämlich gesehen, daß die Menschen gleich einem starkem Regenfall in die Hölle fallen – und von diesen waren viele aus seinem und anderen Orden darunter, die nicht nach den Regeln gelebt hatten. O Gott, wem erzittert da nicht das Herz? Mehr als vor hundert Jahren ... gehen die meisten Seelen zugrunde; sie purzeln in den Abgrund, wie der Regen vom Himmel. O Jesus, was ist denn von der jetzigen verkehrten Welt zu halten?

### *Die Tränen des Ludwig Bertrand*

Der (heilige) Ludwig Bertrand[1] hatte fast immer Tränen in den Augen und zitterte die meiste Zeit. Er war voller Furcht, als ihn einmal einer seiner bekannten Geistlichen deswegen befragte. Er gab zur Antwort: «O Pater, soll ich denn nicht weinen? Soll ich mich denn nicht fürchten, in der Ungewißheit zu leben, ob ich zur Schar der Seligen oder Verdammten gehöre?» Er hatte aber

---

[1] Der bekannte Bußprediger wurde damals bereits als Seliger verehrt. Von ihm wird berichtet, wie er für seinen frommen Vater (er wurde etlicher Erscheinungen des Himmels gewürdigt) nach dessen Tode betete, fastete und unzählige Bußwerke auf sich nahm. Nach erst 8 Jahren wurde dem Heiligen mitgeteilt, daß sein Vater nunmehr erlöst sei.

immer einen heiligen Lebenswandel geführt und wurde sogar gewürdigt, Wunder zu wirken. Er hatte Tote zum Leben erweckt und fürchtete dennoch um die Gerechtigkeit Gottes, zumal der heilige Petrus schrieb: «Si justus vix salvabitur, impius et peccator ubi patebunt? [Petr 1–4]» (=Wenn selbst der Gerechte kaum selig werden kann, wie denn der Sünder?).

### *Der Nägelistock*

Tröste dich, unser Simon Stock ist wegen des heiligen Skapuliers ein Nägelistock. Dieses marianische Kleid hat die Wirkung eines Nägeli, es stoppt und vertreibt die Herzschmerzen. Als die Muttergottes dem Simon Stock das Skapulier übergelegt hat, hat sie – wie es überliefert wurde – die trostreichen Worte hinzugesetzt: «In quo quis moriens æternum non patietur incendium ...» (Wer mit diesem Skapulier stirbt, wird das ewige Feuer nicht leiden.) So kann unser Herz ruhig weiterschlagen.

### *Das «Skapulier» des Königs David*

König Saul verfolgte David und suchte ihm das Leben zu nehmen. Einmal verfolgte er ihn in der Wüste Engaddi. Dort befand sich eine finstere Höhle in einem großen Felsen, in der sich Saul verbarg. Er dachte nicht, daß David ebenfalls in dieser Höhle stecken könnte. Dieser schlich sich an Saul heran, und – statt ihn zu töten – schnitt er ein Stückchen Stoff aus seinem Mantel. Als nun Saul die Höhle wieder verließ, lief ihm David hinterher und zeigte ihm das Stückchen Stoff, das er von seinem Mantel entfernt hatte und sprach: «Schau her, ich hätte dich leicht umbringen können, wenn ich gewollt hätte!» Als Saul dieses Stück Stoff erblickte, sprach er: «Nunc scio, quod certissime regnaturus sis ...» (Jetzt weiß ich, daß du unfehlbar herrschen wirst.)

Ich kann euch mit Sicherheit sagen, daß dieses kleine Stoffstück der Erzbruderschaft vom Skapulier euch einen ebenso sicheren Sieg davontragen wird wie dem David. Ich weiß, daß ihr damit zur ewigen Seligkeit gelangt! Fürchtet euch darum nicht, denn wer das Skapulier nach vorgeschriebener Regel und Möglichkeit trägt und als wahrer Diener der Muttergottes lebt, den wird die Gottesmutter ohne wahre Reu und Leid nicht sterben lassen.

### *Ein kroatischer Soldat wird gerettet*

Ein Beispiel von unzähligen will ich euch doch noch erzählen: Ein kroatischer Soldat hat im Jahre 1640 mit zwölf anderen Kameraden im Herzogtum Lothringen nichts anderes getan als geraubt und geplündert. Einmal aber wurden sie bei einem solchen Überfall gestellt. Seine zwölf Kameraden konnten sich retten, er aber wurde mit hundert Schüssen am ganzen Leib durchbohrt. Seine Hirnschale war mitten entzwei gespalten und der ganze Leib gleichsam ein Wundenmeer. Er aber schrie, daß sie ihm auf keine Weise das Leben nehmen können, bis er gebeichtet hätte, weil er ein Sohn der Muttergottes sei und das Skapulier schon seit vielen Jahren auf seinem Leibe trage. Es kam dann auch so, wie er gesagt: Durch Fügung des Himmels kam ein Priester des Weges, bei dem er beichtete und gleich darauf verschied.[2]

### *Die Skapulierträger gehören zu den Auswählten*

Wenn aus dem ganzen Menschengeschlecht auch nur acht Personen in der Arche die Rettung fanden, oder von den zehn Jungfrauen nur der Hälfte die Türen geöffnet waren und das Evangelium uns lehrt: «multi vocati, pauci electi (viele sind berufen, wenige aber auserwählt)» oder die Heilige Schrift uns lehrt, daß eine gar enge Tür zum Himmelreich führt, oder unser Herr die Apostel selber lehrt, daß nur eine geringe Zahl Auserwählter das Himmelreich erlange, so zittert mir das Herz dennoch nicht! Simon Stock hat das Kleid von der Gottesmutter selbst empfangen und sie hat versprochen, daß niemand das höllische Feuer schauen wird, wer es in der Stunde des Todes trägt.

Betrachtet einmal den Jasminstock. Er gibt den besten Geruch von sich, wenn die Sonne untergeht. So vergleichbar ist das

---

[2] Immer wieder wird behauptet, daß zum Skapuliertragen gute Werke sowie das nicht vermessentliche Vertrauen in die Hilfe der Muttergottes gehöre, andernfalls die Verheißung nicht gelte. Das genannte Beispiel belehrt uns eines Besseren: Wenn das Skapulier gültig (!) aufgelegt wurde, gilt das Versprechen, wenn die betreffende Person im Augenblick des Todes das Skapulier trägt! Alles andere wäre ein Abbruch an der Macht Mariens, die ihrer Verheißung getreu ist. Unwürdige Skapulierträger müssen allerdings darauf gefaßt sein, daß sie ohne das Skapulier sterben, oder dasselbe ihnen in der Todesstunde entrissen wird, wie bekannte Beispiele es belegen.

heilige Skapulier. Es hilft nie besser, als in der Sterbestunde, wenn nämlich das Leben untergeht.

Der böse Feind ist wie ein Stoßvogel, der immerzu den unschuldigen Tauben nachstellt. Er ist wie ein Wolf, dem unaufhörlich die Zähne nach Lämmern wässern. Er ist ein Skorpion, der immerzu mit Gift versehen ist. Aber auch ein Hund ist er, der zu keiner Zeit zu schlafen pflegt. Und wie ein Fuchs, der mit unerkenntlicher Arglist auf Raubzug ist. Er verhält sich aber auch wie ein Fischer, der Tag und Nacht sein Netz auswirft oder wie ein Egel, der unersättlich nach Menschenblut lechzt. Nie wacht und trachtet er mehr, nie brüllt er mehr und zielt, nie hütet er mehr und wütet, als in der Stunde unseres Todes.

### *Der besessene Jüngling und anderes*

Ein besessener Jüngling wurde einmal zu Jesus geführt, nachdem er vom Berg Tabor herabgestiegen war. Sobald dieser des Heilandes ansichtig geworden war, fingen die bösen Geister in ihm an zu toben und wüten. Der arme Tropf wurde mit voller Wucht auf die Erde niedergeschlagen, wo er sich vor Schmerzen wälzte und schäumte. Was mag wohl die Ursache gewesen sein, daß damals die Teufel so gewütet haben? Lyranus gibt uns darauf die Antwort: weil Satan gesehen hat, daß er diese Herberge und das Nest bald verlassen muß, hat er diesen elenden Menschen noch bis aufs äußerste gequält. Weil dann der verfluchte Geist beim Sterbenden wahrnimmt, daß ihm bald die Gelegenheit, ihn zu versuchen, für immer entrissen ist, tobt er grausamer als je zuvor. Daher geschieht es oft, daß viele in diesem Augenblick Schiffbruch erlitten. «Ferocit amplius, insidiatur dolosius, pugnat pugnacius, irruit vehementius, confligit pertinacius» [Mk 9].

### *15'000 Teufel bei einem sterbenden Religiosen*

Bekannt ist der Fall von Cunone Malburgensi: Nachdem er 40 Jahre lang ein frisches, freies und fröhliches Leben in der Welt geführt hatte, bekehrte er sich trat in ein Kloster ein, wo er ein strenges und heiliges Büßerleben führte und nach drei Jahren gottselig gestorben war. Weil aber damals eine besessene Person eine ganze Weile still und ruhig sich verhielt, tobten die bösen Geister nun in diesem Augenblick wieder wie verrückt. Sie wurden beschworen, Ursache zu ihrem Stillschweigen zu bekennen. Die Antwort, die man auf diese Frage in der Zelle des Sterbenden erhielt: Der Teufel[3] hätte sich mit 15'000 anderen Kameraden eingefunden, aber nichts ausrichten können. Wenn also heiligmäßige Männer in ihrer Sterbestunde so viel böse Angriffe erleiden müssen, wie wird es dann dir und mir einst ergehen?

### ***Der brüllende Löwe***

Petrus, der erste Papst, beschreibt die Tyrannei und Grausamkeit des bösen Feindes und vergleicht diesen wie einen brüllenden Löwen. «Fratres sobrii estote, et vigilate ...» (Meine Brüder seid nüchtern und wachsam, denn euer Widersacher, der Teufel geht umher, wie ein brüllender Löwe und sucht, wen er verschlingen kann.) Dieses Gebet sprechen Ordensleute und Priester jeden Tag in der Komplet, im letzten Stundengebet des Breviers. Die Kirche will uns darin andeuten, daß der böse Feind und der brüllende Löwe nie heftiger wütet, als in der letzten Stunde unseres Lebens.

Getröstet sind all jene, die das heilige Skapulier tragen, sie brauchen sich in ihrer Todesstunde nicht zu fürchten. Man vergleiche nämlich das Skapulier mit einem Jasminstrauch. Der Jasmin gibt nie einen stärkeren Geruch von sich, als wenn die Sonne untergeht. Das Skapulier ist nie schutz- und segensreicher als in den letzten Stunden unseres Lebens. Unsere Mutter steht all jenen bei, die ihren letzten Kampf zu bestehen haben. Wer sie mehrmals im englischen Gruß anruft und «bitte für uns arme Sünder, jetzt und in der Stunde unseres Todes» betet, dem hilft sie in der Sterbestunde durch ihren schutzbringenden Mantel, weil ihr Liebling das Skapulier bis in den Tod getragen hat.

Der junge Tobias ist auf seinen Reisen allen Gefahren entgangen, weil sein Geleitmann der heilige Erzengel Raphael war. In den letzten Stunden unseres Lebens, wenn wir uns auf der Reise in die Ewigkeit befinden, sind zwar die Gefahren am größten, doch werden diese alle glücklich überwunden von jenen, die mit

---

[3] Gemeint ist der Teufel (der Stummheit), der die besessene Person zur Stummheit führte.

Andacht das heilige Skapulier getragen haben. Ihnen wird die Königin der Engel das letzte Geleit geben.

### *Schmeichler sind der Muttergottes nicht beliebt*

Bei großen Königen und Monarchen gelten die Schmeichler oft mehr. Sie sind wie die Lerchen (von den Lateinern auch Alaudæ oder Lobvögel genannt), die bis zum allerhöchsten steigen. Dort werden Schmeichler oft zum besten promoviert. Ihre Kunst besteht aus Lob. Sie verhalten sich fast wie Hunde. Hunde liebt und schätzt man so, daß sie sogar in Herrchens Wohnung sein dürfen und oft den besten Bissen vorgeworfen bekommen. Sie liegen auf samtenen Polstern und werden sogar vom Frauchen herumgetragen. Warum? Weil sie schmeicheln können!

Diese Seelen sind wie Spiegel. Man hält sie in Ehren und faßt sie sogar in goldene Rahmen. Warum? Weil sie schmeicheln können. Lacht jemand vor dem Spiegel, lacht er mit. Weint jemand, so macht er das gleich verzerrte Gesicht. Zeigt sich jemand zornig, so macht er das gleiche gräßliche Gesicht, als wenn er einen fressen wollte. Wie der Spiegel und die Schmeichler passen sich diese Seelen auf alle Seiten an. Sie drehen sich wie der Hahn im Wind nach jeder gewünschten Richtung!

Bei der großen Königin Himmels und der Erde – Maria, die die göttliche Wahrheit geboren – gelten die Schmeichler nichts. Aber die Träger des Skapuliers sind bei ihr gern gesehen. Diese werden vor allen anderen im Himmel promoviert. Als die Gottesmutter einst dem Papst Johannes XXII. erschien, offenbarte und versprach sie all jenen, die ihr Skapulier bis in den Tod tragen, die Forderungen der Gottesmutter halten, das Privileg haben, am Samstag nach ihrem Tod aus dem Fegfeuer befreit zu werden und in die ewige Glückseligkeit einzugehen.

### *Das Skapulier ist der kürzeste Weg zum Himmel*

Als einst Joab einen herrlichen Sieg wider den rebellischen Absalon erhalten hatte, wollte er dieses dem König David in Jerusalem kundgeben. Er schickte einen Gesandten mit Namen Kusi, der ihm diese gute Nachricht überbringen sollte. Eine Weile später meldete sich ein anderer mit Namen Achimas. Er wollte dem König auch die Nachricht überbringen. Der zweite dieser beiden Gesandten war aber der schnellere, weil er den kürzeren Weg ging. Das geschieht wohl öfters. Dazu ein Beispiel:

Stirbt heute einer im Stand der Gnade und kommt ins Fegfeuer, so ist er auf dem Weg nach Jerusalem. Ein anderer stirbt einige Tage später und kommt ebenfalls an den Ort der Läuterung. Obwohl er später dorthin kam, erreicht er das Jerusalem vor dem ersten. Ja, bereits am ersten Samstag nach seinem Tod erreicht er sein Ziel. Warum? – Ivit per viam compendii. Er hat den kürzeren Weg gewählt, er war Träger des heiligen Skapuliers! Zwar führen viele Wege zum Himmel, der kürzeste und sicherste aber ist die Fürbitte der Gottesmutter.

Oder vergleichen wir das Skapulier mit einem Segel auf hoher See. Das beste Segel als Lebenssegel ist das Skapulier.

Meine Lieben, nun habt ihr in Kürze erfahren, wie wunderbar das Skapulier wirkt und welch schöne Vergleiche es dazu gibt.

Rosen, Nelken, Jasmin und Veilchen sind vergleichbar mit Christus am Kreuz. Er hat die Schuld am Kreuzesstamm bezahlt, der sich Adam im Paradies schuldig gemacht hat.

Bei der Kreuzigung hatten vier Soldaten Jesus gekreuzigt, sein Oberkleid wurde in vier Stücke zerteilt. Aber warum taten sie dies? Aus einem dieser vier Stücke konnte man sich ja kein Kleid anfertigen! Sie wußten nämlich genau, welche Wunder mit dem Kleid des Herrn geschehen sind, daß durch bloßes Berühren des Kleides Heilungen hervorgingen.

Zungen hätte ich nicht genug, über dieses Thema zu sprechen, Federn nicht genug, um darüber zu schreiben, ein Gedächtnis nicht groß genug, um all die zahlreichen Wunderwerke des Skapuliers zu erfassen, die durch dieses kleine Stück Stoff erwirkt worden sind.

Vier Elemente hat der Himmel geschaffen: das Feuer, das Wasser, die Luft und die Erde. Und aus all diesen Elementen sind wunderbare Zeugnisse des heiligen Skapuliers bekannt geworden. Es sind vier Jahreszeiten: der Frühling, der Sommer, der Herbst und Winter – und aus allen Jahreszeiten sind Wunder des Skapuliers bekannt. Amen.

# VIII Das fünffache Skapulier: Weiheformel

(gemäß dem römischen Rituale)

Formula Brevior Benedicendi et Imponendi Quinque Scapularia

*Sanctissimæ Trinitatis, Passionis Domini Nostri Iesu Christi, Beatae Mariæ Virginis sub respectivo titulo Immaculatæ Conceptionis, septem Dolorum et montis Carmeli.*

*Suscepturi Scapularia genuflectunt; et Sacerdos, superpelliceo ac stola alba indutus, dicit:*

V: Adiutorium nostrum in nomine Domini.

R: Qui fecit cælum et terram.

V: Dominus vobiscum.

R: Et cum spiritu tuo.

Oremus

Domine Iesu Christe, omnium caput fidelium et humani generis Salvator, qui tegumen nostræ mortalitatis induere dignatus es : obsecramus immensam largitatis tuæ abundantiam, ut indumenta hæc, in obsequium sanctissimæ Trinitatis instituta, nec non in honorem et memoriam dolorosissimæ Passionis tuæ, in honorem beatissimæ Virginis Matris tuæ sub titulo immaculatæ Conceptionis, Septem Dolorum et Montis Carmeli, ita bene ✠ dicere et sancti ✠ ficare digneris; ut qui (quæ) ea assumpserint, eadem Genitrice tua intercedente, te quoque salutare nostrum, corpore et anima induere mereantur: Qui vivis et regnas in sæcula saeculorum.

R.: Amen.

*Et aspergantur aqua benedicta. Mox Sacerdos omnibus scapularia singillatim imponat, ac deinde formulam proferat supra omnes simul.*

1. Accipite habitum Ordinis sanctissimæ Trinitatis in fidei, spei et caritatis augmentum, ut induatis novum hominem. qui secundum Deum creatus est in justitia et sanctitate.

2. Accipite scapulare Passionis Domini nostri Iesu Christi, ut, veterem hominem exuti novumque induti, ipsum digne perferatis et ad vitam perveniatis sempiternam.

3. Accipite scapulare devotorum beatissimæ Mariæ Virginis sine labe conceptæ, ut, eius intercessione ab omni inquinamento mundati, ad vitam perveniatis æternam.

4. Accipite habitum Servorum beatissimæ Mariæ Virginis septem Doloris ejus devote recolentium, ut, dolores ipsos assidue recogitantes, Passionem Domini nostri Iesu Christi in corde et corpore vestro impressam jugiter teneatis.

5. Accipite habitum Societatis et Confraternitatis beatæ Mariæ Vir-

ginis de Monte Carmelo, precantes eamdem sanctissimam Virginem, ut eius meritis illum perferatis sine macula, et vos ab omni adversitate defendat atque ad vitam perducat aeternam.

Ego, ex facultate Apostolica mihi delegata, recipio vos in participationem bonorum spiritualium horum Ordinum seu Congregationum et indulgentiarum, quæ per Sancta Sedis privilegia prædictis scapularibus concessæ sunt. In nomine Pa ✠ tris, et Fi ✠ lii, et Spiritus ✠ Sancti.

R. Amen.

V. Salvos fac servos tuos.
R. Deus meus, sperantes in te.
V. Mitte eis, Domine, auxilium de sancto.
R. Et de Sion tuere eos.
V. Esto eis, Domine, turris fortitudinis.
R. A facie inimici.
V. Nihil proficiat inimicus in eis.
R. Et filius iniquitatis non apponat nocere eis.
V. Domine, exaudi orationem meam.
R. Et clamor meus ad te veniat.
V. Dominus vobiscum.
R. Et cum spiritu tuo.

Oremus.

Adesto, Domine, supplicationibus nostris, et quibus in tuo nomine sacros habitus imposuimus, ita bene ✠ dicere digneris, ut, tuæ gratiæ cooperantes, vitam consequi mereantur æternam. Per Christum Dominum nostrum.

R. Amen.

Benedictio Dei omnipotentis, Patris, et Filii, ✠ et Spiritus Sancti, descendat super vos, et maneat semper.

R. Amen.

*Formula recitetur numero singulari, si uni tantum personæ sint scapularia imponenda.*

*Das fünffache Skapulier ist in den letzten Jahren mehr und mehr aufgekommen. Im Gegensatz zum einfachen Karmelskapulier vereinigt es die Gnadenvorzüge von fünf Skapulierbruderschaften.*

*Die Karmelmuttergottes als Trösterin der Armen Seelen.*

## Die Königin des Fegfeuers

Es thront ob grausem Flammenmeer
Ein Gnadenbild gar mild und hehr;
Und jede Arme Seele schreit
Zur Mutter der Barmherzigkeit.
Ja diese gießt zum Feuergrund
Viel süßen Trost in jeder Stund. –
Wer ist das Kind, das freuderbebt
Die Hände hoch zur Mutter hebt?
Es ist ein selig Marienkind,
Zu dem die Mutter sagt so lind:
Du warst mir treu zur Lebenszeit;
Steig auf zur lichten Seligkeit!

# Index


## A

Abraham a Sancta Clara
 Verfasser der Skapulierpredigt 9, 190
Adimari, Ubaldo sel. 67
Afrika 17
Agnes, hl. (Jungfrau) 19, 25, 37
Ägypten 108, 115
Aigen (Salzburg) 185
Aix (Provence) 17
Alba de Tormes (Spanien) 117
Albert von Jerusalem, hl. (Karmelit) 116
Albertus von Trapani, hl. (Karmelit) 113
Albertuswasser 114
Alcalá 24, 83
Alep 93
Alexandrien 115, 117
Almodóvar 24, 35
Aloysius Rabata, sel. (Karmelorden) 110
Alvarez de Mendoza, Bischof 82
Ambroise von Saint-Arsène 98
Anastasius, hl. (Karmelorden) 106
Andreas Corsini, hl. (Karmelit) 107, 117
Andújar 35
Angelus Augustinus Mazzinghi, sel.
 Karmelit 115
Angelus, hl. (Karmelit) 109
Anna vom hl. Bartholomäus, sel.
 (Karmelitin) 110
Annecy 44
Anniello Tramontano 178
Antiochien 117
Anton von Jesus (Karmelit) 84
Archangela, sel. 107
Ardingho, Bischof (Wohltäter der Serviten) 60
Arezzo (Italien) 108
Arles 20
Arsenius vom hl. Antonius 91
Äthiopien 45
Auschwitz 113, 115
Avellino, Andreas, hl. (Theatiner) 53
Avertan, hl. 107
Avila 77, 110
Avila, Johannes von 24
Avila, Teresia von 116

## B

Baptista von Mantua, sel. 108
Barbieri, Clelia, hl.
 (Minime dell'Addolorata)
 den Servitinnen aggregiert 70
Barcelona 108
Bartholomäus Fanti, sel., Karmelit 119
Battista Bosio 173
Bayley Seton, Elisabeth Anna, hl.
 Sr. der Barmherzigkeit 44
Benedikt XIII., Papst 85
Benedikt XIV., Papst 86
Benedikt XV., Papst 111
Benincasa, Johannes, sel. (Servit) 68
Benincasa, Ursula, ehrw. (Theatinerin) 47, 49
Benitius (Benizi), Philipp, hl. (Servit) 69
Berg Karmel 12, 73, 93, 187
Berg Tabor 198
Bernadette Soubirous, hl. 164
Berthold von Kalabrien, hl.
 (Kreuzfahrer, Einsiedler)
 Gründer des
 Karmelordens 75, 109, 187
Bertoni, Jakob Philipp, sel. (Servit) 68
Bertrand, Ludwig, hl. 80, 195
Bologna 118
Bonaventura da Pistoia, sel. (Servit) 70
Bonaventura, hl. 40
Bordeaux 110
Borgia, Franz, hl. (Jesuit) 79
Brandsma, Titus, sel. (Karmelit) 113
Bretagne 117
Brokard, hl. (Karmelit) 75, 116
Brokardus, hl. 187
Burgos 85

## C

Canori Mora, Elisabeth, sel.
 Trinitariertertiarin 32, 36
Caphaggio 58
Cäsarea 106
Cerfroid 20
Chantal, Johanna von 43
Châtillon 43
Châtillon, Gottfried von 58
Châtillon, Walter von 20
Chile 109
China 44
Clemens IV., Papst 22
Clemens X., Papst 85
Clemens XI., Papst 30
Clermont Piccolini 67
Columbia 167
Compostela (Grab des hl. Jakobus) 51
Coneto (bei Nancy) 117
Corsini, Thomas sel. (Servit) 69
Corsini, Thomas, sel. (Servit) 69
Cremona-Mantua 66
Criado, Markus, sel. (Trinitarier) 35
Cunone Malburgensi 198
Cyrillus, hl. (Karmelorden) 107, 108

## D

da Borgo, Andreas, sel. (Servit) 70
da Borgo, Ubaldo, sel. (Servit) 67
Dax 42
de Rojas, Simon, hl. (Trinitarier) 24, 35
degli Amidei, Bartolomeo, hl. (Servit) 57, 64
dell'Antella, Benedetto, hl. (Servit) 57, 64
Deutschland 62
di Sostegni, Gherardino, hl. (Servit) 57, 65
Dijon, Elisabeth von 118
Dionysius, hl. (Papst) 120
Dionysius, sel. (Karmelit) 119
Dirvelo 84, 118
Don Alfonso 78
Don Bosco, hl. 165

## E

Edith Stein 114
Elias, hl. (Prophet) 13, 73, 93, 111
Elisabeth von der Hl. Dreifaltigkeit, sel. (Karmelitin) 118
Elisäus, Prophet 111
Emmerich, Anna Katharina, ehrw. 9, 11, 89
Euphrasia, hl. (Karmelorden) 108
Euphrosyna, hl. (Karmelorden) 106

## F

Faenza 68
Falconieri 69
Falconieri, Alessio, hl. (Servit) 57, 66
Fanti, Bartholomäus, sel. (Karmelit) 119
Faucon (Falco), Provence 17
Fiesolo 107
Flandern 20
Florenz (Karmelorden) 107, 110, 115, 119
Florenz (Servitenorden) 57, 60, 63, 69
Fontaine, Marie Madeleine, sel. (Jungfrau) 44
Forlì 67, 68
Formula (Segensformel für Auflegung) 202
Francisco Palau y Quer, sel. 108
Francus, sel. (Karmelit) 119
Frankreich 30, 31, 62, 115, 168
Franziska Amboise, sel. (Karmelitin) 117
Franziskus a Sancta Anna, sel. (Trinitarier) 28
Franziskus von Siena, sel. (Servit) 68
Friesland 113

## G

Gandeleu en Brie 18
Ghébré Michael, sel. (Priester) 45
Granada 28
Graz 118
Gregor IX., Papst 58
Gregor XV., Papst 85
Grotte des Khader 93
Gruyer, Johannes Henry, sel. (Lazarist) 45
Guadalajara 112
Guccioni, Ricovero, hl. (Servit) 57

## H

Hilarion, hl. (Einsiedler) 117
Honorius III., Papst 22, 187
Hubert Fournet, hl. 164

## I

Indien 115
Innozenz III., Papst 15, 37
Innozenz IV., Papst 60, 75, 80, 187
Innsbruck 62
Italien 62
Iturrate, Dominikus, sel. (Trinitarier) 37

## J

Jacoba Martínez 112
Jakob da Città delle Pieve, sel. 70
Jakob von Siena (Servit) 60
Jakobin, sel. 107
Jerusalem 75, 115, 116
Joachim von Siena, sel. (Servit) 67
Johann III., König von Polen 30
Johann Ulrich Megerle 190
Johanna Scopelli, sel. (Karmelorden) 111
Johanna von Toulouse, sel. (Karmelorden) 109
Johannes Angelus Porro sel. 69
Johannes Baptist Rico 24
Johannes Dueñas (Trinitarier) 23
Johannes vom Kreuz 110
Johannes vom Kreuz, hl. (Karmelit) 82, 118
Johannes von der Empfängnis, hl. (Trinitarier) 23, 25, 29, 35
Johannes von Kreuz, hl. (Karmelit) 28
Johannes XXII., Papst 86, 200
Johannes XXIII., Papst 111
Juliana von Falconieri, hl. (Servitentertiarin) 69
Julius II., Papst 52
Justin de Jacobi, hl. (Bischof, Lazarist) 45

## K

Kaifa Korsar 95
Kajetan von Thiene, hl. (Theatiner) 52
Karmeliter 73
Katharina Labouré 44
Katharina von Alexandrien, hl. (Jungfrau) 45
Kent (England) 110
Kirchsteiger, Johannes 185
Klemens X., Papst 48
König David 196
Konzil von Ephesus 107
Konzil von Lyon 64
Konzil von Nizäa 106
Konzil von Trient 23
Korfu 120

## L

Labouré, Katharina, hl. (Barmherzige Schwester) 41
Labouré, Katharina, hl. Schwester) (Barmherzige Schwester) 46
Laziosi, Pellegrino, hl. (Servit) 68
Laziosi, Peregrino hl. (Servit) 68
Leo XIII., Papst 43, 111
Leopold I., Kaiser von Österreich 30
Libanon 115
Licata (Sizilien) 109
Limoges (Frankreich) 107, 109
Lisieux 116
Los Angeles 180
Lucca 107
Ludwig Joseph François, sel. (Lazarist) 45
Ludwig XIII., König 179

## M

Madrid 28, 119
Magdeburg 193
Mailand 69
Malagon 83
Manetti, Buonagiunta, hl. (Servit) 57, 63
Mantua 107, 119
Maravillas von Jesus, hl. (Karmelitin) 119
Maria Angeles vom Hl. Joseph, sel. (Karmelitin) 113
Maria Magdalena von Pazzis, hl. (Karmelitin) 110, 119
Maria Maggiore (Rom) 53
Maria Pilar vom Hl. Franz Borgia, sel. (Karmelitin) 112
Maria Theresia vom Jesuskind und vom hl. Johannes (Karmelitin) 113
Maria von den Engeln, sel. (Karmelitin) 120
Maria von der Menschwerdung, sel. (Karmelitin) 109
Marillac, Luise von 44
Marinoni, Johannes, sel. (Theatiner) 53
Marokko 20
Marseille 42
Martin V., Papst 62
Matha, Johannes von 15, 35
Medina del Campo 82
Michael von den Heiligen, hl. (Trinitarier) 27, 35
Minime dell' Addolorata 70
Mirjam vom gekreuzigten Jesus, sel. (Karmelitin) 115
Molina 28
Monaldi, Buonfiglio, hl. (Servit) 57, 63
Montagnata (Siena) 68
Monte Celio 16
Monte Senario 58
Montechielo 68
Montepulciano 68
Morbioli, Ludwig, sel. (Karmelitertertiar) 118

## N

Neapel 53, 178
Neri, Philipp, hl. (Theatiner) 47, 49
Nimwegen 183
Nonius, sel. (Karmelit) 117

## O

Olivieri, Kanonikus, ehrw. 32
Orvieto 70

## P

Pacificus de Fano 195
Padua 180
Palästina 106
Paris 18, 22, 163
Parma 107
Patrici, Francesco sel. 68
Patti (Sizilien) 106
Paul V., Papst 30, 87
Paul von Moll, Pater 51
Perboyre, Johannes Gabriel, sel. (Lazarist) 45
Petrus Moles 193
Petrus Thomas, hl. (Karmelorden) 106
Petrus von Alkantara, hl. 80
Pfarrer von Ars 174
Philipp August, König von Frankreich 19
Philipp II., König von Spanien 23, 28
Picenardi, Elisabeth, sel. (Servitentertiarin) 66
Pistoia 70
Pius IV., Papst 53, 80
Pius IX., Papst, sel. 40, 50
Pius VI., Papst 47
Pius X., Papst 111
Poggiole di Vernio (Toskana) 63
Polen 30
Porro, Johannes Angelus, sel. 69
Portiunkula (Ablass) 51
Prag 62
Prosper vom Heiligen Geist (Karmelit) 93
Pucci, Antonius Maria Eustachio, hl. (Servit) 63

## R

Ranuzzi, Gerolamo, sel. (Servit) 70
Raphael vom Hl. Joseph Kalinowski, hl. (Karmelit) 117
Redemptus, sel. (Karmelit) 119
Régis Clet, Franz, sel. (Lazarist) 44
Ricciolini, Bernhardin (Servit) 62
Ricoverino, Guccione, hl. (Servit) 65
Rogue, Petrus René, sel. (Lazarist) 45

Rojas, Simón de 35
Rom 16, 19, 50, 52
Romäus, sel. 107
Rubeo, Johann Baptist (Karmelit) 82
Rue du Bac (Paris) 41, 45

## S

sabbatinisches Privileg 86
Saïda 96
Saint-Lazare 43
San Crisógono (Rom) 36
San Tommaso in Formis 16
Sarazenen 15, 75
Segovia 110
Serapion, hl. (Bischof) 117
Serviten 57
Sevilla 25
Sibirien 118
Siena 60, 68, 119
Simon Stock, hl. 171, 187
Sizilien 52, 53, 110
Soderini, Johanna, sel. (Servitin) 69
Soreth, Johannes sel 77
Soreth, Johannes, sel. (Karmelit) 113
Spanien
(Karmelorden) 82, 108, 112
(Servitenorden) 62
(Skapulierwunder) 193
(Trinitarierorden) 20, 23, 31
Spiridion, hl. (Bischof) 120
St-Vinzent-de-Paul 41
Stock, Simon, hl.
(Karmelit) 110, 191
Skapuliervision 11, 86
Swanington, Pater 86

## T

Taigi, Anna Maria, sel.
(Trinitariertertiarin) 11, 32, 36
Talleyrand von Autun 170
Tarragona 108
Telesphorus, hl.
(Karmelit) 106
Teresa von Jesus de los Andes, hl.
(Karmelitin) 109
Teresia Benedicta a cruce, hl.
(Karmelitin) 114
Teresia von Jesus 77, 109
Theatiner 49
Theatinerinnen 49
Theresia Margareta Redi, hl.
(Karmelitin) 108, 164
Theresia vom Hl. Augustin, sel.
(Karmelitin) 112
Theresia von Avila, hl.
Gründerin der Reform 116
(Karmelitin) 24
Theresia von Lisieux, hl.
(Karmelitin) 9, 116
Thiene, Kajetan von 52
Thisbe (Ostjordanland) 111
Tobias 199
Tocson, Arizona (USA) 180
Todi 69
Toledo 24, 28
Tomasi, Giuseppe Maria, hl. (Theatiner) 52
Tornielli, Bonaventura, sel. (Servit) 67
Toulouse 109
Trapani (Sizilien) 113
Trinitarier 15
Tunis 20

## V

Valadolid 83
Valdepeñas 25
Valladolid 35
Valois, Felix von 15, 35
Velasqueuz, Raphael Megia 83
Venedig 53
Versailles 163
Vianney, Johannes-Maria, hl.
Pfarrer von Ars 12
Vicenza (Venedig) 52
Vich 35
Vinzenz von Paul, hl. (Lazarist) 39, 44
von Chantal, Johanna Franziska, hl. 43
von Châtillon, Gottfried, Kardinal 58
von Gonzaga, Anna Katharina
Erzherzogin
Gründerin, Servitin 62
von Marillac, Luise, hl.
Mitgründerin des
Missionsordens (OM) 44
von Matha, Johannes, hl.
Ordensgründer
(Trinitarier) 15, 31, 32, 35
von Sales, Franz, hl., Bischof 43
von Valois, Felix, hl. (Trinitarier) 15, 35
Vorchdorf, Österreich 183

## W

Wien 30, 176
Wilhelm von St. Eustachius, Kardinal 60
Winchester 171

## Y

Ypern 174

## Z

Zaldna, Don Francisco 167
Zypern 106, 120

Aus technischen Gründen wurden die Texte der beiden Farbbeilagen nicht in den Index-Bereich aufgenommen.